史记文例

王建成　编著

黄河出版传媒集团
宁夏人民出版社

图书在版编目(CIP)数据

史记文例 / 王建成编著. —银川:宁夏人民出版社,2019.11

ISBN 978-7-227-07122-8

Ⅰ.①史… Ⅱ.①王… Ⅲ.①中国历史—古代史—纪传体 ②《史记》—注释 Ⅳ.①K204.2

中国版本图书馆 CIP 数据核字(2019)第 265255 号

史记文例　　王建成　编著

责任编辑　刘建昌　康景堂
责任校对　贺飞雁
封面设计　李　慧
责任印制　肖　艳

黄河出版传媒集团 宁夏人民出版社 出版发行

出 版 人　薛文斌
地　　址　宁夏银川市北京东路 139 号出版大厦(750001)
网　　址　http://www.yrpubm.com
网上书店　http://www.hh-book.com
电子信箱　nxrmcbs@126.com
邮购电话　0951-5052104　5052106
经　　销　全国新华书店
印刷装订　宁夏凤鸣彩印广告有限公司
印刷委托书号（宁）0015838

开本　710mm×1000mm　1/16
印张　12.5
字数　200 千字
版次　2019 年 11 月第 1 版
印次　2019 年 11 月第 1 次印刷
书号　ISBN 978-7-227-07122-8
定价　36.00 元

前　言

古典文学流派都有其必须研读的经典，它凝聚着历代人不间断的持续思考和深入探索，这种思考和探索最终的指向是极其宏大的。由于它所讨论的问题大多涉天道万物之根本，社会人生的原始，且所用以探讨的方法极富智慧和原创的意味，对人的物我认知与反思觉解有深刻的启示作用和范式意义，所以它又被称为“原典”或“元典”。原者，源也；元者，始也、端也，两者的意思自来相通，故古人以“元犹原也，其义以随天地终始也”，又说“故元者为万物之本，而人之元在焉”，正道出了经典之构成人全部成熟思考与心智营造的基始特性。

《史记》作为中国古典史学及文学的巅峰之作，已为大家所熟知，在此不再赘述。然而，受历史条件和社会需求变化的影响，还有陈旧的教学观念的束缚，长期以来，我们只注重“史迹”的复现、概念和理论的灌输，一个学者应该具备怎样的知识结构和基本素养，并未被当作重要的问题认真讨论过。对于《史记》的了解，往往停留在囫囵吞枣地完成阅读这一循环之上。其结果就是“只知其事，不知其意”，“只知其表，不知其美”。《史记》变成了故事读本，大大降低了其作为经典的文化意义。其根本原因是，在阅读中缺乏系统性的、审美性的阅读指导。

鉴于这种情况，笔者选择《史记》[①] 中重要的有特色的篇目（或全篇或节选部分）就语言方面，逐字逐句地细讯，并力求见迩知远，举一反三。笔者创作了导读和点评部分。这种点评是基础性的、文学性的、实用性的。笔者希望由这种“回到读书”的提倡，养成读者基本的文学素养。最终让经典阅读“回到理性”“回到审美”，养成清明完密的思辨能力，以及关心人类精神出路和整体命运的宽广心胸，关注一己情趣陶冶和人格修炼的审美眼光，由此事业成功，人生幸福。我们认为这样的教育理念，庶几比较

① 选自《史记》，北京，中华书局，1982.

切近“通识教育”和“全人教育”的本义。

如前所说，《史记文例》的编写目的，是为了给读者提供一个基础阅读的范本，告诉读者阅读准入的基本条件和底线。但是“应该”与“能够”从来是一对矛盾。如何使《史记文例》更准确简捷地传达出经典的要旨，如何使读者真正体会到书的内涵，是笔者大费踌躇的问题。

好在文学的本质永远存在于文学作品的影响过程中，经典的精神也永远存在于经典的解读当中。既如此，那么从原点出发，逐一精读，既沉潜往复，复从容含玩，应该不失为一种合理可行的思路。

我们期待基于这种思路的努力能得到丰厚的报偿，也真诚地欢迎任何为完善这一思路提出的建议与批评。

青岛第五十九中学周谦谦老师参与各章导读部分的编写，特此表示感谢。

谨以本书送给我亲爱的儿子　王麒轩

目　录

秦始皇本纪（节选）/ 1
项羽本纪（节选）/ 4
高祖本纪（节选）/ 14
高祖功臣侯者年表（序言）/ 17
秦楚之际月表（序言）/ 19
六国年表（序言）/ 20
封禅书（节选）/ 22
河渠书（节选）/ 32
平准书（节选）/ 34
越王勾践世家（节选）/ 40
陈涉世家（节选）/ 43
外戚世家（节选）/ 46
齐悼惠王世家（节选）/ 48
萧相国世家 / 50
曹相国世家（节选）/ 54
留侯世家（节选）/ 57
陈丞相世家（节选）/ 62
绛侯周勃世家（节选）/ 64
伯夷列传 / 67
老庄申韩列传（节选）/ 70
司马穰苴列传 / 72
商君列传（节选）/ 74
张仪列传（节选）/ 76
孟子荀卿列传 / 78
孟尝君列传（节选）/ 81
平原君列传（节选）/ 83
魏公子列传 / 85
范雎蔡泽列传（节选）/ 90
廉颇蔺相如列传（节选）/ 94
屈原贾生列传（节选）/ 98
刺客列传（节选）/ 101
张耳陈馀列传（节选）/ 103
淮阴侯列传（节选）/ 107
韩王信卢绾列传（节选）/ 113
郦生陆贾列传（节选）/ 116
刘敬叔孙通列传（节选）/ 120

季布栾布列传 / 123
张释之冯唐列传 / 127
扁鹊仓公列传（节选）/ 131
魏其武安侯列传 / 135
李将军列传（节选）/ 143
匈奴列传（节选）/ 149
卫霍列传（节选）/ 152
司马相如列传（节选）/ 155
淮南衡山列传（节选）/ 157
汲郑列传 / 160
酷吏列传 / 166
游侠列传 / 177
货殖列传（节选）/ 181
滑稽列传（节选）/ 185
太史公自序（节选）/ 189

秦始皇本纪（节选）

导 读

这篇本纪以编年记事的形式，记载了秦始皇及秦二世一生的主要活动和所发生的重大事件。条理清晰，内容丰富，真实地反映了秦王朝建立前后四十年间风云变幻的历史场面。全篇不仅向人们展示了秦始皇这个大誉大毁集于一身的封建帝王的一生，而且一直在探寻着秦朝统一及灭亡的原因。在篇末的论赞中大段引述西汉政论家贾谊《过秦论》的内容，并称赞说："善哉乎贾生推言之也!"所谓"过秦"，就是批评秦的过失。《过秦论》是一篇气势磅礴、很有感染力的政论文，它把秦朝灭亡的原因归结为"仁义不施，攻守之势异也"，这对我们认识秦朝的历史有一定参考意义，读者可以对比阅读。

……

秦初并天下，令（谟诰之下，汉诏之前，其为第一令也，卓逸不群）丞相、御史曰："（中略）寡人以眇眇之身，兴兵诛暴乱，（以谦吻作夸耀，辞气峻厉）赖宗庙之灵，六王咸伏其辜，天下大定。（定六国之罪，简且伟）今名号不更，无以称成功，传后世。其议帝号。"（言下即前无古人矣，臣子只阐明此意而已）丞相绾、御史大夫劫、廷尉斯（三官之职即此）等皆曰："昔者五帝地方千里，其外侯服夷服，诸侯或朝或否，天子不能制。今陛下兴义兵，诛残贼，平定天下，海内为郡县，法令由一统，自上古以来未尝有，五帝所不及。（秦为万古罪案？功案?）臣等谨与博士议曰：'古有天皇，有地皇，有泰皇，泰皇最贵。'（古朴可爱之至）臣等昧死上尊号，王为'泰皇'。命为'制'，令为'诏'，天子自称曰'朕'。"王曰："去'泰'，著'皇'，采上古'帝'位号，号曰'皇帝'。他如议。"制曰："可。"（可奏始于此，娟峭!）追尊庄襄王为太上皇。（又了一事）制曰："朕闻太古有号毋谥，中古有号，死而以行为谥。（先援太古，再引中古，波澜壮阔）如此，则子议父，臣议君也，甚无谓，朕弗取焉。(只三十余字，有援引，有跌宕，有决断)自今已来，除谥法。朕为始皇帝。后世以计数，二世三世至于万世，传之无穷。”(意愚词婉)

……

丞相绾等言：“诸侯初破，燕、齐、荆地远，不为置王，毋以填(同“镇”)之。请立诸子，唯上幸许。”始皇下其议于群臣，(自古以来，下议群臣，始于此)群臣皆以为便。廷尉李斯议曰：“周文武所封子弟同姓甚众，然后属疏远，相攻击如仇雠，诸侯更相诛伐，周天子弗能禁止。(臣下进议直切要害，李斯可谓得其旨，细品自知)今海内赖陛下神灵一统，皆为郡县，诸子功臣以公赋税重赏赐之，甚足易制。天下无异意，则安宁之术也。置诸侯不便。”(数言厉害，不多一字，不少一字)始皇曰：“天下共苦战斗不休，以有侯王。赖宗庙，天下初定，又复立国，是树兵也，而求其宁息，岂不难哉！廷尉议是。”(始皇言语有盖世之气!)

……

分天下以为三十六郡，郡置守、尉、监。(三官)更名民曰“黔首”。大酺。(只两字收郡县事，笔法古健，去一切枝叶)收天下兵，聚之咸阳，销以为钟镶，金人十二，重各千石，置廷宫中。一法度衡石丈尺。车同轨。书同文字。地东至海暨朝鲜，西至临洮、羌中，南至北向户，北据河为塞，并阴山至辽东。徙天下豪富于咸阳十二万户。诸庙及章台、上林皆在渭南。(一销兵，二同律，三舆地，四建京)

三十四年，(中略)始皇置酒咸阳宫，博士七十人前为寿。仆射周青臣进颂曰：“他时秦地不过千里，赖陛下神灵明圣，平定海内，放逐蛮夷，日月所照，莫不宾服。以诸侯为郡县，人人自安乐，无战争之患，传之万世。自上古不及陛下威德。”始皇悦。(一“悦”字，道尽千古帝王“上古所未有，五帝所不及”之情)博士齐人淳于越进曰：“臣闻殷周之王千余岁，封子弟功臣，自为枝辅。今陛下有海内，而子弟为匹夫，卒有田常、六卿之臣，无辅拂，何以相救哉？事不师古而能长久者，非所闻也。今青臣又面谀以重陛下之过，非忠臣。”(淳于越独以殷周为言，厚古薄今，如水投石，非始皇所乐闻。全段以“古今”为字眼，引出“焚书坑儒”之祸!)始皇下其议。(越言憨直，始皇能下其议，有君王之度)丞相李斯曰：“五帝不相复，三代不相袭，各以治，非其相反，时变异也。(歪曲古意)今陛下创大业，建万世之功，固非愚儒所知。且越言乃三代之事，何足法也？（提儒生过失，为坑儒埋下伏笔，此为草蛇灰线手法）异时诸侯并争，厚招游学。今天下已定，法令出一，百姓当家则力农工，士则学习法令辟禁。今诸生不师今而学古，以非当世，惑乱黔首。（儒生罪案已定，其语甚辣，妙在遽停）丞相臣斯昧死言：古者天下散乱，莫之能一，（从“一”字入手，直刺人心）是以诸侯并作，语皆道古以害今，饰虚言以乱实，人善其所私学，以非上之所建立。今皇帝并有天下，别黑白而定一尊。（“定一尊”！帝王制度之精髓）私学而相与非法教，人闻令下，则各以其学议之，入则心非，出则巷议，夸主以为名，异取以为高，率群下以造谤。（秦时欲定人之罪者，多叠杂而出之，如《逐客令》等皆然）如此弗禁，则主势降乎上，党与成乎下。（钻入始皇之心孔！）禁之便。臣请史官非秦记皆烧之。（叹！愤！哭！）非博士官所职，天下敢有藏诗、书、百家语者，悉诣守、尉杂烧之。（左史记事，右史记言。两层上指记事之书，下指记言之书，甚是明了）有敢偶语诗书者弃市。以古非今者族。（煞！）吏见知不举者与同罪。令下三十日不烧，黥为城旦。（前布令，后详罪）所不去者，医药卜筮种树之书。若欲有学法令，以吏为师。”（律之余文甚周密，实为后世造律之祖）制曰：“可。”

……

项羽本纪（节选）

导　读

《项羽本纪》以描绘项羽这一人物的形象、刻画这一人物的性格为主，同时也生动地叙写了战争。披卷读之，既可以闻见战场上的血腥，听到战马的嘶鸣和勇士们的猛吼，又可以看见项羽披甲持戟，嗔目而叱，大呼驰下，溃围、斩将、刈旗的神态与身影。《项羽本纪》巧妙运用“复笔”写作方法。复笔，是指反复使用某个字，某个词或某句话来增强文章表现力的一种艺术手法。清代《史记》评论家牛运震所云“它史之妙，妙在能简；《史记》之妙，妙在能复”，说的就是《史记》中的复笔手法。在《史记》中，这种手法的运用极其频繁，但在《项羽本纪》中的应用则最为巧妙，最富意蕴。

项籍者，下相人也，字羽。初起时，年二十四。（诸传记无特提初始之年者，此独大书之，为三年灭秦、五年亡国，是痛惜之意）其季父项梁，梁父即楚将项燕，为秦将王翦所戮者也。项氏世世为楚将，封于项，故姓项氏。

项籍少时，学书不成，去，学剑，又不成。项梁怒之。（两不成，于事有始无终也）籍曰：“书足以记名姓而已。剑一人敌，不足学，学万人敌。（豪迈之语）”于是项梁乃教籍兵法，籍大喜，略知其意，又不肯竟学。（三心二意，不成事）……

项梁杀人，与籍避仇于吴中。吴中贤士大夫皆出项梁下。每吴中有大繇役及丧，项梁常为主办，阴以兵法部勒宾客及子弟，（有心人）以是知其能。秦始皇帝游会稽，渡浙江，梁与籍俱观。籍曰：“彼可取而代也。”（与高祖之言对比，两人之终可知矣）梁掩其口，曰：“毋妄言，族矣！”梁以此奇籍。

籍长八尺余，力能扛鼎，才气过人，（此四字，史公一生得意）虽吴中子弟皆已惮籍矣。

秦二世元年七月，陈涉等起大泽中。其九月，会稽守通谓梁曰：“江西皆反，此亦天亡秦之时也。吾闻先即制人，后则为人所制。吾欲发兵，使公及桓楚将。”是时桓楚亡在泽中。（夹叙，好笔法）梁曰：“桓楚亡，人莫知其处，独籍知之耳。”梁乃出，诫籍持剑居外待。（欲借风起帆，动如脱兔）梁复入，与守坐，曰：“请召籍，使受命召桓楚。”守曰：“诺。”梁召籍入。须臾，梁眴（音训，使眼色也）籍曰：“可行矣！”于是籍遂拔剑斩守头。（如此起事，多有不义，自然只成强豪事业）项梁持守头，佩其印绶。门下大惊，扰乱，籍所击杀数十百人。一府中皆慴（同“慑”）伏，莫敢起。梁乃召故所知豪吏，谕以所为起大事，遂举吴中兵。使人收下县，得精兵八千人。梁部署吴中豪杰为校尉、候、司马。有一人不得用，自言于梁。梁曰：“前时某丧使公主某事，不能办，以此不任用公。”众乃皆伏。（闲处着笔）于是梁为会稽守，籍为裨将，徇下县。

广陵人召平于是为陈王徇广陵，未能下。闻陈王败走，秦兵又且至，乃渡江矫陈王命，拜梁为楚王上柱国。曰：“江东已定，急引兵西击秦。”（夹叙一事，非本段正文也。史公简处则简，两行中写许多事情，如此作文，方无喧宾夺主之患）项梁乃以八千人渡江而西。（如椽之笔，与传末呼应）

……

居鄛人范增，年七十，素居家，好奇计，往说项梁曰：“陈胜败固当。夫秦灭六国，楚最无罪。自怀王入秦不反，楚人怜之至今，故楚南公曰‘楚虽三户，亡秦必楚’也。今陈胜首事，不立楚后而自立，其势不长。今君起江东，楚蜂午之将皆争附君者，以君世世楚将，为能复立楚之后也。”于是项梁然其言，乃求楚怀王孙心民间，为人牧羊，立以为楚怀王，从民所望也。

……

项梁起东阿，西，比至定陶，再破秦军，项羽等又斩李由，益轻秦，有骄色。宋义乃谏项梁曰：“战胜而将骄卒惰者败。（宋义之不常见识，幸而中，亦幸而不中。卒以此杀身）今卒少惰矣，秦兵日益，臣为君畏之。”项梁弗听。乃使宋义使于齐。道遇齐使者高陵君显，曰：“公将见武信君乎？”曰：“然。”曰：“臣论武信君军必败。公徐行即免死，疾行则及祸。”（语生色）秦果悉起兵益章邯，击楚军，大破之定陶，项梁死。沛公、项羽去外黄攻陈留，陈留坚守不能下。沛公、项羽相与谋曰："今项梁军破，士卒恐。"乃与吕臣军俱引兵而东。吕臣军彭城东，项羽军彭城西，沛公军砀。

……

初，宋义所遇齐使者高陵君显在楚军，见楚王曰："宋义论武信君之军必败，居数日，军果败。兵未战而先见败征，此可谓知兵矣。"王召宋义与计事而大说之，（楚王非庸人，此举却是孟浪，害宋义不浅）因置以为上将军；项羽为鲁公，为次将，（三字要紧）范增为末将，救赵。（引出一段大文章）诸别将皆属宋义，号为卿子冠军。行至安阳，留四十六日不进。项羽曰："吾闻秦军围赵王巨鹿，疾引兵渡河，楚击其外，赵应其内，破秦军必矣。"宋义曰："不然。夫搏牛之虻不可以破虮虱。（书生气）今秦攻赵，战胜则兵罢，我承其敝；不胜，则我引兵鼓行而西，必举秦矣。故不如先斗秦赵。夫被坚执锐，义不如公；坐而运策，公不如义。"因下令军中曰："猛如虎，狠如羊，贪如狼，（军令有趣）强不可使者，皆斩之。"（暗指项羽）乃遣其子宋襄相齐，身送之至无盐，饮酒高会。天寒大雨，士卒冻饥。（渲染之笔法）项羽曰："将戮力而攻秦，久留不行。（总说）今岁饥民贫，士卒食芋菽，军无见粮，（此从利害上说）乃饮酒高会，不引兵渡河因赵食，与赵并力攻秦，（此从义理上言）乃曰：'承其敝'。夫以秦之强，攻新造之赵，其势必举赵。（于义不当，于势无益）赵举而秦强，何敝之承！（刚健有声）且国兵新破，王坐不安席，（假以大义责之）扫境内而专属于将军，（此含私恨）国家安危，在此一举。今不恤士卒（指冻饿之事）而徇其私，（送子之事。史公叙事，事事有根，周密有序）非社稷之臣。"项羽晨朝上将军宋义，即其帐中斩宋义头，出令军中曰："宋义与齐谋反楚，（若无送子使齐，则无此恶声）楚王阴令羽诛之。"当是时，诸将皆慑服，莫敢枝梧。皆曰："首立楚者，将军家也。（妙！偏不附会"楚王阴令"之说。戳项氏隐衷）今将军诛乱。"乃相与共立羽为假上将军。使人追宋义子，及之齐，杀之。使桓楚报命于怀王。怀王因使项羽为上将军，（玉柄倒置）当阳君、蒲将军皆属项羽。

项羽已杀卿子冠军，威震楚国，名闻诸侯。乃遣当阳君、蒲将军将卒二万渡河，救巨鹿。战少利，陈余复请兵。项羽乃悉引兵渡河，皆沉船，破釜甑，烧庐舍，持三日粮，以示士卒必死，无一还心。（才气过人）于是至则围王离，与秦军遇，九战，绝其甬道，大破之，杀苏角，虏王离。涉间不降楚，自烧杀。当是时，楚兵冠诸侯。诸侯军救巨鹿下者十余壁，莫敢纵兵。及楚击秦，诸将皆作壁上观。楚战士无不一以当十，楚兵呼声动天，诸侯军无不人人惴恐。（诸侯本是助楚攻秦，反写诸侯惴恐，好笔法！）于是已破秦军，项羽召见诸侯将，入辕门，无不膝行而前，莫敢仰视。项羽由是始为诸侯上将军，诸侯皆属焉。

……

楚军夜击坑秦卒二十余万人新安城南。行略定秦地。函谷关有兵守关，不得入。又闻沛公已破咸阳，项羽大怒，使当阳君等击关，项羽遂入，至于戏西。沛公军霸上，未得与项羽相见。沛公左司马曹无伤使人言于项羽曰："沛公欲王关中，使子婴为相，珍宝尽有之。"（小人多事）项羽大怒，曰："旦日飨士卒，为击破沛公军！"当是时，项羽兵四十万，在新丰鸿门，沛公兵十万，在霸上；（提清全局，摆开阵势）范增说项羽曰："沛公居山东时，贪于财货，好美姬。今入关，财物无所取，妇女无所幸，此其志不在小。吾令人望其气，皆为龙虎，成五采，此天子气也。急击勿失。"

楚左尹项伯者，项羽季父也，素善留侯张良。张良是时从沛公，项伯乃夜驰之沛公军，私见张良，具告以事，欲呼张良与俱去。曰："毋从俱死也。"（十余字，却声情并茂，千古绝笔）张良曰："臣为韩王送沛公，沛公今事有急，亡去不义，不可不语。"良乃入，具告沛公。沛公大惊，曰："为之奈何？"张良曰："谁为大王为此计者？"（从容）曰："鲰（音邹）生（鲰生者，浅陋小人也。情急而骂，传神）说我曰：'距关，毋内诸侯，秦地可尽王也。'故听之。"良曰："料大王士卒足以当项王乎？"（又从容）沛公默然，曰："固不如也，且为之奈何？"（又急）张良曰："请往谓项伯，言沛公不敢背项王也。"（从容到底）沛公曰："君安与项伯有故？"（方显机警）张良曰："秦时与臣游，项伯杀人，臣活之。今事有急，故幸来告良。"沛公曰："孰与君少长？"（机警）良曰："长于臣。"沛公曰："君为我呼入，吾得兄事之。"（机警绝人）张良出，要项伯。项伯即入见沛公。沛公奉卮酒为寿，约为婚姻，曰："吾入关，秋毫不敢有所近，籍吏民，封府库，而待将军。所以遣将守关者，备他盗之出入与非常也。日夜望将军至，岂敢反乎！愿伯具言臣之不敢倍德也。”（成大事之人，能屈伸！可句句与项羽之言对看）项伯许诺，谓沛公曰：“旦日不可不蚤自来谢项王。”沛公曰：“诺。”于是项伯复夜去，至军中，具以沛公言报项王。因言曰：“沛公不先破关中，公岂敢入乎？今人有大功而击之，不义也，不如因善遇之。”项王许诺。（直性）

沛公旦日从百余骑来见项王，至鸿门，谢曰：“臣与将军戮力而攻秦，（先化异为同）将军战河北，臣战河南，然不自意能先入关破秦，得复见将军于此。（语气蔼然，辞令妙品）今者有小人之言，（轻轻带过，糊涂得妙）令将军与臣有郤。”项王曰：“此沛公左司马曹无伤言之；（脱口直爽）不然，籍何以至此。”

项王即日因留沛公与饮。项王、项伯东向坐，亚父南向坐。亚父者，范增也。沛公北向坐，张良西向侍。范增数目项王，举所佩玉玦以示之者三，（寓其决断）项王默然不应。范增起，出召项庄，谓曰：“君王为人不忍，（至知之言）若入前为寿，寿毕，请以剑舞，因击沛公于坐，杀之。不者，若属皆且为所虏。”庄则入为寿。寿毕，曰：“君王与沛公饮，军中无以为乐，请以剑舞。”项王曰：“诺。”项庄拔剑起舞，项伯亦拔剑起舞，常以身翼蔽沛公，庄不得击。

于是张良至军门，见樊哙。樊哙曰：“今日之事何如？”良曰：“甚急。今者项庄拔剑舞，其意常在沛公也。”（急语能缓）哙曰：“此迫矣，臣请入，与之同命。”哙即带剑拥盾入军门。交戟之卫士欲止不内，樊哙侧其盾以撞，卫士仆地，哙遂入，披帷西向立，（与前位次看，如画）嗔目视项王，头发上指，目眦尽裂。（出色描写）项王按剑而跽曰：“客何为者？”张良曰：“沛公之参乘樊哙者也。”（一问一答，缺一不可）项王曰：“壮士。赐之卮酒。”（处分得体）则与斗卮酒。哙拜谢，起，立而饮之。项王曰：“赐之彘肩。”则与一生彘肩。樊哙覆其盾于地，加彘盾上，拔剑切而啖之。（此细描，愈见樊哙气概万夫）项王曰：“壮士，能复饮乎？”樊哙曰：“臣死且不避，卮酒安足辞！（敏捷而雄壮）夫秦王有虎狼之心，（指桑骂槐）杀人如不能举，刑人如恐不胜，天下皆叛之。怀王与诸将约曰：‘先破秦入咸阳者王之。’（项羽颇讳此约，偏要提出，妙。更妙在下文回护得好）今沛公先破秦入咸阳，毫毛不敢有所近，封闭宫室，还军霸上，以待大王来。故遣将守关者，备他盗出入与非常也。劳苦而功高如此，未有封侯之赏，而听细说，欲诛有功之人。此亡秦之续耳，窃为大王不取也。”项王未有以应，曰：“坐。”樊哙从良坐。坐须臾，沛公起如厕，因招樊哙出。（细腻之笔）

沛公已出，项王使都尉陈平召沛公。沛公曰：“今者出，未辞也，为之奈何?”樊哙曰：“大行不顾细谨，大礼不辞小让。（快绝）如今人方为刀俎，我为鱼肉，何辞为!”（奇语）于是遂去。乃令张良留谢。良问曰：“大王来何操?”曰：“我持白璧一双，欲献项王；玉斗一双，欲与亚父。会其怒，不敢献。公为我献之。”张良曰：“谨诺。”

当是时，项王军在鸿门下，沛公军在霸上，相去四十里。（重提一笔，以点大关节，妙笔）沛公则置车骑，脱身独骑，与樊哙、夏侯婴、靳强、纪信等四人持剑盾步走，从郦山下，道芷阳间行。（先说走，后才接与张良语，有编排！不然无法接入张良留谢之事）沛公谓张良曰：“从此道至吾军，不过二十里耳。度我至军中，公乃入。”沛公已去，间至军中。张良入谢，曰：“沛公不胜杯杓，不能辞。（以醉为托）谨使臣良奉白璧一双，再拜献大王足下；玉斗一双，再拜奉大将军足下。”项王曰：“沛公安在?”良曰：“闻大王有意督过之，脱身独去，已至军矣。”（直说，却又委婉，唯张良能也）项王则受璧，置之坐上。（与范增对看）亚父受玉斗，置之地，拔剑撞而破之，曰：“唉！竖子不足与谋。（项王骂不得，只能骂项庄）夺项王天下者，必沛公也。吾属今为之虏矣。”沛公至军，立诛杀曹无伤。

……

项王欲自王，先王诸将相。（总提）谓曰：“天下初发难时，假立诸侯后以伐秦。（明为义帝也）然身被坚执锐首事，暴露于野三年，灭秦定天下者，皆将相诸君与之籍之力也。（揽功于身）义帝虽无功，故当分其地而王之。”（已现弑意）诸将皆曰：“善。”乃分天下，立诸将为侯王。项王、范增疑沛公之有天下，业已讲解，又恶负约，恐诸侯叛之，乃阴谋曰：“巴、蜀道险，秦之迁人皆居蜀。”乃曰：“巴、蜀亦关中地也。”（“乃阴谋曰”“乃曰”，一阴一阳，真乃妙笔）故立沛公为汉王，王巴、蜀、汉中，都南郑。而三分关中，王秦降将以距塞汉王。（汉朝实为项羽所置也）

……

春，汉王部五诸侯兵，凡五十六万人，东伐楚。项王闻之，即令诸将击齐，而自以精兵三万人南从鲁出胡陵。四月，汉皆已入彭城，收其货宝美人，日置酒高会。（史公不满甚矣）项王乃西从萧，晨击汉军而东，至彭城，日中，大破汉军。（有破竹之势）汉军皆走，相随入谷、泗水，杀汉卒十余万人。（如土崩之态）汉卒皆南走山，楚又追击至灵璧东睢（音虽）水上。汉军却，为楚所挤，多杀，汉卒十余万人皆入睢水，睢水为之不流。围汉王三匝。于是大风从西北而起，折木发屋，扬沙石，窈冥昼晦，逢迎楚军。楚军大乱，坏散，而汉王乃得与数十骑遁去，欲过沛，收家室而西；楚亦使人追之沛，取汉王家：家皆亡，不与汉王相见。汉王道逢得孝惠、鲁元，乃载行。楚骑追汉王，汉王急，推堕孝惠、鲁元车下，（忍心！与项羽之所行对看）滕公常下收载之。如是者三。曰："虽急不可以驱，奈何弃之？"（以滕公语贬之）于是遂得脱。求太公、吕后不相遇。审食其从太公、吕后间行，求汉王，反遇楚军。楚军遂与归，报项王，项王常置军中。

……

汉王之出荥阳，南走宛、叶，得九江王布，行收兵，复入保成皋。汉之四年，项王进兵围成皋。汉王逃，独与滕公出成皋北门，渡河走修武，（能忍一）从张耳、韩信军。诸将稍稍得出成皋，从汉王。楚遂拔成皋，欲西。汉使兵距之巩，令其不得西。

是时，彭越渡河击楚东阿，杀楚将军薛公。项王乃自东击彭越。汉王得淮阴侯兵，欲渡河南。郑忠说汉王，乃止壁河内。（能忍二）使刘贾将兵佐彭越，烧楚积聚。项王东击破之，走彭越。汉王则引兵渡河，复取成皋，军广武，就敖仓食。（楚之败，因乏食。渐渐写来，成败之机已伏于此）项王已定东海来，西，与汉俱临广武而军，相守数月。

当此时，彭越数反梁地，绝楚粮食，项王患之。为高俎，置太公其上，（策已竭，出此下策）告汉王曰："今不急下，吾烹太公。"汉王曰："吾与项羽俱北面受命怀王，曰'约为兄弟'，吾翁即若翁，必欲烹而翁，则幸分我一杯羹。"（能忍三）项王怒，欲杀之。项伯曰："天下事未可知，且为天下者不顾家，（谏得妙）虽杀之无益，只益祸耳。"（项伯实乃汉王救星）项王从之。

楚汉久相持未决，丁壮苦军旅，老弱罢转漕。项王谓汉王曰：“天下匈匈数岁者，徒以吾两人耳，愿与汉王挑战决雌雄，毋徒苦天下之民父子为也。”汉王笑谢曰：“吾宁斗智，不能斗力。”（能忍四）项王令壮士出挑战。汉有善骑射者楼烦，楚挑战三合，楼烦辄射杀之。项王大怒，乃自被甲持戟挑战。楼烦欲射之，项王瞋目叱之，楼烦目不敢视，手不敢发，遂走还入壁，不敢复出。（三“不敢”，写极）汉王使人间问之，乃项王也。汉王大惊。于是项王乃即汉王相与临广武间而语。汉王数之，项王怒，欲一战。汉王不听，（能忍五）项王伏弩射中汉王。汉王伤，走入成皋。（能忍六）

……

是时，汉兵盛食多，项王兵罢食绝。（成败大节点）汉遣陆贾说项王，请太公，项王弗听。汉王复使侯公往说项王，项王乃与汉约，中分天下，割鸿沟以西者为汉，鸿沟而东者为楚。（至此，楚王欲休，汉王愈不肯休也，若范增尚在，必不有此局面）项王许之，即归汉王父母妻子。军皆呼万岁。汉王乃封侯公为平国君。匿弗肯复见。（远见卓识）曰：“此天下辩士，所居倾国，故号为平国君。”项王已约，乃引兵解而东归。

汉欲西归，张良、陈平说曰：“汉有天下太半，而诸侯皆附之。楚兵罢食尽，此天亡楚之时也，不如因其机而遂取之。（狠辣！食言背约之事，千古类多）今释弗击，此所谓‘养虎自遗患’也。”汉王听之。

汉五年，汉王乃追项王至阳夏南，止军，与淮阴侯韩信、建成侯彭越期会而击楚军。至固陵，而信、越之兵不会。楚击汉军，大破之。（回光之反照。亦是善战）汉王复入壁，深堑而自守。谓张子房曰：“诸侯不从约，为之奈何？”对曰：“楚兵且破，信、越未有分地，其不至固宜。君王能与共分天下，今可立致也。即不能，事未可知也。（危悚）君王能自陈以东傅海，尽与韩信；睢阳以北至谷城，以与彭越：使各自为战，则楚易败也。”汉王曰：“善。”（决策甚快）于是乃发使者告韩信、彭越曰：“并力击楚。楚破，自陈以东傅海与齐王，睢阳以北至谷城与彭相国。”使者至，韩信、彭越皆报曰：“请今进兵。”（两人浅甚，开启祸端）韩信乃从齐往，刘贾军从寿春并行，屠城父，至垓下。大司马周殷叛楚，以舒屠六，举九江兵，随刘贾、彭越皆会垓下，诣项王。

项王军壁垓下，兵少食尽，汉军及诸侯兵围之数重。夜闻汉军四面皆楚歌，项王乃大惊曰："汉皆已得楚乎？是何楚人之多也！"项王则夜起，（史公每用"则"字，皆有致）饮帐中。有美人名虞，常幸从；骏马名骓，常骑之。于是项王乃悲歌慷慨，自为诗曰："力拔山兮气盖世，时不利兮骓不逝。骓不逝兮可奈何，虞兮虞兮奈若何！"歌数阕，美人和之。项王泣数行下，左右皆泣，莫能仰视。

于是项王乃上马骑，麾下壮士骑从者八百余人，直夜溃围南出，驰走。平明，汉军乃觉之，（极写羽能）令骑将灌婴以五千骑追之。项王渡淮，骑能属者百余人耳。

项王至阴陵，迷失道，问一田父，田父绐曰"左"。左，乃陷大泽中。以故汉追及之。项王乃复引兵而东，至东城，乃有二十八骑。汉骑追者数千人。项王自度不得脱。谓其骑曰："吾起兵至今八岁矣，身七十余战，所当者破，所击者服，未尝败北，遂霸有天下。（句句从战功上夸张）然今卒困于此，此天之亡我，非战之罪也。（愚也，得天下者以道，不以战）今日固决死，愿为诸君快战，必三胜之，为诸君溃围，斩将，刈旗，（雄甚）令诸君知天亡我，非战之罪也。"乃分其骑以为四队，四向。汉军围之数重。项王谓其骑曰："吾为公取彼一将。"（写得有声势）令四面骑驰下，期山东为三处。于是项王大呼驰下，汉军皆披靡，遂斩汉一将。是时，赤泉侯为骑将，追项王，项王瞋目而叱之，赤泉侯人马俱惊，（余勇可嘉）辟易数里与其骑会为三处。汉军不知项王所在，乃分军为三，复围之。项王乃驰，复斩汉一都尉，杀数十百人，复聚其骑，亡其两骑耳。乃谓其骑曰："何如？"（情景宛然）骑皆伏曰："如大王言。"

于是项王乃欲东渡乌江。乌江亭长檥（音衣，船靠岸也）船待，谓项王曰："江东虽小，地方千里，众数十万人，亦足王也。愿大王急渡。今独臣有船，汉军至，无以渡。"项王笑曰："天之亡我，我何渡为！且籍与江东子弟八千人渡江而西，今无一人还，纵江东父兄怜而王我，我何面目见之？（长厚，又负气）纵彼不言，籍独不愧于心乎？"乃谓亭长曰："吾知公长者。吾骑此马五岁，所当无敌，尝一日行千里，不忍杀之，以赐公。"（好处分）

乃令骑皆下马步行，持短兵接战。独籍所杀汉军数百人。项王身亦被十余创。顾见汉骑司马吕马童，曰："若非吾故人乎？"马童面之，指王翳曰："此项王也。"项王乃曰："吾闻汉购我头千金，邑万户，吾为若德。"乃自刎而死。（以身与故人，又是好处分）……

项王已死，楚地皆降汉，独鲁不下。汉乃引天下兵欲屠之，为其守礼义，为主死节，乃持项王头视鲁，鲁父兄乃降。始，楚怀王初封项籍为鲁公，及其死，鲁最后下，故以鲁公礼葬项王谷城。汉王为发哀，泣之而去。（于情于理，应如此）

诸项氏枝属，汉王皆不诛。乃封项伯为射阳侯。桃侯、平皋侯、玄武侯皆项氏，赐姓刘。

高祖本纪（节选）

导 读

为突出某一历史人物的基本倾向和主要性格特征，《史记》常用“互见法”。这种写作手法从历史人物的基本认识出发，将材料有意识地加以安排和剪裁，以使它们服从于对某一人物形象的塑造。司马迁在很多地方采用了这种方法，有的还注明“其事在《商君》语中”“语在《晋》事中”“语在《淮阴侯》中”“语在《田完世家》中”等。

《高祖本纪》凡属灭项兴刘的大事，凡属表现其成功及其性格特征的文献资料，事无巨细悉入纪中。凡涉及“叙汉非”的地方，则用“互见法”，或删繁就简，只叙事件轮廓，或略而不述，放在他人传中。这样既避免了文字重复，又突出了刘邦这位中心人物。明代茅坤说：“读《高祖本纪》，须参《项羽纪》，两相得失处，一一入手。”除了必须参看《项羽本纪》外，还得注意《留侯世家》《淮阴侯列传》《彭越列传》《万石张叔列》等，这样才能看到刘邦之全貌。

……

高祖为人，隆准而龙颜，美须髯，左股有七十二黑子。仁而爱人，喜施，意豁如也。（提纲语，活而不板，堪称范文）常有大度，不事家人生产作业。及壮，试为吏，为泗水亭长，廷中吏无所不狎侮，（此句也从“豁如”而来，写其大度不拘小节）好酒及色。常从王媪、武负贳酒，醉卧，武负、王媪见其上常有龙，怪之。高祖每酤留饮，酒雠数倍。及见怪，岁竟，此两家常折券弃责。（本段从“酒”写起，白描其性情）高祖常繇咸阳，纵观，观秦皇帝，喟然太息曰：“嗟乎，大丈夫当如此也！”（与项羽语参看）

单父人吕公善沛令，避仇从之客，因家沛焉。沛中豪桀吏闻令有重客，皆往贺。萧何为主吏，主进，（进献也）令诸大夫曰：“进不满千钱，坐之堂下。”高祖为亭长，素易诸吏，乃绐为谒曰“贺钱万”，实不持一钱。谒入，吕公大惊，起，迎之门。（惊、起、迎仅三字，笔法洗练）吕公者，好相人，（司马公常用夹注法，奇妙）见高祖状貌，因重敬之，引入坐。萧何曰："刘季固多大言，少成事。"（草蛇灰线，萧何与吕公各叙其妙）高祖因狎侮诸客，遂坐上坐，无所诎。酒阑，吕公因目固留高祖。高祖竟酒，后。吕公曰："臣少好相人，相人多矣，无如季相，愿季自爱。臣有息女，愿为季箕帚妾。"酒罢，吕媪怒吕公曰："公始常欲奇此女，与贵人。沛令善公，求之不与，何自妄许与刘季？"（看官留意，此一言补出两事，又衬托高祖之奇伟，神笔也）吕公曰："此非儿女子所知也。"卒与刘季。吕公女乃吕后也（点睛！），生孝惠帝、鲁元公主。

高祖为亭长时，常告归之田。吕后与两子居田中耨，有一老父过请饮，吕后因哺之。老父相吕后曰："夫人天下贵人。"令相两子，见孝惠，曰："夫人所以贵者，乃此男也。"相鲁元，亦皆贵。（司马公连叙两个相人，凡相四人，四种笔样，一字不相袭，非古人可及）老父已去，高祖适从旁舍来，吕后具言客有过，相我子母皆大贵。高祖问，曰："未远。"乃追及，问老父。老父曰："乡者夫人婴儿皆似君，君相贵不可言。"高祖乃谢曰："诚如父言，不敢忘德。"及高祖贵，遂不知老父处。

……

十二年，十月，高祖已击布军会甄，布走，令别将追之。

高祖还归，（亘古未有之衣锦还乡）过沛，留（与下文两留字遥相呼应）。置酒沛宫，悉召故人父老子弟纵酒，（纵字，直发心意。以酒入传首，贯穿于此）发沛中儿得百二十人，教之歌。酒酣，高祖击筑，自为歌诗曰："大风起兮云飞扬，威加海内兮归故乡，安得猛士兮守四方！"（好男儿需诵此句！行之！）令儿皆和习之。高祖乃起舞，慷慨伤怀，泣数行下。（功成名就，何尝不是）谓沛父兄曰："游子悲故乡。吾虽都关中，万岁后吾魂魄犹乐思沛。（生而悲，死而乐，理从一也）且朕自沛公以诛暴逆，遂有天下，其以沛为朕汤沐邑，复其民，世世无有所与。"沛父兄诸母故人日乐饮极欢，道旧故为笑乐。十余日，高祖欲去，沛父兄固请留（一留）高祖。高祖曰："吾人众多，父兄不能给。"乃去。沛中空县皆之邑西献。高祖复留（再留）止，张饮三日。沛父兄皆顿首曰："沛幸得复，丰未复，唯陛下哀怜之。"高祖曰："丰吾所生长，极不忘耳，吾特为其以雍齿故反我为魏。”沛父兄固请，乃并复丰，比沛。

……

太史公曰：夏之政忠（字法句法俱妙）。忠之敝，小人以野，（只说小人）故殷人承之以敬。敬之敝，小人以鬼，（敬而流于媚，信鬼神也）故周人承之以文。文之敝，小人以僿，故救僿莫若以忠。三王之道若循环，终而复始。周秦之闲，可谓文敝矣。秦政不改，反酷刑法，岂不缪乎？故汉兴，（贬秦人，只许汉人成统）承敝易变，使人不倦，（引《系辞》文，高！文章之引用需得体，归道）得天统矣。

……

高祖功臣侯者年表（序言）

导 读

此表记载了高祖时功臣受封及传世之史事。高祖功臣对于西汉皇朝的建立和巩固起了极其重要的作用。但是自高祖时起他们及其子孙却一个个废免国除，至武帝晚年，已无一独存。他们的荣辱兴衰，给后人留下一个值得认真思索的课题。司马迁在此表序中写道：“居今之世，志古之道，所以自镜也……观所以得尊宠及所以废辱，亦当世得失之林也，何必旧闻？”显然，司马迁撰写这篇当代史事的年表，是为了考察当世之得失。今天，我们考察高祖功臣侯者的荣辱兴衰，以史为鉴，无疑是有现实意义的。

太史公曰：古者人臣功有五品（开篇只说功臣，非言宠臣），以德立宗庙、定社稷曰勋，以言曰劳，用力曰功，明其等曰伐，积日曰阅。（勋、劳、功为一层，伐、阅为一层。前者必明等级、积日月以用）封爵之誓曰：“使河如带，泰山若厉，国以永宁，爰及苗裔。”始未尝不欲固其根本，而枝叶稍陵夷衰微也。（臣之罪戾，上之网密，皆在此两句内）

余读高祖侯功臣，察其首封，所以失之者，曰：异哉所闻！（直串到“何必久闻”）《书》曰“协和万国”，迁于夏、商，或数千岁。盖周封八百，幽、厉之后，见于《春秋》。《尚书》有唐虞之侯伯，历三代千有余载，自全以蕃卫天子，岂非笃于仁义、奉上法哉？（此句意在责群臣，甚得体）汉兴，功臣受封者百有余人。（一百四十三人）天下初定，故大城名都散亡，户口可得而数者十二三。是以大侯不过万家，小者五六百户。后数世，民咸归乡里，户益息，萧、曹、绛、灌之属或至四万，小侯自倍，富厚如之。子孙骄溢，忘其先，淫嬖。（九字结其罪案）至太初，百年之间，见侯五，余皆坐法陨命亡国，耗矣。罔亦少密焉，然皆身无兢兢于当世之禁云。（只因罔亦

少密。“当世”是眼）

居今之世，志古之道，所以自镜也，未必尽同。（古道与今世比照，虽非贬褒，感慨之意在其中也）帝王者各殊礼而异务，要以成功为统纪，岂可绲乎？观所以得尊宠及所以废辱，亦当世得失之林也，何必旧闻？于是谨其终始，表见其文，颇有所不尽本末，著其明，疑者阙之。后有君子，欲推而列之，得以览焉。

秦楚之际月表（序言）

导　读

《秦楚之际月表》，是司马迁《史记》中的一表。“表”是司马迁在《史记》中创立的一种史书体例，是以表格的形式表现某一时期的史事、人物的。秦楚之际是指秦二世在位时期和项羽统治时期。时间虽短，但事件变化多端，所以按月来记述，称为“月表”。本文是司马迁在《秦楚之际月表》前面所写的序言。这篇序言概括了秦楚之际政治形势的特点：陈涉发难、项羽灭秦、刘邦称帝，而这些又都是在短促的时间内发生的。文章回顾了历史上一些帝王统一天下的艰难历程，分析了秦楚之际“号令三嬗”，而汉高祖终于称帝的原因，结论有独到之处。

太史公读秦楚之际，曰：初作难，发于陈涉；虐戾灭秦自项氏；拨乱诛暴，平定海内，卒践帝祚，成于汉家。五年之间，号令三嬗（音善，传也），自生民以来，未始有受命若斯之亟也！

昔虞、夏之兴，积善累功数十年，德洽百姓，摄行政事，考之于天，然后在位。汤、武之王，乃由契、后稷，修仁行义十余世，不期而会孟津八百诸侯，犹以为未可，其后乃放弑。秦起襄公，章于文、缪，献、孝之后，稍以蚕食六国，百有余载，至始皇乃能并冠带之伦。以德若彼，用力如此，盖一统若斯之难也！（正见受命若斯之亟，千古未有）

秦既称帝，患兵革不休，以有诸侯也，于是无尺土之封，堕坏名城，销锋镝，锄豪杰，维万世之安。然王迹之兴，起于闾巷，合从讨伐，轶于三代。（笔锋雄健）乡秦之禁，适足以资贤者为驱除难耳，故奋发其所为天下雄，安在无土不王？（言语古朴）此乃传之所谓大圣乎？岂非天哉？岂非天哉？（反复唱叹，意汉兴为天意也）非大圣孰能当此受命而帝者乎？

六国年表（序言）

导 读

“《史记》一书，功在十表。”这不是夸大其实。其中《六国年表》“因《秦记》，踵《春秋》”，“表六国时事”，欲观秦吞并天下之迹。序文记六国之兴衰，述秦国之发迹，将其中之原因委婉曲折地道出。表文以时间为经，明历史发展；以国别为纬，展国际舞台。纵横交错，构成一个波澜壮阔的历史网格脉络。前序高度概括后表，后表史实印证前序，前后照应。司马迁阐明了自己对这段历史的见解，其史学观极大地影响了后世的史学研究。

太史公读《秦记》，至犬戎败幽王，周东徙洛邑，秦襄公始封为诸侯，作西畤（音至，祭神之所也）用事上帝，僭端见矣。礼曰：“天子祭天地，诸侯祭其域内名山大川。”今秦杂戎翟之俗，先暴戾，后仁义，位在藩臣而胪于郊祀，君子惧焉。（文字古雅）及文公逾陇，攘夷狄，尊陈宝，营岐雍之闲，而穆公修政，东竟至河，则与齐桓、晋文中国侯伯侔矣。（上言秦事，下为六国）是后陪臣执政，大夫世禄，六卿擅晋权，征伐会盟，威重于诸侯。及田常杀简公而相齐国，（此事是关键）诸侯晏然弗讨，海内争于战功矣。三国终之卒分晋，田和亦灭齐而有之，六国之盛自此始。（点题）务在强兵并敌，谋诈用而从衡短长之说起。矫称蠭（同蜂）出，誓盟不信，虽置质剖符犹不能约束也。（此段概括六国表中所载杀伐之事。繁而不燥，笔力雄健。灭六国者，秦也，故先叙秦事，后六国，再叙秦）秦始小国僻远，诸夏宾之，比于戎翟，至献公之后常雄诸侯。论秦之德义不如鲁卫之暴戾者，（此为互错文法，本欲言秦之暴戾不如鲁卫之德。是为下文作借步）量秦之兵不如三晋之强也，然卒并天下，非必险固便形势利也，盖若天所助焉。（先抑地利以明天助）

或曰“东方物所始生，西方物之成孰”。夫作事者必于东南，收功实者常于西北。故禹兴于西羌，汤起于亳，周之王也以丰镐伐殷，秦之帝用雍

州兴，汉之兴自蜀汉。（五句者，每句皆有一变，汉文长于后世之文）

秦既得意，烧天下诗书，诸侯史记尤甚，为其有所刺讥也。诗书所以复见者，多藏人家，而史记独藏周室，以故灭。惜哉，惜哉！独有《秦记》，又不载日月，其文略不具。然战国之权变亦有可颇采者，何必上古。秦取天下多暴，然世异变，成功大。（言秦记之不可费）传曰“法后王”，何也？以其近己而俗变相类，议卑而易行也。学者牵于所闻，见秦在帝位日浅，不察其终始，因举而笑之，不敢道，此与以耳食无异。悲夫！

余于是因秦记，踵春秋之后，起周元王，表六国时事，讫二世，凡二百七十年，著诸所闻兴坏之端。后有君子，以览观焉。

封禅书（节选）

导　读

司马迁以愤懑之情，对汉代统治者，尤其是对汉武帝的滥祭淫祀，进行了委婉而充分的揭露和嘲笑，为后世治史者留下了光辉的典范。由《封禅书》的命题不难看出司马迁的本意不在于记述祭祀等礼制，而是为了对汉代弊政——围绕封禅的诸种活动——加以抨击。而班固《汉书》易名为《郊祀志》，如前所述，它的文既不限于郊祀（祭天为郊祀），于揭露封禅活动的主题也因而变得隐而不彰，可说是文、意两失，史、汉优劣，于此可见。至《晋书》定名为《礼志》，才算是正规地记述礼仪制度的篇名，从此可以看出，过去史家把制度史体的创始之功全部归于司马迁的“八书”，并不是贴切的说法，这原是一个不断摸索的过程。

自古受命帝王，曷尝不封禅？（起关突兀）盖有无其应而用事者矣，（挖苦得巧妙，全篇透气）未有睹符瑞见不臻乎泰山者也。虽受命而功不至，（挖苦得直接，全篇之脉络）至梁父矣而德不洽，洽矣而日有不暇给，是以即事用希。（武帝于此何居?）传曰：“三年不为礼，礼必废；三年不为乐，乐必坏。”每世之隆，则封禅答焉，及衰而息。厥旷远者千有余载，近者数百载，故其仪阙然堙灭，其详不可得而记闻云。

……

自周克殷后十四世，世益衰，礼乐废，诸侯恣行，而幽王为犬戎所败，周东徙雒邑。秦襄公攻戎救周，（封神书夹叙击匈奴事，此语应之）始列为诸侯。秦襄公既侯，居西垂，自以为主少皞之神，（觊觎受命一）作西畤，祠白帝，（自创一神，祭之，为封神之觞）其牲用骝驹黄牛羝羊各一云。（礼亦自创）其后十六年，秦文公东猎汧渭之间，卜居之而吉。文公梦黄蛇自天下属地，其口止于鄜衍。（觊觎受命二）文公问史敦，敦曰：“此上帝之征，君其祀之。”于是作鄜畤，用三牲郊祭白帝焉。

自未作鄜畤也，（忽然转入前事）而雍旁故有吴阳武畤，雍东有好畤，皆废无祠。或曰：“自古以雍州积高，神明之隩，故立畤郊上帝，诸神祠皆聚云。盖黄帝时尝用事，虽晚周亦郊焉。”其语不经见，缙绅者不道。（道其荒唐之至）

……

齐桓公既霸，会诸侯于葵丘，而欲封禅。（仅会诸侯即欲受命，何其满也）管仲曰：“古者封泰山禅梁父者七十二家，而夷吾所记者十有二焉。（其意为，古者封泰山者众，而禅梁父者只此十二家，余皆是支派）昔无怀氏封泰山，禅云云；虙羲封泰山，禅云云；神农封泰山，禅云云；炎帝封泰山，禅云云；黄帝封泰山，禅亭亭；颛顼封泰山，禅云云；帝喾封泰山，禅云云；尧封泰山，禅云云；舜封泰山，禅云云；禹封泰山，禅会稽；汤封泰山，禅云云；周成王封泰山，禅社首：皆受命然后得封禅。”（前文云云也好，亭亭也罢，皆为此“受命封禅”铺垫，何其难，何其慎）桓公曰：“寡人北伐山戎，过孤竹；西伐大夏，涉流沙，束马悬车，上卑耳之山；南伐至召陵，登熊耳山以望江汉。兵车之会三，而乘车之会六，九合诸侯，一匡天下，诸侯莫违我。昔三代受命，亦何以异乎！”于是管仲睹桓公不可穷以辞，因设之以事，（节奏妙）曰：“古之封禅，鄗上之黍，北里之禾，所以为盛；江淮之间，一茅三脊，所以为借也。东海致比目之鱼，西海致比翼之鸟，然后物有不召而自至者十有五焉。今凤凰麒麟不来，嘉谷不生，而蓬蒿藜莠茂，鸱枭数至，而欲封禅，毋乃不可乎？”于是桓公乃止。（说辞无用，乃以事劝之）是岁，秦缪公内晋君夷吾。其后三置晋国之君，平其乱。缪公立三十九年而卒。（“是岁”两字用得巧妙，形成对比，以置君立国，续人血脉之缪公，言桓公不当受命）其后百有余年，而孔子论述六艺，传略言易姓而王，封泰山禅乎梁父者七十余王矣，（证上文管仲之言不谬）其俎豆之礼不章，盖难言之。（仍归到礼制上）

……

秦始皇既并天下而帝，或曰（此段欲写礼仪，以符瑞之象引之）：“黄帝得土德，黄龙地螾见。夏得木德，青龙止于郊，草木畅茂。殷得金德，银自山溢。周得火德，有赤乌之符。今秦变周，水德之时。昔秦文公出猎，获黑龙，此其水德之瑞。”于是秦更命河曰“德水”，以冬十月为年首，色上黑，度以六为名，音上大吕，事统上法。

即帝位三年，东巡郡县，祠驺峄山，颂秦功业。（为大封禅作引）于是征从齐鲁之儒生博士七十人，至乎泰山下。（此乃大封禅第一笔）诸儒生或议曰：“古者封禅为蒲车，恶伤山之土石草木；埽地而祭，席用葅秸，言其易遵也。”始皇闻此议各乖异，难施用，由此绌儒生。（七十儒生，各持其义，故绌之）而遂除车道，上自泰山阳至巅，（始皇自行其意，也算雄略）立石颂秦始皇帝德，明其得封也。从阴道下，禅于梁父。其礼颇采太祝之祀雍上帝所用，而封藏皆秘之，世不得而记也。始皇之上泰山，中阪遇暴风雨，休于大树下。诸儒生既绌，不得与用于封事之礼，闻始皇遇风雨，则讥之。（讥其伤山石草木而有此遇也，史公欲显诸儒之陋）于是始皇遂东游海上，行礼祠名山大川及八神，求仙人羡门之属。（一线转入求仙，变幻无常）

……

自齐威、宣之时，驺子之徒论著终始五德之运，及秦帝而齐人奏之，故始皇采用之。（始皇乃是方术之祖）而宋毋忌、正伯侨、充尚、羡门高，最后皆燕人，为方道，形解销化，依于鬼神之事。（燕齐之人多术士）驺衍以阴阳主运显于诸侯，而燕齐海上之方士传其术不能通，然则怪迂阿谀苟合之徒自此兴，不可胜数也。（从怪迂到阿谀，再到苟合，趋之下）

自威、宣、燕昭使人入海求蓬莱、方丈、瀛洲。此三神山者，其傅在勃海中，去人不远；（妙在此名，有若即若离之感）患且至，则船风引而去。（推之远）盖尝有至者，（忽又近）诸仙人及不死之药皆在焉。（题眼在此）其物禽兽尽白，而黄金银为宫阙。（点缀）未至，望之如云；及到，三神山反居水下。临之，风辄引去，终莫能至云。（未至、及到、临之，镜花水月）世主莫不甘心焉。及至秦始皇并天下，至海上，则方士言之不可胜数。始皇自以为至海上而恐不及矣，使人乃赍童男女入海求之。船交海中，皆以风为解，曰未能至，望见之焉。（字字有味道）其明年，始皇复游海上，至琅邪，过恒山，从上党归。后三年，游碣石，考入海方士，从上郡归。后五年，始皇南至湘山，遂登会稽，并海上，冀遇海中三神山之奇药。（主意在此）不得，还至沙丘崩。

二世元年，东巡碣石，并海南，历泰山，至会稽，皆礼祠之，而刻勒始皇所立石书旁，以章始皇之功德。（寻仙之事了结之后，又提封禅之事，处处有照应）其秋，诸侯畔秦。三年而二世弑死。

始皇封禅之后十二岁，秦亡。（意味深远）诸儒生疾秦焚《诗》《书》，诛僇文学，（暗中遥接“遇风雨，讥之”一段）百姓怨其法，天下畔之，皆讹曰：“始皇上泰山，为暴风雨所击，不得封禅。”（文不刻板）此岂所谓无其德而用事者邪？（对应首段）

……

汉兴，高祖之微时，尝杀大蛇。有物曰：“蛇，白帝子也，而杀者赤帝子。”高祖初起，祷丰枌榆社。徇沛，为沛公，则祠蚩尤，（本篇所重者唯“祭祀”）衅鼓旗。遂以十月至灞上，与诸侯平咸阳，立为汉王。因以十月为年首，而色上赤。

二年，东击项籍而还入关，问：“故秦时上帝祠何帝也？”对曰：“四帝，有白、青、黄、赤帝之祠。”高祖曰：“吾闻天有五帝，而有四，何也？”莫知其说。于是高祖曰：“吾知之矣，乃待我而具五也。”（秦奉四帝本是臆造，高祖以五帝问之，显可爱，又自造一帝，真雄杰也）乃立黑帝祠，命曰北畤。有司进祠，上不亲往。悉召故秦祝官，复置太祝、太宰，如其故仪礼。（“如”字谓汉因秦之陋也，不成其礼）因令县为公社。下诏曰：“吾甚重祠而敬祭。今上帝之祭及山川诸神当祠者，各以其时礼祠之如故。”

……

鲁人公孙臣上书曰：“始秦得水德，今汉受之，推终始传，则汉当土德，土德之应黄龙见。宜改正朔，易服色，色上黄。”（术士从来当有取应验之象以惑人）是时丞相张苍好律历，以为汉乃水德之始，故河决金堤，其符也。年始冬十月，色外黑内赤，与德相应。如公孙臣言，非也。罢之。后三岁，黄龙见成纪。文帝乃召公孙臣，拜为博士，与诸生草改历服色事。其夏，下诏曰：“异物之神见于成纪，无害于民，岁以有年。朕祈郊上帝诸神，礼官议，无讳以劳朕。”有司皆曰“古者天子夏亲郊，祀上帝于郊，故曰郊”。于是夏四月，文帝始郊见雍五畤祠，衣皆上赤。

其明年，赵人新垣平以望气见上，（望气事一）言“长安东北有神气，成五采，若人冠绝焉。或曰东北神明之舍，西方神明之墓也。天瑞下，宜立祠上帝，以合符应”。于是作渭阳五帝庙，（为何马上相信）同宇，帝

一殿，面各五门，各如其帝色。祠所用及仪亦如雍五畤。（详写其殿，以示荒诞不经）

夏四月，文帝亲拜霸渭之会，以郊见渭阳五帝。五帝庙南临渭，北穿蒲池沟水，权火举而祠，若光辉然属天焉。于是贵平上大夫，赐累千金。而使博士诸生刺《六经》中作《王制》，（此《王制》也是牵强附会之作）谋议巡狩封禅事。

……

其明年，新垣平使人持玉杯，上书阙下献之。平言上曰："阙下有宝玉气来者。"（望气事二）已视之；果有献玉杯者，刻曰"人主延寿"。平又言"臣候日再中"。（望气事三）居顷之，日却复中。于是始更以十七年为元年，令天下大酺。（信之如确）

平言曰："周鼎亡在泗水中，今河溢通泗，臣望东北汾阴直有金宝气，（望气事四）意周鼎其出乎？兆见不迎则不至。"于是上使使治庙汾阴南，临河，欲祠出周鼎。（新垣平不断言之又言，意在心诈取贵）

人有上书告新垣平所言气神事皆诈也。下平吏治，诛夷新垣平。（圣主）自是之后，文帝怠于改正朔服色神明之事，（圣主）而渭阳、长门五帝使祠官领，以时致礼，不往焉。

……

今上初至雍，郊见五畤。后常三岁一郊。是时上求神君，舍之上林中蹄氏观。神君者，长陵女子，以子死，见神于先后宛若。宛若祠之其室，民多往祠。平原君往祠，其后子孙以尊显。及今上即位，则厚礼置祠之内中。闻其言，不见其人云。

是时李少君亦以祠灶、谷道、却老方见上，上尊之。（李少君是主角，以上文平原君引出，以一"亦"字接入）少君者，故深泽侯舍人，主方。匿其年及其生长，常自谓七十，能使物，却老。其游以方遍诸侯。无妻子。人闻其能使物及不死，更馈遗之，常余金钱衣食。人皆以为不治生业而饶给，又不知其何所人，愈信，争事之。（方士常有之态，千古至今）少君资好方，善为巧发奇中。尝从武安侯饮，坐中有九十余老人，少君乃言与其大父游射处，老人为儿时从其大父，识其处，一坐尽惊。（亦真亦假，看官自加品味）少君见上，上有故铜器，问少君。少君曰："此器齐桓公十年陈于柏寝。"

已而案其刻，果齐桓公器。一宫尽骇，以为少君神，数百岁人也。（叙事完后加一笔，使文少刻板，此乃行文之诀窍）少君言上曰："祠灶则致物，致物而丹沙可化为黄金，黄金成以为饮食器则益寿，益寿而海中蓬莱仙者乃可见，见之以封禅则不死，（此是关键语）黄帝是也。（引得奇，方士以此吊人胃口）臣尝游海上，见安期生，安期生食巨枣，大如瓜。安期生仙者，通蓬莱中，合则见人，不合则隐。"（"合则见，不合则隐。"古今方士以此左右逢源，圆其所诈）于是天子始亲祠灶，遣方士入海求蓬莱安期生之属，而事化丹沙诸药齐为黄金矣。

居久之，李少君病死。天子以为化去不死，而使黄锤史宽舒受其方。求蓬莱安期生莫能得，而海上燕齐怪迂之方士多更来言神事矣。（"莫能……矣。"语气之变化讽帝一求再求，实无所得，不仅仙未至，怪迂之方士接踵来矣）

……

明年，天子病鼎湖甚，巫医无所不致，不愈。游水发根言上郡有巫，病而鬼神下之。（巫医往往"病"后才会鬼神附体）上召置祠之甘泉。及病，使人问神君。神君言曰："天子无忧病。病少愈，强与我会甘泉。"于是病愈，遂起，幸甘泉，病良已。（下段祥叙神君）大赦，置寿宫神君。寿宫神君最贵者太一；其佐曰大禁、司命之属，皆从之。非可得见，闻其言，言与人音等。时去时来，来则风肃然。（史公长于描述）居室帷中，时昼言，然常以夜。天子祓，然后入。因巫为主人，关饮食。所以言，行下。（戏武帝如婴儿）又置寿宫、北宫，张羽旗，设供具，以礼神君。神君所言，上使人受书其言，命之曰"画法"。其所语，世俗之所知也，无绝殊者，而天子心独喜。其事秘，世莫知也。（意味深长）

……

天子既诛文成，后悔其蚤死，惜其方不尽，及见栾大，大说。大为人长美，言多方略，（八字为真本领）而敢为大言处之不疑。（说大话为真作用）大言曰："臣常往来海中，见安期、羡门之属。顾以臣为贱，不信臣。又以为康王诸侯耳，不足与方。（神仙也如此势利？）臣数言康王，康王又不用臣。臣之师曰：'黄金可成；而河决可塞，（帝方惜金不可成，而河决。术士可直指人心）不死之药可得，仙人可致也。'（此语，武帝必满心欢喜）然臣恐效文成，则方士皆掩口，恶敢言方哉！"上曰："文成食马肝死耳。（托词尴尬）子诚能修其方，我何爱乎！”大曰：“臣师非有求人，人者求之。（下方说求师之难）陛下必欲致之，则贵其使者，令有亲属，以客礼待之，勿卑，使各佩其信印，乃可使通言于神人。神人尚肯邪不邪。致尊其使，然后可致也。”（句句在为己求功名与富贵，武帝为一代明君，却握于其掌中，人只怕一“贪”字）于是上使验小方，斗棋，棋自相触击。（术士傍身之法）

是时上方忧河决，而黄金不就，乃拜大为五利将军，（使者得贵）居月余，得四印，佩天士将军、地士将军、大通将军印。（使者得印信）制诏御史：“昔禹疏九江，决四渎。间者河溢皋陆，堤繇不息。朕临天下二十有八年，天若遗朕士而大通焉。《乾》称‘蜚龙’，‘鸿渐于般’，朕意庶几与焉。其以二千户封地士将军大为乐通侯。”赐列侯甲第，僮千人。乘舆斥车马帷幄器物以充其家。又以卫长公主妻之，（使者得亲属）赍金万斤，更命其邑曰当利公主。天子亲如五利之第。使者存问供给，相属于道。（使者得客礼）自大主将相以下，皆置酒其家，献遗之。于是天子又刻玉印曰“天道将军”，使使衣羽衣，夜立白茅上，五利将军亦衣羽衣，夜立白茅上受印，以示不臣也。（画面让人失笑）而佩“天道”者，且为天子道天神也。于是五利常夜祠其家，欲以下神。神未至而百鬼集矣，然颇能使之。（有趣！）其后装治行，东入海，求其师云。大见数月，佩六印，贵震天下，而海上燕齐之间，莫不扼捥而自言有禁方，能神仙矣。

……

入海求蓬莱者，言蓬莱不远，而不能至者，殆不见其气。（不见其气，又何知其不远）上乃遣望气佐候其气云。

其秋，上幸雍，且郊。或曰：“五帝，太一之佐也，宜立太一而上亲郊之。”上疑未定。齐人公孙卿曰：“今年得宝鼎，其冬辛巳朔旦冬至，与黄帝时等。”（以黄帝为话题，以宝鼎为证明，又引入一头）卿有札书曰：“黄帝得宝鼎宛朐，问于鬼臾区。鬼臾区对曰：‘帝得宝鼎神策，是岁己酉朔旦冬至，得天之纪，终而复始。’于是黄帝迎日推策，后率二十岁复朔旦冬至，凡二十推，三百八十年，黄帝仙登于天。”卿因所忠欲奏之。所忠视其书不经，疑其妄书，（所忠疑其假，反衬武帝信其真）谢曰：“宝鼎事已决矣，尚何以为！”卿因嬖人奏之。上大说，乃召问卿。对曰：“受此书申公，申公已死。”（神仙可死？）上曰：“申公何人也？”卿曰：“申公，齐人。与安期生通，（“安期生”乃武帝心病）受黄帝言，无书，独有此鼎书。（鼎书实乃附会之辞）曰‘汉兴复当黄帝之时’，曰‘汉之圣者在高祖之孙且曾孙也，宝鼎出而与神通，封禅。封禅七十二王，唯黄帝得上泰山封’。（忽又到“封禅”，辗转腾挪，文章妙法）申公曰：‘汉主亦当上封，上封能仙登天矣。（此乃武帝之愿）黄帝时万诸侯，而神灵之封居七千。天下名山八，而三在蛮夷，五在中国。中国华山、首山、太室、泰山、东莱，此五山黄帝之所常游，与神会。黄帝且战且学仙。（武帝也“战”，“战”匈奴）患百姓非其道者，乃断斩非鬼神者。（为自己留后路，暗指可斩杀反对之人。凶狠）百余岁然后得与神通。黄帝郊雍上帝，宿三月。鬼臾区号大鸿，死葬雍，故鸿冢是也。其后黄帝接万灵明廷。明廷者，甘泉也。所谓寒门者，谷口也。黄帝采首山铜，铸鼎于荆山下。鼎既成，有龙垂胡髯下迎黄帝。黄帝上骑，群臣后宫从上者七十余人，龙乃上去。余小臣不得上，乃悉持龙髯，龙髯拔，堕，堕黄帝之弓。百姓仰望黄帝既上天，乃抱其弓与胡髯号，故后世因名其处曰鼎湖，其弓曰乌号。’”（古方士善于描绘故事，此其本领）于是天子曰：“嗟乎！吾诚得如黄帝，吾视去妻子如脱屣耳。”乃拜卿为郎，东使候神于太室。

……

自得宝鼎，上与公卿诸生议封禅。（观前文，可知封禅之事皆以方士荒谬之谈为始）封禅用希，旷绝，莫知其仪礼，而群儒采封禅《尚书》《周官》《王制》之望祀射牛事。齐人丁公年九十余，曰：“封禅者，合不死之名也。秦皇帝不得上封。陛下必欲上，稍上即无风雨，遂上封矣。”上于是乃令诸儒习射牛，草封禅仪。数年，至且行。天子既闻公孙卿及方士之言，黄帝以上封禅，皆致怪物与神通。（此为武帝心中语，由他人委婉道来）欲放黄帝以上接神仙人蓬莱士，（名目不伦不类，妙于此）高世比德于九皇，而颇采儒术以文之。（“文之”道破机关，明主何等不堪！）群儒既已不能辨明封禅事，又牵拘于《诗》《书》古文而不能骋。上为封禅祠器示群儒，群儒或曰“不与古同”；徐偃又曰“太常诸生行礼不如鲁善”，周霸属图封禅事，于是上绌偃、霸，而尽罢诸儒不用。（与始皇绌诸生同）

三月，遂东幸缑氏，礼登中岳太室。从官在山下闻若有言“万岁”云。（若有言）问上，上不言；问下，下不言。（十字，点缀得好）于是以三百户封

太室奉祠，命曰崇高邑。东上泰山，泰山之草木叶未生，乃令人上石立之泰山巅。（《封禅书》，只为此三句）

上遂东巡海上，行礼祠八神。齐人之上疏言神怪奇方者以万数，（上有所好，下必迎和，欲取利）然无验者。乃益发船，（无验却益发船，越显其昏庸）令言海中神山者数千人求蓬莱神人。公孙卿持节常先行候名山，至东莱，言夜见大人，长数丈，就之则不见，见其迹甚大，类禽兽云。（如此变幻）群臣有言见一老父牵狗，言“吾欲见巨公”，已忽不见。上即见大迹，未信，及群臣有言老父，则大以为仙人也。（举朝若狂）宿留海上，予方士传车及间使求仙人以千数。

……

公孙卿曰：“仙人可见，而上往常遽，以故不见。（又一不可见之源头）今陛下可为观，如缑城，置脯枣，神人宜可致也。且仙人好楼居。”（“宜”，含糊得紧。并引入下文的土木之侈）于是上令长安则作蜚廉桂观，甘泉则作益延寿观，使卿持节设具而候神人。乃作通天茎台，置祠具其下，将招来仙神人之属。于是甘泉更置前殿，始广诸宫室。夏，有芝生殿房内中。天子为塞河，兴通天台，若见有光云，乃下诏：“甘泉房中生芝九茎，赦天下，毋有复作。”

十一月乙酉，柏梁灾。十二月甲午朔，上亲禅高里，祠后土。临勃海，将以望祀蓬莱之属，冀至殊廷焉。

上还，以柏梁灾故，朝受计甘泉。公孙卿曰：“黄帝就青灵台，十二日烧，黄帝乃治明廷。明廷，甘泉也。”（武帝所深慕者黄帝也，故方士常以此引入）方士多言古帝王有都甘泉者。其后天子又朝诸侯甘泉，甘泉作诸侯邸。勇之乃曰：“越俗有火灾，（越俗岂可天子效法?）复起屋必以大，用胜服之。”于是作建章宫，（复起土木）度为千门万户。前殿度高未央。其东则凤阙，高二十余丈。其西则唐中，数十里虎圈。其北治大池，渐台高二十余丈，命曰太液池，中有蓬莱、方丈、瀛洲、壶梁，象海中神山龟鱼之属。其南有玉堂、璧门、大鸟之属。（不能遇真，暂且做伪，以此慰帝渴望之心也）乃立神明台、井干楼，度五十丈，辇道相属焉。（神仙世界已成，不必他求）

……

今上封禅，（为封禅作结）其后十二岁而还，（为神祠作结）遍于五岳、四渎矣。而方士之候祠神人，入海求蓬莱，终无有验。（为求仙作结）而公孙卿之候神者，犹以大人之迹为解，无有效。（为许多奇幻作结）天子益怠厌方士之怪迂语矣，然羁縻不绝，冀遇其真。（作结后，依然意犹未尽）自此之后，方士言神祠者弥众，然其效可睹矣。（史公"拖一笔"的手法着实有功夫）

太史公曰：余从巡祭天地诸神名山川而封禅焉。（总起一笔，"余从巡"，谓感受之真，感受之切）入寿宫侍祠神语，究观方士祠官之意，（此八字可自成一篇大文章）于是退而论次自古以来用事于鬼神者，具见其表里。后有君子，得以览焉。若至俎豆珪币之详，献酬之礼，则有司存。

河渠书（节选）

导 读

《河渠书》的内容特征，首先是它不是对现有河渠做静态描述，如像《水经注》那样，分别记述某水系有某支流，发源某处，流经某地，沿途有何地形、地物、掌故，入于某川、某河、某海等，而是主要通过河道的开凿、治理过程，阐述人们变水害为水利的伟大斗争。一般地，这项活动有三部分内容：治理水害、修筑漕渠和灌渠，司马迁以极大的热情和兴趣对许多成功的事实和经验做了详细记述，同时他还怀着满腔郁愤，对于豪门的阻挠、气数等迷信思想的干扰做了揭露，从而对汉代弊政进行了无情的鞭挞。

《夏书》曰：禹抑洪水十三年，过家不入门，陆行载车，水行载舟，泥行蹈毳、山行即桥。（逐句变字，有意追古）以别九州，随山浚川，任土作贡。通九州，陂九泽，度九山。（亦逐句炼字）然河菑衍溢，害中国也尤甚。（突然转一笔，为“治河”导引）唯是为务。故道河自积石历龙门。南到华阴，东下砥柱，及孟津、洛汭，至于大邳。（此引古文）于是禹以为河所从来者高，水湍悍，难以行平地，数为败，（此自行其说，不袭古说）乃厮二渠以引其河。（由“河”出“渠”）北载之高地，过降水，至于大陆，播为九河，同为逆河，入于勃海。九川既疏，九泽既洒，诸夏艾安，功施于三代。（四句为颂文，为一篇之旨）

……

西门豹引漳水溉邺，以富魏之河内。（以魏渠引秦渠而参其中，错综入妙）而韩闻秦之好兴事，欲罢之，毋令东伐，乃使水工郑国间说秦，令凿泾水自中山西邸瓠口为渠，并北山东注洛三百余里，欲以溉田。（韩欲兴秦之水利，得本国苟且之安，其拙矣，可叹）中作而觉，秦欲杀郑国。郑国曰：“始臣为间，然渠成亦秦之利也。”秦以为然，（秦必有智者）卒使就渠。渠就，用注填阏之水，溉泽卤之地四万余顷，收皆亩一钟。于是关中为沃野，无凶年，（赞叹不尽）秦以富强，卒并诸侯，（韩实乃弄巧成拙）因命曰郑国渠。

……

自河决瓠子后二十余岁，岁因以数不登，而梁楚之地尤甚。天子既封禅巡祭山川，其明年，旱，乾封少雨。（乾封乃是方士荒唐之语，引之更显诙谐）天子乃使汲仁、郭昌发卒数万人塞瓠子决。（本篇提纲）于是天子已用事万里沙，则还自临决河，（非励精图治无以治水）沈白马玉璧于河，令群臣从官自将军已下皆负薪填决河。是时东郡烧草，以故薪柴少，而下淇园之竹以为楗。

天子既临河决，悼功之不成，乃作歌（此歌极为古雅，汉时帝王尚且有如此之才，况文士乎）曰："瓠子决兮将奈何？皓皓旰旰闾殚为河！殚为河兮地不得宁，功无已时兮吾山平。吾山平兮巨野溢，鱼沸郁兮柏冬日。延道弛兮离常流，蛟龙骋兮方远游。归旧川兮神哉沛，不封禅兮安知外！为我谓河伯兮何不仁，泛滥不止兮愁吾人！啮桑浮兮淮、泗满，久不反兮水维缓。"一曰："河汤汤兮激潺湲，北渡污兮浚流难。搴长茭兮沉美玉，河伯许兮薪不属。薪不属兮卫人罪，烧萧条兮噫乎何以御水！颓林竹兮楗石菑，宣房塞兮万福来。"于是卒塞瓠子，筑宫其上，名曰宣房宫。而道河北行二渠，复禹旧迹，而梁、楚之地复宁，无水灾。

……

太史公曰：余南登庐山，观禹疏九江，遂至于会稽太湟，上姑苏，望五湖；东窥洛汭、大邳，迎河，行淮、泗、济、漯、洛渠；西瞻蜀之岷山及离碓；北自龙门至于朔方。曰：甚哉，水之为利害也！（全文主眼！）余从负薪塞宣房，悲《瓠子》之诗而作河渠书。（《封禅书》写武帝之荒唐奢侈，《河渠书》又绘其励精图治，其雄才大略如此，两文可参看）

……

平准书（节选）

导　读

《平准书》所述是汉代平准政策产生的由来，实际上系统介绍了汉武帝以前的富国政策。从中可以看到一个大一统的封建集权政府是如何利用权力，扼杀、限制工商业的发展，以求解决自身财政危机的。其主要措施是改变钱法、卖官鬻爵和卖复徒法、官卖政策（由官卖盐铁发展到平准法的确立）、强制征商等，对于整个封建制度，这是一个探索过程，也给后人留下了深刻教益。

汉兴，接秦之弊，（由汉承秦敝说起）丈夫从军旅，老弱转粮饷，作业剧而财匮，（健笔!）自天子不能具钧驷，（引马一）而将相或乘牛车，齐民无藏盖。（三句言汉财力之匮乏）于是为秦钱重难用，更令民铸钱，（铸钱一）一黄金一斤，约法省禁。而不轨逐利之民，蓄积余业以稽市物，物踊腾粜，米至石万钱，马一匹则百金。（引马二）

天下已平，高祖乃令贾人不得衣丝乘车，重租税以困辱之。孝惠、高后时，为天下初定，复弛商贾之律，然市井之子孙亦不得仕宦为吏。（此为刺武帝时桑弘羊等为用以病民）量吏禄，度官用，以赋于民。而山川园池市井租税之入，自天子以至于封君汤沐邑，皆各为私奉养焉，不领于天下之经费。（汉初除官用吏禄之外，皆不取于民，与后文对照）漕转山东粟，以给中都官，岁不过数十万石。

至孝文时，荚钱益多，（后世称之榆荚钱者）轻，乃更铸四铢钱，（铸钱二）其文为“半两”，令民纵得自铸钱。（“纵”字意为其禁愈宽）故吴，诸侯也，以即山铸钱，富埒天子，其后卒以叛逆。邓通，大夫也，以铸钱财过王者。故吴、邓氏钱布天下，而铸钱之禁生焉。（权放之于下，其敝多，故立铸钱之禁）

匈奴数侵盗北边，屯戍者多，边粟不足给食当食者。于是募民能输及

转粟于边者拜爵，爵得至大庶长。（卖爵一）

孝景时，上郡以西旱，亦复修卖爵令，（卖爵二）而贱其价以招民；（卖爵流敝日深）及徒复作，得输粟县官以除罪。（又加一令）益造苑马以广用，（引马三）而宫室列观舆马益增修矣。（慢慢渡入武帝）

至今上即位数岁，汉兴七十余年之间，国家无事，非遇水旱之灾，民则人给家足，都鄙廪庾皆满，而府库余货财。京师之钱累巨万，贯朽而不可校。太仓之粟陈陈相因，充溢露积于外，至腐败不可食。（此处不省笔，而缀缀言之富足，实为后文敷粉铺垫，大手笔！）众庶街巷有马，阡陌之间成群，而乘字牝者傧而不得聚会。守闾阎者食粱肉，为吏者长子孙，居官者以为姓号。故人人自爱而重犯法，先行义而后绌耻辱焉。（此时人人自守）当此之时，网疏而民富，役财骄溢，或至兼并豪党之徒，以武断于乡曲。宗室有土公卿大夫以下，争于奢侈，室庐舆服僭于上，无限度。（先言民之自守，后言士之奢侈无度，上之失教久矣）物盛而衰，固其变也。（“八”字乃劲爽之句）

自是之后，严助、朱买臣等招来东瓯，事两越，江淮之间萧然烦费矣。（只言其臣，是为武帝讳也。财满天下，则好大喜功，此为武帝之顽疾）唐蒙、司马相如开路西南夷，凿山通道千余里，以广巴蜀，巴蜀之民罢焉。彭吴贾灭朝鲜，置沧海之郡，则燕齐之间靡然发动。及王恢设谋马邑，匈奴绝和亲，侵扰北边，兵连而不解，天下苦其劳，而干戈日滋。行者赍，居者送，中外骚扰而相奉，（前云江、淮、巴、蜀、燕、齐，后言天下中外，文笔齐整。武帝之世，只一匈奴事，量为烦苦）百姓抏弊以巧法，财赂衰耗而不赡。入物者补官，（卖爵三）出货者除罪，选举陵迟，廉耻相冒，武力进用，法严令具。兴利之臣自此始也。（为之痛心也）

……

天子为伐胡，盛养马，马之来食长安者数万匹，卒牵掌者关中不足，乃调旁近郡。而胡降者皆衣食县官，县官不给，天子乃损膳，解乘舆驷，出御府禁藏以赡之。（马得食于人，人得食于官，官得食于帝，因循如此，皆因伐胡）

其明年，山东被水菑，民多饥乏，（开边、养马、水灾，三大消耗）于是天子遣使者虚郡国仓廥以振贫民。犹不足，又募豪富人相贷假。尚不能相救，乃徙贫民于关以西，及充朔方以南新秦中七十余万口，衣食皆仰给县官。数岁假予产业，使者分部护之，（怕其生变）冠盖相望。其费以亿计，不可胜数。

于是县官大空，而富商大贾或蹛财役贫，转毂百数，废居居邑，封君皆低首仰给。冶铸煮盐，财或累万金，而不佐国家之急，黎民重困。（入卜式之线）于是天子与公卿议，更钱造币以赡用，（铸钱三）而摧浮淫并兼之徒。是时禁苑有白鹿（造皮币本意）而少府多银锡。（造白金本旨）自孝文更造四铢钱，至是岁四十余年，从建元以来，用少，县官往往即多铜山而铸钱，民亦间盗铸钱，不可胜数。钱益多而轻，物益少而贵。（史公多此健句）有司言曰（实为武帝本意，以有司道出，不失其身份）“古者皮币，诸侯以聘享。金有三等，黄金为上，白金为中，赤金为下。今半两钱法重四铢，而奸或盗摩钱里取鋊，钱益轻薄而物贵，则远方用币烦费不省。”乃以白鹿皮方尺，缘以藻缋，为皮币，直四十万。（白鹿只在禁苑，利权都归于武帝矣）王侯宗室朝觐聘享，必以皮币荐璧，然后得行。

又造银锡为白金。（少府多银锡）以为天用莫如龙，地用莫如马，人用莫如龟，故白金三品：其一曰重八两，圆之，其文龙，名曰“白选”，直三千。二曰以重差小，方之，其文马，直五百。三曰复小，椭之，其文龟，直三百。令县官销半两钱，更铸三铢钱，文如其重。盗铸诸金钱罪皆死，而吏民之盗铸白金者不可胜数。（白鹿皮不可得，而银锡不能禁其有，绝倒）于是以东郭咸阳、孔仅为大农丞，领盐铁事。（以商人治商人）桑弘羊以计算用事，（为天子谋财者）侍中。咸阳，齐之大煮盐，孔仅，南阳大冶，皆致生累千金，故郑当时进言之。弘羊，雒阳贾人子，以心计年十三侍中。（汉初商人地位最低，后亦不得推荐为吏，今乃位进三公矣）故三人言利事析秋毫矣。

……

天子乃思卜式之言，召拜式为中郎，爵左庶长，赐田十顷，布告天下，使明知之。初，（先明其人，后倒叙其事，此史家妙法，实史公创也）卜式者，河南人也，以田畜为事。亲死，式有少弟，弟壮，式脱身出分，独取畜羊百余，田宅财物尽予弟。式入山牧十余岁，羊致千余头，买田宅。（坚忍有毅力，大有作为）而其弟尽破其业，（借弟显之）式辄复分予弟者数矣。（分财实为难事，分“数”者，难上之难）是时汉方数使将击匈奴，卜式上书，原输家之半县官助边。天子使使问式：“欲官乎？”式曰：“臣少牧，不习仕宦，不愿也。”使问曰：“家岂有冤，欲言事乎？”式曰：“臣生与人无分争。（安分）式邑人贫者贷之，（施德）不善者教顺之，（重教）所居人皆从式，（积德而人从之）式何故见冤于人。无所欲言也。”使者曰：“苟如此，子何欲而然？”式曰：“天子诛匈奴，愚以为贤者宜死节于边，有财者宜输委，（居然亦宰相之识）如此而匈奴可灭也。”（实悦上心）使者具其言入以闻。天子以语丞相弘。弘曰：“此非人情。不轨之臣，不可以为化而乱法，愿陛下勿许。（不能往坏处看弘之论，确有此类不轨之徒）”于是上久不报式，数岁，乃罢式。式归，复田牧。（其着实坚忍）岁余，会军数出，浑邪王等降，县官费众，仓府空。其明年，贫民大徙，皆仰给县官，无以尽赡。卜式持钱二十万予河南守，以给徙民。河南上富人助贫人者籍，天子见卜式名，识之，曰：“是固前而欲输其家半助边。”（能忆之成诵，武帝心醉之久矣）乃赐式外徭四百人。式又尽复予县官。是时富豪皆争匿财，唯式尤欲输之助费。（良贾之智，人取我予）天子于是以式终长者，故尊显以风百姓。

初，式不愿为郎。（不愿为郎，愿为公也）上曰：“吾有羊上林中，欲令子牧之。”式乃拜为郎，布衣屩而牧羊。（已胸有成竹矣）岁余，羊肥息。上过见其羊，善之。式曰：“非独羊也，治民亦犹是也。（此言必已怀之久，今快然而出）以时起居。恶者辄斥去，毋令败群。”（心实系于为仕，此语昭然若揭）上以式为奇，拜为缑氏令，试之，缑氏便之。迁为成皋令，将漕最。（卜式确有真才实学）上以为式朴忠，拜为齐王太傅。（官已尊，但非其愿，见下文）

……

齐相卜式上书曰（又出头）：“臣闻主忧臣辱。南越反，臣愿父子与齐习船者往死之。”（说得忠信可爱）天子下诏曰：“卜式虽躬耕牧，不以为利，有余辄助县官之用。今天下不幸有急，而式奋愿父子死之，虽未战，可谓义形于内。赐爵关内侯，金六十斤，田十顷。”（式功德圆满矣！）布告天下，天下莫应。列侯以百数，皆莫求从军击羌、越。（布告天下而无人响应，绝倒！）至酎，少府省金，而列侯坐酎金失侯者百余人。（武帝实恨其莫应从军，假酎金事而夺其邑。然卜式结怨于众甚矣！）乃拜式为御史大夫。（高祖至武帝，由贾至

公者，唯此一人，卜式终酬其志）

式既在位，见郡国多不便县官作盐铁，铁器苦恶，贾贵，或强令民卖买之。而船有算，商者少，物贵，乃因孔仅言船算事。上由是不悦卜式。（世事多变）

……

元封元年，卜式贬秩为太子太傅。而桑弘羊为治粟都尉，领大农，尽代仅筦天下盐铁。弘羊以诸官各自市，相与争，物故腾跃，而天下赋输或不偿其僦费，（所交之税不能偿还运输之费）乃请置大农部丞数十人，分部主郡国，各往往县置均输盐铁官，令远方各以其物贵时商贾所转贩者为赋，而相灌输。置平准于京师，都受天下委输。（此王安石所谓“不加赋而国用足”。却触犯儒家“不与民争利”之忌讳）召工官治车诸器，皆仰给大农。大农之诸官尽笼天下之货物，贵即卖之，贱则买之。（天子为大商人也）如此，富商大贾无所牟大利，则反本，而万物不得腾踊。故抑天下物，名曰“平准”。天子以为然，许之。（终结平准题目）于是天子北至朔方，东到太山，巡海上，并北边以归。所过赏赐，用帛百余万匹，钱金以巨万计，皆取足大农。

弘羊又请令吏得入粟补官，及罪人赎罪。（万世效之）令民能入粟甘泉，各有差，以复终身，不告缗。他郡各输急处，而诸农各致粟，山东漕益岁六百万石。一岁之中，太仓、甘泉仓满。边余谷诸物均输帛五百万匹。民不益赋而天下用饶。（“不加赋而用足”，后世效之）于是弘羊赐爵左庶长，黄金再百斤焉。（以弘羊得宠，引卜式之文）

是岁小旱，上令官求雨，卜式言曰：“县官当食租衣税而已，（县官即武帝）今弘羊令吏坐市列肆，贩物求利。亨弘羊，天乃雨。”（快语定棺！）

太史公曰：农工商交易之路通，而龟贝金钱刀布之币兴焉。所从来久远，自高辛氏之前尚矣，靡得而记云。故《书》道唐虞之际，《诗》述殷周之世，安宁则长庠序，先本绌末，以礼义防于利。事变多故而亦反是。（暗指武帝开疆征伐，生出许多事端）是以物盛则衰，时极而转，一质一文，终始之变也。《禹贡》九州，各因其土地所宜，人民所多少而纳职焉。汤武承弊易变，使民不倦，各兢兢所以为治，而稍陵迟衰微。齐桓公用管仲之谋，通轻重之权，徼山海之业，以朝诸侯，用区区之齐显成霸名。魏用李克，尽地力，为强君。（禹、汤武、齐桓、魏等，各有其取利之法，但未尝巧取于百姓）自是以后，天下争于战国，贵诈力而贱仁义，先富有而后推让。故庶人之富者或累巨万，而贫者或不厌糟糠。有国强者或并群小以臣诸侯，而弱国或绝祀而灭世。以至于秦，卒并海内。（利之于一家，于此开始）虞夏之币，金为三品，或黄，或白，或赤；或钱，或布，或刀，或龟贝。（罗列币品，以为文章缓势）及至秦，中一国之币为二等，黄金以溢名，为上币。铜钱识曰半两，重如其文，为下币。而珠玉、龟贝、银锡之属为器饰宝藏，不为币。然各随时而轻重无常。于是外攘夷狄，内兴功业，海内之士力耕不足粮饷，女子纺绩不足衣服。（实讥武帝，却不直书，文章之妙）古者尝竭天下之资财以奉其上，犹自以为不足也。无异故云，事势之流相激使然，曷足怪焉。（"一质一文，始终之变。"）

……

越王勾践世家（节选）

导　读

本篇突出记叙越王勾践报仇雪耻的故事，并续以越国灭亡的史实；篇末附载辅佐勾践灭吴的大臣范蠡弃政经商时的遗事。越王勾践忍辱励志、发愤图强，终于灭吴雪耻的故事，流传久远，影响深广，并作为中华民族的精神力量，砥砺后代自强不息。范蠡、文种等辅佐勾践灭敌称霸，主明臣贤，寄寓着司马迁的社会政治理想。文字繁简有度。简则惜墨如金，多层次多角度成功地运用对比：勾践的隐忍、得文武贤臣辅助，终于取胜，夫差的骄横、听谗言用佞臣诛忠良，国破身亡；吴越两国臣属，一方是受贿赂害忠臣充当敌国内奸，一方是文武协同共谋大业买通内线为我所用，两两对照，使人物形象相得益彰，并寄托着作者深刻的好恶臧否。范蠡遗事中，运用悬念和伏笔，将范蠡长男因吝惜财物而葬送了兄弟性命的故事叙述得起伏有致，惟妙惟肖地刻画出范蠡料事如神而达观的性格。通过个性化语言和动作的描述，使人物跃然纸上，呼之欲出。

……

范蠡事越王勾践，既苦身戮力，（伏长男“见苦，为生难”）与勾践深谋二十余年，（伏欲遣少子之本领）竟灭吴，报会稽之耻，北渡兵于淮以临齐、晋，号令中国，以尊周室，勾践以霸，而范蠡称上将军。还反国，范蠡以为大名之下，难以久居，且勾践为人可与同患，难与处安，（有见识）为书辞勾践曰：“臣闻主忧臣劳，主辱臣死。昔者君王辱于会稽，所以不死，为此事也。今既以雪耻，臣请从会稽之诛。”（巧于立说）勾践曰：“孤将与子分国而有之。不然，将加诛于子。”范蠡曰：“君行令，臣行意。”（六字为忠意总纲）乃装其轻宝珠玉，（致富之本，终不可少。不肯歇手）自与其私徒属乘舟浮海以行，终不反。于是勾践表会稽山以为范蠡奉邑。（落得体面）

范蠡浮海出齐，变姓名，自谓鸱（读吃音）夷子皮，耕于海畔，苦身戮力，（仍用此四字，草蛇灰线法）父子治产。居无几何，致产数十万。齐人闻其贤，以为相。范蠡喟然叹曰：“居家则致千金，居官则至卿相，此布衣之极也。久受尊名，不祥。”乃归相印，尽散其财，以分与知友乡党，而怀其重宝，（还是不肯歇手）间行以去，止于陶，以为此天下之中，交易有无之路通，为生可以致富矣。于是自谓陶朱公。复约要父子耕畜，废居，候时转物，逐什一之利。居无何，则致赀累巨万。天下称陶朱公。（还爱尊名）

朱公居陶，生少子。（点明生时）少子及壮，而朱公中男杀人，囚于楚。朱公曰：“杀人而死，职也。然吾闻千金之子不死于市。”（富翁口气）告其少子往视之。乃装黄金千镒，置褐器中，载以一牛车。且遣其少子。朱公长男固请欲行，朱公不听。长男曰：“家有长子曰家督，（自负不小，是恐其弟浪费财物耳）今弟有罪，大人不遣，乃遗少弟，是吾不肖。”欲自杀。（自负能）其母为言曰：“今遣少子，未必能生中子也，而先空亡长男，奈何？”朱公不得已而遣长子，（不得已而为之，知中男命尽矣）为一封书遗故所善庄生。曰：“至则进千金于庄生所，听其所为，慎无与争事。”（戒之甚明）长男既行，亦自私赍数百金。

至楚，庄生家负郭，披藜藋到门，居甚贫。然长男发书进千金，如其父言。（此一“然”字，从庄生意中写出）庄生曰：“可疾去矣，慎毋留！即弟出，勿问所以然。”（戒之甚明）长男既去，不过庄生而私留，以其私赍献遗楚国贵人用事者。（不但眼中无庄生，亦无其父也！）

庄生虽居穷阎，然以廉直闻于国，自楚王以下皆师尊之。及朱公进金，非有意受也，欲以成事后复归之以为信耳。故金至，谓其妇曰：“此朱公之金。有如病不宿诫，后复归，勿动。”而朱公长男不知其意，以为殊无短长也。

庄生间时入见楚王，言：“某星宿某，此则害于楚。”楚王素信庄生，曰：“今为奈何？”庄生曰：“独以德为可以除之。”楚王曰：“生休矣，寡人将行之。”王乃使使者封三钱之府。（骤然起波澜）楚贵人惊告朱公长男（意外之喜，可以坐受私贿，一“惊”字描尽）曰：“王且赦。”曰：“何以也？”曰：“每王且赦，常封三钱之府。（百金得一虚信，可怜）昨暮王使使封之。”朱公长男以为赦，弟固当出也，重千金虚弃庄生，无所为也，乃复见庄生。（不知当时是何面目）庄生惊曰：“若不去邪？”长男曰：“固未也。初为事弟，弟今议自赦，故辞生去。”（讨钱巧说，商人嘴脸）庄生知其意欲复得其金，曰：

"若自入室取金。"长男即自入室取金持去，（老辣）独自欢幸。

庄生羞为儿子所卖，乃入见楚王曰："臣前言某星事，王言欲以修德报之。今臣出，道路皆言陶之富人朱公之子杀人囚楚，其家多持金钱赂王左右，故王非能恤楚国而赦，乃以朱公子故也。"楚王大怒曰："寡人虽不德耳，奈何以朱公之子故而施惠乎！"令论杀朱公子，明日遂下赦令。朱公长男竟持其弟丧归。（仍欲自杀否?）

至，其母及邑人尽哀之，唯朱公独笑，曰："吾固知必杀其弟也！彼非不爱其弟，顾有所不能忍者也。（此种品性，虽教之，不可改也）是少与我俱，见苦，为生难，故重弃财。至如少弟者，生而见我富，乘坚驱良逐狡兔，岂知财所从来，故轻弃之，非所惜吝。前日吾所为欲遣少子，固为其能弃财故也。而长者不能，故卒以杀其弟，事之理也，无足悲者。吾日夜固以望其丧之来也。"

故范蠡三徙，成名于天下，非苟去而已，所止必成名。卒老死于陶，故世传曰陶朱公。

……

陈涉世家（节选）

导 读

本文相当真实具体地记述了我国历史上第一次农民大起义的发生发展过程，生动地描写了起义领袖陈胜、吴广的形象。

陈胜胸怀大志，他不迷信天命，不相信王侯将相"有种"的血统论，他仰慕鸿鹄的高翔，敢于蔑视貌似强大的王朝，救"苦秦"的百姓于水火，既表现出他的政治远见，也反映了他"举大名"成大事的雄心。吴广因不是这篇传记的重点人物，所以写得简略。但从他谋划起义、诱杀将尉，激发部属的所作所为，也可看出他的机智勇敢和敢于反抗的精神。通过语言行动刻画人物是《史记》的一大特色，使生活在两千多年前的人物活脱脱地再现于我们眼前。

在选材上作者十分注重详略的安排。从全篇来看，详写的是起义的准备和发动过程。略写的是陈胜少时的佣耕、起义军的进攻路线、农民政权的建立等；至于各地的反秦斗争则一句带过。在详写的那一部分里，重点是写陈胜的谋划，其余如大泽乡遇雨、问卜、士卒惊恐、筑坛而盟等，则写得简略。

陈胜者，阳城人也，字涉。吴广者，阳夏人也，字叔。（两人并提，与其他合传不同）陈涉少时，尝与人佣耕，辍耕之垄上，怅恨久之，曰："苟富贵，无相忘。"佣者笑而应曰："若为佣耕，何富贵也？"陈涉太息曰："嗟乎！燕雀安知鸿鹄之志哉！"（名句！）

二世元年七月，发闾左（贫者居住闾左，富者居于闾右）谪戍渔阳，九百人屯大泽乡。陈胜、吴广皆次当行，为屯长。会天大雨，道不通，度已失期。失期，法皆斩。（驱之速反）陈胜、吴广（合叙）乃谋曰："今亡亦死，举大计亦死；等死，死国可乎？"（连用四个"死"，真可谓民不聊生）陈胜曰："天下苦秦久矣。吾闻二世少子也，（语中多用"吾闻""或闻""或以为"，肖草泽之人口吻）不当立，当立者乃公子扶苏。扶苏以数谏故，上使外将兵。今或闻无罪，二世杀之。（也有经纬，非奋而不顾身之辈）百姓多闻其贤，未知其死也。项燕为楚将，数有功，爱士卒，楚人怜之。或以为死，或以为亡。今诚以吾众诈自称公子扶苏、项燕，为天下唱，宜多应者。”（揣摩得准）吴广以为然。乃行卜。卜者知其指意，曰：“足下事皆成，有功。然足下卜之鬼乎！”陈胜、吴广喜，念鬼，曰：“此教我先威众耳。”乃丹书帛曰“陈胜王”，置人所罾（读增，渔网也）鱼腹中。卒买鱼烹食，得鱼腹中书，固以怪之矣。（怪得妙）又间令吴广之次所旁丛祠中，夜篝火，狐鸣呼曰：“大楚兴，陈胜王。”卒皆夜惊恐。旦日，卒中往往语，皆指目陈胜。（好情景）

（上段以陈胜为主，此段则以吴广为主）吴广素爱人，士卒多为用者。将尉醉，广故数言欲亡，忿恚尉，令辱之，以激怒其众。尉果笞广。尉剑挺，广起，夺而杀尉。陈胜佐之，并杀两尉。召令徒属曰：“公等遇雨，皆已失期，失期当斩。借第令毋斩，而戍死者固十六七。且壮士不死即已，死即举大名耳，王侯将相宁有种乎！”（从今过往，多少草莽以此为铭）徒属皆曰：“敬受命。”乃诈称公子扶苏、项燕，从民欲也。（一断语，凡举事者，必以民心为是）袒右，称大楚，为坛而盟，祭以尉首。陈胜自立为将军，吴广为都尉。（稍住）攻大泽乡，收而攻蕲。蕲下，乃令符离人葛婴将兵徇蕲以东。攻铚、酂、苦、柘（读这）、谯，皆下之。行收兵。比至陈，车六七百乘，骑千余，卒数万人。攻陈，陈守令皆不在，独守丞与战谯门中。弗胜，守丞死，乃入据陈。数日，号令召三老、豪杰与皆来会计事。（欲称号耳，可见此时两人志气已满）三老、豪杰皆曰：“将军身被坚执锐，伐无道，诛暴秦，复立楚国之社稷，功宜为王。”陈涉乃立为王，号为张楚。（张大楚国）当此时，诸郡县苦秦吏者，皆刑其长吏，杀之以应陈涉。（里面有楚汉多少英雄豪杰！）

……

陈胜王凡六月。已为王，王陈。其故人尝与佣耕者闻之，之陈，扣宫门曰：“吾欲见涉。”（粗鲁得好）宫门令欲缚之。自辩数，乃置，不肯为通。陈王出，遮道而呼涉。陈王闻之，乃召见，载与俱归。（此事与“富贵不相忘”对照。非欲推恩，只是炫耀而已）入宫，见殿屋帷帐，客曰：“夥颐！涉之为王沉沉者！”楚人谓多为夥，故天下传之，夥涉为王，由陈涉始。客出入愈益发舒，言陈王故情。或说陈王曰：“客愚无知，颛妄言，轻威。”陈王斩之。

诸陈王故人皆自引去，由是无亲陈王者。陈王以朱房为中正，胡武为司过，主司群臣。诸将徇地，至，令之不是者，系而罪之，以苛察为忠。其所不善者，弗下吏，辄自治之。陈王信用之。诸将以其故不亲附，此其所以败也。

陈胜虽已死，其所置遣侯王将相竟亡秦，由涉首事也。高祖时为陈涉置守冢三十家砀（读荡），至今血食。（此乃为陈涉立世家之意）

……

外戚世家（节选）

导　读

关注传主命运的跌宕起伏，是《史记》“笔法”的一大特点。《史记》为其他古今人物写传记，这些人物大都以其卓荦的行为、睿智的思想和鲜明的个性，或与之相反，使其人生或精彩或悲惨或可敬或可笑，虽结局不同，但尚有迹可寻。外戚始于以色事人，最后却导致一个家族权倾天下，顷刻间又遭灭顶之灾，这几乎完全不合事物发展应有的逻辑，却最能反映出命运无常和造化弄人的戏剧性特点，就好像一出出不按剧本演出的悲喜剧。

……

窦太后，赵之清河观津人也。吕太后时，窦姬以良家子入宫侍太后。太后出宫人以赐诸王，各五人，窦姬与在行中。窦姬家在清河，欲如赵近家，请其主遣宦者吏：“必置我籍赵之伍中。”宦者忘之，误置其籍代伍中。（失彼得此，是谓命也）籍奏，诏可。当行，窦姬涕泣，怨其宦者，不欲往。相强，乃肯行。至代，代王独幸窦姬，生女嫖，后生两男。而代王王后生四男。先代王未入立为帝而王后卒。（命！）及代王立为帝，而王后所生四男更病死。（命！）孝文帝立数月，公卿请立太子，而窦姬长男最长，立为太子，立窦姬为皇后，女嫖为长公主。其明年，立少子武为代王，已而又徙梁，是为梁孝王。

窦皇后亲蚤卒，葬观津。于是薄太后及诏有司，追尊窦后父为安成侯，母曰安成夫人。令清河置园邑二百家，长丞奉守，比灵文园法。

窦皇后兄窦长君，弟曰窦广国，字少君。少君年四五岁时，家贫，为人所略卖，其家不知其处。传十余家，至宜阳，为其主入山作炭，暮卧岸下百余人，岸崩，尽压杀卧者，少君独得脱，不死。（命！）自卜数日当为侯，从其家之长安。闻窦皇后新立，家在观津，姓窦氏。广国去时虽小，识其县名及姓，又常与其姊采桑堕，用为符信，（先伏一笔，后有他验）上书自陈。窦皇后言之于文帝，召见，问之，具言其故，果是。又复问他何以为验。对曰："姊去我西时，与我决于传舍中，丐沐沐我，请食饭我，乃去。"（娓娓入情，热泪盈眶）于是窦后持之而泣，泣涕交横下。侍御左右皆伏地泣，助皇后悲哀。乃厚赐田宅金钱，封公昆弟，家于长安。

绛侯、灌将军等曰："吾属不死，命乃且县此两人。两人所出微，不可不为择师傅宾客，（大臣见识）又复效吕氏大事也。"于是乃选长者、士之有节行者与居。窦长君、少君由此为退让君子，不敢以尊贵骄人。

……

卫皇后，字子夫，生微矣。盖其家号曰卫氏，（笔端轻薄，贱其出身）出平阳侯邑。子夫为平阳主讴（歌也）者。武帝初即位，数岁无子。平阳主求诸良家子女十余人，（子夫偏不是良家子女）饰置家。武帝祓（音服，祭祀也）霸上还，因过平阳主。主见所侍美人，上弗说。既饮，讴者进，上望见，独说卫子夫。（命！）是日，武帝起更衣，子夫侍尚衣轩中，（热闹）得幸。上还坐，欢甚，赐平阳主金千斤。主因奏子夫奉送入宫。子夫上车，平阳主拊其背曰："行矣，强饭，勉之！即贵，无相忘。"（儿女情长态）入宫岁余，竟不复幸。武帝择宫人不中用者，斥出归之。卫子夫得见，涕泣请出。上怜之，复幸，遂有身，尊宠日隆。召其兄卫长君、弟青为侍中。而子夫后大幸，（加倍渲染）有宠，凡生三女一男。男名据。

初，上为太子时，娶长公主女为妃。立为帝，妃立为皇后，姓陈氏，无子。（命！）上之得为嗣，大长公主有力焉，以故陈皇后骄贵。闻卫子夫大幸，恚（音会，怒也），几死者数矣。上愈怒。陈皇后挟妇人媚道，（歪诬之事，正授以口实）其事颇觉，于是废陈皇后，而立卫子夫为皇后。

陈皇后母大长公主，景帝姊也。数让武帝姊平阳公主曰："帝非我不得立，已而弃捐吾女，壹何不自喜而倍本乎！"平阳公主曰："用无子故废耳。"陈皇后求子，与医钱凡九千万，然竟无子。（命！）

卫子夫已立为皇后，先是卫长君死，乃以卫青为将军，击胡有功，封为长平侯。（为外戚生色）青三子在襁褓中，皆封为列侯。及卫皇后所谓姊卫少儿，少儿生子霍去病，以军功封冠军侯，号骠骑将军。（大写特书）青号大将军。立卫皇后子据为太子。卫氏枝属以军功起家，五人为侯。

……

齐悼惠王世家（节选）

导　读

齐国的兴衰与汉初百年的历史息息相关。本篇记事虽较纷杂，但突出了两个重点。一是吕后专权及诸吕被诛，其中一些史实可与他篇互相印证，有些史实则为他篇所无。如朱虚侯刘章以军法行酒令一段，就是后世颇为流传的历史故事。另一个重点是七国之乱，齐地七王中有济南、菑川、胶西、胶东四王直接参加了这次叛乱，结果都是兵败被杀。抓住了这两个重点，齐国的分合兴衰就尽在其中了。由此看来，本篇事虽杂乱，并非无章；头绪纷繁，却能有序。司马迁驾驭史料的能力令人叹服。

朱虚侯年二十，有气力，忿刘氏不得职。尝入待高后燕饮，高后令朱虚侯刘章为酒吏。章自请曰：“臣，将种也，请得以军法行酒。”（语有英气）高后曰：“可。”酒酣，章进饮歌舞。已而曰：“请为太后言耕田歌。”（刚果杂以俳笑，使人不觉）高后儿子畜之，笑曰：“顾而父知田耳。（亦是调笑）若生而为王子，安知田乎？”章曰：“臣知之。”太后曰：“试为我言田。”章曰：“深耕穊种，立苗欲疏，非其种者，锄而去之。”（冷嘲热讽，令吕后夺魄）吕后默然。顷之，诸吕有一人醉，亡酒，章追，拔剑斩之，而还报曰：“有亡酒一人，臣谨行法斩之。”太后左右皆大惊。业已许其军法，无以罪也，因罢。自是之后，诸吕惮朱虚侯，（立反正之基）虽大臣皆依朱虚侯，刘氏为益强。

……

齐厉王，其母曰纪太后。太后取其弟纪氏女为厉王后。王不爱纪氏女。太后欲其家重宠，（私意酿成大祸）令其长女纪翁主入王宫，正其后宫，毋令得近王，欲令爱纪氏女。王因与其姊翁主奸。

齐有宦者徐甲，入事汉皇太后。皇太后有爱女曰修成君，修成君非刘氏，太后怜之。修成君有女名娥，太后欲嫁之于诸侯，宦者甲乃请使齐，必令王上书请娥。（徐甲欲怙宠）皇太后喜，使甲之齐。是时齐人主父偃知甲之使齐以取后事，（长句劲甚）亦因谓甲："即事成，幸言偃女愿得充王后宫。"（欲联姻贵戚）甲既至齐，风以此事。（有情态）纪太后大怒，曰："王有后，后宫具备。且甲，齐贫人，急乃为宦者，入事汉。无补益，乃欲乱吾王家！且主父偃何为者？乃欲以女充后宫！"（声态俱厉）徐甲大穷，还报皇太后曰："王已愿尚娥，然有一害，恐如燕王。"（逗出翁主一事，小人可畏）燕王者，与其子昆弟奸，（补注自然，了无痕迹）新坐以死，亡国，故以燕感太后。太后曰："无复言嫁女齐事。"事浸浔闻于天子。主父偃由此亦与齐有郤。（铺垫后半段）

主父偃方幸于天子，用事，因言："齐临菑十万户，市租千金，人众殷富，巨于长安，此非天子亲弟、爱子不得王此。今齐王于亲属益疏。"（何不言削割？意在使齐王尚娥，乃益亲矣）乃从容言（"从容言"者，是谓谗言渐进）："吕太后时齐欲反，吴楚时孝王几为乱。今闻齐王与其姊乱。"（三言坏人不浅）于是天子乃拜主父偃为齐相，且正其事。主父偃既至齐，乃急治王后宫宦者为王通于姊翁主所者，令其辞证皆引王。王年少，惧大罪为吏所执诛，乃饮药自杀。绝无后。

是时赵王惧主父偃一出废齐，恐其渐疏骨肉，乃上书言偃受金及轻重之短。（主父偃以一女之故而亡一国，亦自引祸于身，千古之至愚也）天子亦既囚偃。公孙弘言："齐王以忧死毋后，国入汉，非诛偃无以塞天下之望。"遂诛偃。（公孙弘常以一言诛伐人，其外宽而内深次骨）

……

萧相国世家

导 读

萧何作为刘邦的重要谋臣，为西汉王朝的建立和政权的巩固，做出了重大的贡献。该篇紧紧围绕这一方面，塑造了萧何这一历史人物，描述了他的卓越功勋。对刘邦和萧何之间微妙的君臣关系，司马迁也做了较充分的描写。刘邦认为萧何功劳卓著，但又时刻提防萧何反叛。汉三年、十一年、十二年，鲍生、召平以及那个不知名的说客，先后为萧何敲了警钟，提出具体的防范措施。萧何为了保全自己，采纳了鲍生等人的建议，博得了刘邦的欢心；但因为民请命，又遭牢狱之灾；最后“素恭谨”的萧何又得到了刘邦的赦免。司马迁这些一波三折的描写，生动地刻画出了萧何的性格特点。

萧相国何者，沛丰人也。以文无害为沛主吏掾。

高祖为布衣时，何数以吏事护高祖。高祖为亭长，常左右之。高祖以吏繇咸阳，吏皆送奉钱三，何独以五。

秦御史监郡者与从事，常辨之。何乃给泗水卒史事，第一。秦御史欲入言征何，何固请，得毋行。（其时心内已有所属）

及高祖起为沛公，何常为丞督事。（前为丞督，后为丞相，本一事）沛公至咸阳，诸将皆争走金帛财物之府分之，何独先入收秦丞相御史律令图书藏之。（此萧何第一功）沛公为汉王，以何为丞相。项王与诸侯屠烧咸阳而去。汉王所以具知天下厄塞，户口多少，强弱之处，民所疾苦者，以何具得秦图书也。何进言韩信，汉王以信为大将军。（进韩信为第二功）语在淮阴侯事中。

汉王引兵东定三秦，何以丞相留收巴蜀，填抚谕告，使给军食。汉二年，汉王与诸侯击楚，何守关中，侍太子，治栎阳。为法令约束，立宗庙社稷宫室县邑，（又是一功）辄奏上，可，许以从事；即不及奏上，辄以便宜施行，上来以闻。关中事计户口转漕给军，（再一功。结）汉王数失军遁去，何常兴关中卒，辄补缺。上以此专属任何关中事。

汉三年，汉王与项羽相距京索之间，上数使使劳苦丞相。（猜忌一）鲍生谓丞相曰："王暴衣露盖，数使使劳苦君者，有疑君心也。为君计，莫若遣君子孙昆弟能胜兵者悉诣军所，上必益信君。"于是何从其计，汉王大说。（浅甚，故妙）

汉五年，既杀项羽，定天下，论功行封。群臣争功，岁余功不决。高祖以萧何功最盛，封为酂侯，所食邑多。功臣皆曰："臣等身被坚执锐，多者百余战，少者数十合，攻城略地，大小各有差。今萧何未尝有汗马之劳，徒持文墨议论，（言之亦有理）不战，顾反居臣等上，何也？"高帝曰："诸君知猎乎？"曰："知之。""知猎狗乎？"曰："知之。"高帝曰："夫猎，追杀兽兔者狗也，而发踪指示兽处者人也。今诸君徒能得走兽耳，功狗也。（此是骂语，实非断言）至如萧何，发踪指示，功人也。且诸君独以身随我，多者两三人。（不觉说出肺腑心事）今萧何举宗数十人皆随我，功不可忘也。"群臣皆莫敢言。

列侯毕已受封，及奏位次，皆曰："平阳侯曹参身被七十创，攻城略地，功最多，宜第一。"（可见群臣心未服也）

上已桡功臣，多封萧何，至位次未有以复难之，然心欲何第一。（写出一片隐情）关内侯鄂君进曰："群臣议皆误。夫曹参虽有野战略地之功，此特一时之事。（一时之事，高论！强"功狗""功人"百倍）夫上与楚相距五岁，常失军亡众，（直言而无所回护，可见汉之言路之宽也）逃身遁者数矣。然萧何常从关中遣军补其处，非上所诏令召，而数万众会上之乏绝者数矣。夫汉与楚相守荥阳数年，军无见粮，萧何转漕关中，给食不乏。陛下虽数亡山东，萧何常全关中以待陛下，此万世之功也。（万世之功！）今虽亡曹参等百数，何缺于汉？汉得之不必待以全。奈何欲以一旦之功而加万世之功哉！（曹参情何以堪，大难为也。为文章造跌宕之势，不必为真）萧何第一，曹参次之。"高祖曰："善。"于是乃令萧何第一，赐带剑履上殿，入朝不趋。（此礼始于萧何、霍光，终于董卓、曹操，可以为叹）

上曰："吾闻进贤受上赏。萧何功虽高，得鄂君乃益明。"（有趣）于是因鄂君故所食关内侯邑封为安平侯。是日，悉封何父子兄弟十余人，皆有

食邑。乃益封何二千户，以帝尝繇咸阳时何送我独赢奉钱二也。（用“我”字，独显亲近）

汉十一年，陈豨反，高祖自将，至邯郸。未罢，淮阴侯谋反关中，吕后用萧何计，诛淮阴侯，（荐之、杀之，确有憾）语在淮阴事中。上已闻淮阴侯诛，使使拜丞相何为相国，益封五千户，令卒五百人，一都尉为相国卫。（都尉实为监视。既赏之，又疑之）诸君皆贺，召平独吊。（八字险峻）召平者，故秦东陵侯。秦破，为布衣，贫，种瓜于长安城东，瓜美，故世俗谓之“东陵瓜”，从召平以为名也。召平谓相国曰：“祸自此始矣。上暴露于外而君守于中，非被矢石之事而益君封置卫者，以今者淮阴侯新反于中，疑君心矣。夫置卫卫君，非以宠君也。愿君让封勿受，悉以家私财佐军，则上心说。”相国从其计，高帝乃大喜。

汉十二年秋，黥布反，上自将击之，数使使问相国何为。（疑之三）相国为上在军，乃拊循勉力百姓，悉以所有佐军，如陈豨时。（用旧计不错，错在“拊循勉力百姓”）客有说相国曰：“君灭族不久矣。夫君位为相国，功第一，可复加哉？然君初入关中，得百姓心，十余年矣，皆附君，常复孳孳得民和。上所为数问君者，畏君倾动关中。今君胡不多买田地，贱贳贷以自污？上心乃安。”（读之寒心）于是相国从其计，上乃大说。

上罢布军归，民道遮行上书，言相国贱强买民田宅数千万。（“千万”，此乃文法，不可当真）上至，相国谒。上笑曰：“夫相国乃利民！”民所上书皆以与相国，曰：“君自谢民。”相国因为民请曰（朴忠自露，恰贱贳贷之事反）：“长安地狭，上林中多空地，弃，愿令民得入田，毋收稿为禽兽食。”上大怒（应得急，应得妙）曰：“相国多受贾人财物，乃为请吾苑！”乃下相国廷尉，械系之。数日，王卫尉侍，前问曰：“相国何大罪，陛下系之暴也？”上曰：“吾闻李斯相秦皇帝，有善归主，有恶自与。今相国多受贾竖金而为民请吾苑，以自媚于民，（此是怒之根本）故系治之。”王卫尉曰：“夫职事苟有便于民而请之，真宰相事，陛下奈何乃疑相国受贾人钱乎？（正本澄源之语）且陛下距楚数岁，陈豨、黥布反，陛下自将而往，当是时，相国守关中，摇足则关以西非陛下有也。相国不以此时为利，今乃利贾人之金乎？（一语刺中高祖心事。妙在一“利”字，若云“不以此时为变”则痕迹显露，难为听者取矣。词令妙品！）且秦以不闻其过亡天下，李斯之分过，又何足法哉。

陛下何疑宰相之浅也。”高帝不怿。是日，使使持节赦出相国。相国年老，素恭谨，入，徒跣谢。高帝曰：“相国休矣！相国为民请苑，吾不许，我不过为桀纣主，而相国为贤相。吾故系相国，欲令百姓闻吾过也。”（心中仍有李斯，仍有怒气也）

何素不与曹参相能，及何病，孝惠自临视相国病，因问曰：“君即百岁后，谁可代君者？”对曰：“知臣莫如主。”孝惠曰：“曹参何如？”何顿首曰：“帝得之矣！臣死不恨矣！”（宰相之度量）

何置田宅必居穷处，为家不治垣屋。曰：“后世贤，师吾俭；不贤，毋为势家所夺。”

孝惠二年，相国何卒，谥为文终侯。

后嗣以罪失侯者四世，绝，天子辄复求何后，封续酂侯，功臣莫得比焉。

太史公曰：萧相国何于秦时为刀笔吏，录录未有奇节。（一语成断。何不如信、越在此，胜之之处亦在此）及汉兴，依日月之末光，何谨守管籥，因民之疾秦法，顺流与之更始。淮阴、黥布等皆以诛灭，而何之勋烂焉。位冠群臣，声施后世，与闳夭、散宜生等争烈矣。

曹相国世家（节选）

导 读

这是一篇关于曹参的传记。文中主要记述了曹参攻城野战之功和他的“清净无为”的治国思想及举动。司马迁对他的英勇善战和治国方略基本上是肯定的，认为曹参施行的政策，使人民得以休养生息，也使他受到了天下人的称颂。曹参任相国后，主张一切顺应自然，采取“无为而治”的做法。他“日夜饮醇酒”；他的下属及宾客想规劝他，他反倒一再地向他们劝酒；他甚至对周围的官员房舍中醉酒呼叫的吵闹声，不但不感到厌烦，反而“取酒坐饮，亦歌呼与相应和”。司马迁写了他受黄老学说影响的一面，但更写了他积极的一面。他的“醉”不同于贪官污吏的醉生梦死，他的“无为”也不是真的什么事也不做，他只是坚定地按照刘邦、萧何制定的方针政策办事。他重视官员的素质，提拔那些质朴忠厚之人，摒弃那些华而不实、沽名钓誉之徒。生活上的醉酒并没有掩盖他政治上的清醒。

……

孝惠帝元年，除诸侯相国法，更以参为齐丞相。（唯王朝有相国，侯国称丞相）参之相齐，齐七十城。天下初定，悼惠王富于春秋，（此三句当细看。地广则事多，初创则法繁，年少则喜事。反衬参之清静）参尽召长老诸生，问所以安集百姓，如齐故俗。诸儒以百数，言人人殊，（亦反衬语）参未知所定。闻胶西有盖公，善治黄老言，（点睛）使人厚币请之。既见盖公，盖公为言治道贵清静而民自定，（要言不烦）推此类具言之。参于是避正堂，舍盖公焉。其治要用黄老术，（参以武功显，为此术何其难也，奇）故相齐九年，齐国安集，大称贤相。

惠帝二年，萧何卒。参闻之，告舍人趣治行，“吾将入相”。居无何，使者果召参。参去，属其后相曰：“以齐狱市为寄，慎勿扰也。”（见识至大。

“寄”而非“托”，谓勿失而去也）后相曰：“治无大于此者乎？”参曰：“不然。夫狱市者，所以并容也，今君扰之，奸人安所容也？吾是以先之。”（此语至大，欲察奸，而奸无必尽之理，徒以扰良耳。然绝非废弛之意也）

参始微时，与萧何善；及为将相，有隙。（必起于争功）至何且死，所推贤唯参。参代何为汉相国，举事无所变更，一遵萧何约束。

择郡国吏木诎于文辞，重厚长者，即召除为丞相史。（事事只为“清”“静”二字）吏之言文刻深，欲务声名者，辄斥去之。（深识不可及）日夜饮醇酒。（以下只串饮酒之事，笔法酣畅淋漓）卿大夫已下吏及宾客见参不事事，来者皆欲有言。至者，（“来者”“至”者，语意同而景色各异）参辄饮以醇酒，间之，欲有所言，复饮之，醉而后去，终莫得开说，以为常。（三字加得妙）

相舍后园近吏舍，吏舍日饮歌呼。从吏恶之，无如之何，乃请参游园中，闻吏醉歌呼，从吏幸相国召按之。乃反取酒张坐饮，亦歌呼与相应和。（此事乃史公渲染之笔，对酒当歌，满目淋漓）

参见人之有细过，专掩匿覆盖之，府中无事。（为吏舍歌乎作注脚，其品格亦高）

参子窋（读竹）为中大夫。惠帝怪相国不治事，以为“岂少朕与”？（意为轻己也）乃谓窋曰：“若归，试私从容问而父曰：‘高帝新弃群臣，帝富于春秋，君为相，日饮，无所请事，何以忧天下乎？’然无言吾告若也。”（描写惠帝入神，如闻其声）窋既洗沐归，闲侍，自从其所谏参。参怒，而笞窋二百，曰：“趣入侍，天下事非若所当言也。”至朝时，惠帝让参曰：“与窋胡治乎？乃者我使谏君也。”参免冠谢曰：“陛下自察圣武孰与高帝？”上曰：“朕乃安敢望先帝乎！”曰：“陛下观臣能孰与萧何贤？”上曰：“君似不及也。”（语妙）参曰：“陛下言之是也。且高帝与萧何定天下，法令既明，今陛下垂拱，参等守职，遵而勿失，不亦可乎？”惠帝曰：“善。君休矣！”

参为汉相国，出入三年。卒，谥懿侯。子窋代侯。百姓歌之曰：“萧何为法，顜（读讲。直也）若画一；曹参代之，守而勿失。载其清净，民以宁一。”

平阳侯窋，高后时为御史大夫。孝文帝立，免为侯。立二十九年卒，谥为静侯。子奇代侯，立七年卒，谥为简侯。子时代侯。时尚平阳公主，生子襄。时病疠，归国。立二十三年卒，谥夷侯。子襄代侯。襄尚卫长公主，生子宗。立十六年卒，谥为共侯。子宗代侯。征和二年中，宗坐太子死，国除。

太史公曰：曹相国参攻城野战之功所以能多若此者，以与淮阴侯俱。及信已灭，而列侯成功，唯独参擅其名。（非薄参，惜韩信耳）参为汉相国，清静极言合道。（六字断之）然百姓离秦之酷后，参与休息无为，故天下俱称其美矣。（一“故”字，寓意深远）

留侯世家（节选）

导　读

这是一篇关于张良的传记。文中围绕张良一生的经历，描述了他在复杂的政治斗争和尖锐的军事斗争中的超群才干，以及他在功成名就之后不争权求利的出世思想和行为，生动地刻画了张良的为人及其性格特征，使这一历史人物活生生地展现在我们面前。明哲保身是张良后半生性格的重要组成部分。张良深知“狡兔死，良狗烹；高鸟尽，良弓藏；敌国破，谋臣亡”的道理，在群臣争功的情况下，他“不敢当三万户”；刘邦对他的封赏，他极为知足；他称病杜门不出，行“道引”“辟谷”之术；他扬言“愿弃人间事，欲从赤松子游”，处处表现得急流勇退。我们如果把张良和《淮阴侯列传》中那位工于谋天下、拙于谋自身的韩信相比，就可看出司马迁笔下刘邦的两位大功臣形成了多么巨大的反差。此外，司马迁在本篇的写实中夹杂了一些传奇性的描写，如张良“东见仓海君”“得力士”，遇圯上老人授书，十三年后取谷城山下黄石祭祀，张良“学辟谷，道引轻身”，“欲从赤松子游”等，扑朔迷离，亦真亦幻，为本篇抹上了一层神秘的色彩。

留侯张良者，其先韩人也。（一篇的骨子）大父开地，相韩昭侯、宣惠王、襄哀王。父平，相釐王、悼惠王。（讲家世多从略，唯此篇独详，正是精神所在）悼惠王二十三年，平卒。卒二十岁，秦灭韩。良年少，未宦事韩。（只此一语，更显留侯忠义所在）韩破，良家僮三百人，（言其富）弟死不葬，（言其不顾家）悉以家财求客刺秦王，为韩报仇，（言其一腔义勇）以大父、父五世相韩故。（劲句）

良尝学礼淮阳。东见仓海君。得力士，为铁椎重百二十斤。秦皇帝东游，良与客狙击秦始皇博浪沙中，误中副车。秦皇帝大怒，大索天下，求贼甚急，为张良故也。（点一句，似可无，岂知史公郑重处就在此）良乃更名姓，亡匿下邳。

良尝闲从容步游下邳圯上，（有玩味）有一老父，衣褐，至良所，直堕其履圯下，顾谓良曰："孺子，下取履！"良鄂然，欲殴之。为其老，强忍，下取履。父曰："履我！"良业为取履，因长跪履之。父以足受，笑而去。（写得神气活现）良殊大惊，随目之。父去里所，复还，曰："孺子可教矣。（英雄相视，千古无两）后五日平明，与我会此。"良因怪之，跪曰："诺。"五日平明，良往。父已先在，怒曰："与老人期，后，何也？"去，曰："后五日早会。"（语句琐碎，但传神之极）五日鸡鸣，良往，父又先在，复怒曰："后，何也？"去，曰："后五日复早来。"五日，良夜未半往。有顷，父亦来，喜曰："当如是。"（莫逆之交，"当如是"三字）出一编书，曰："读此则为王者师矣。后十年兴。十三年孺子见我济北，谷城山下黄石即我矣。"遂去，无他言，不复见。（再多一语，再见一面，便一钱不值）旦日视其书，乃《太公兵法》也。良因异之，常习诵读之。

居下邳，为任侠。项伯尝杀人，从良匿。（伏鸿门宴）

后十年，陈涉等起兵，良亦聚少年百余人。景驹自立为楚假王，在留。良欲往从之，道遇沛公。（突兀）沛公将数千人，略地下邳西，（倒注上句法）遂属焉。沛公拜良为厩将。良数以《太公兵法》说沛公，沛公善之，常用其策。良为他人言，皆不省。（反撩一句，妙）良曰："沛公殆天授。"故遂从之，不去见景驹。

……

汉王之国，良送至褒中，遣良归韩。良因说汉王曰："王何不烧绝所过栈道，示天下无还心，（身在韩营心在汉）以固项王意。"（好棋）乃使良还。行，烧绝栈道。

良至韩，韩王成以良从汉王故，项王不遣成之国，从与俱东。（写项王猜忌，显其愚）良说项王曰："汉王烧绝栈道，无还心矣。"（项王留良自误）乃以齐王田荣反书告项王。项王以此无西忧汉心，而发兵北击齐。（前误项王于西，后牵项王于东，张良一人胜百万兵）

项王竟不肯遣韩王，乃以为侯，又杀之彭城。（愚！囊中之物，杀之何益？且驱张良归汉）良亡，间行归汉王，（始一心归汉）汉王亦已还定三秦矣。（补得巧妙）复以良为成信侯，从东击楚。至彭城，汉败而还。至下邑，汉王下马踞鞍而问（悲壮）曰："吾欲捐关以东等弃之，谁可与共功者？"良进曰："九江王黥布，楚枭将，与项王有郄；彭越与齐王田荣反梁地：此两人可急使。而汉王之将独韩信可属大事，当一面。即欲捐之，捐之此三人，（布、越、信三人，语有分别。"急使"谓缓急可使之意，而天下大事，必以韩信）则楚可破也。"汉王乃遣随何说九江王布，而使人连彭越。及魏王豹反，使韩信将兵击之，因举燕、代、齐、赵。然卒破楚者，此三人力也。

张良多病，未尝特将也，常为画策臣，时时从汉王。（此一篇筋骨，却缀于此，切勿忽略！）

……

汉六年正月，封功臣。良未尝有战斗功，高帝曰："运筹策帷帐中，决胜千里外，子房功也。（雅致，比"功狗"之语高百倍）自择齐三万户。"良曰："始臣起下邳，与上会留，（儒雅长厚）此天以臣授陛下。（照应前文"沛公殆天授"句）陛下用臣计，幸而时中，臣愿封留足矣，不敢当三万户。"乃封张良为留侯，与萧何等俱封。（为"未有战斗功"句作应）

留侯性多病，（善藏之妙）即道引不食谷，杜门不出岁余。

上欲废太子，立戚夫人子赵王如意。大臣多谏争，未能得坚决者也。吕后恐，不知所为。人或谓吕后曰："留侯善画计策，上信用之。"吕后乃使建成侯吕泽劫留侯，（强使之出）曰："君常为上谋臣，今上欲易太子，君安得高枕而卧乎？"留侯曰："始上数在困急之中，幸用臣策。（品味此语，子房之苦心至矣）今天下安定，以爱欲易太子，骨肉之间，虽臣等百余人何益。"（看得透，已成竹在胸）吕泽强要（所谓"劫"）曰："为我画计。"留侯曰："此难以口舌争也。（透彻！）顾上有不能致者，天下有四人。（错落有致）四人者年老矣，皆以为上慢侮人，故逃匿山中，义不为汉臣。然上高此四人。今公诚能无爱金玉璧帛，令太子为书，卑辞安车，因使辩士固请，宜来。来，以为客，时时从入朝，令上见之，则必异而问之。问之，（叠句之妙）上知此四人贤，则一助也。"于是吕后令吕泽使人奉太子书，卑辞厚礼，迎此四人。四人至，客建成侯所。

……

汉十二年，上从击破布军归，疾益甚，愈欲易太子。（写得慌乱急迫）留侯谏，不听，因疾不视事。（补笔周到）叔孙太傅称说引古今，以死争太子。（子房已云“难以口舌争”，但非情理所然，故在此补一笔）上详许之，犹欲易之。（更危）及燕，置酒，太子侍。四人从太子，年皆八十有余，须眉皓白，衣冠甚伟。（出色描画）上怪之，问曰：“彼何为者？”四人前对，各言名姓，曰东园公，角里先生，绮里季，夏黄公。（借四人之口道出姓名，笔法多变，巧妙之致，活泼有趣）上乃大惊，曰：“吾求公数岁，公避逃我，今公何自从吾儿游乎？”（惊诧之情，不描外貌，但从口出，传神之笔）四人皆曰：“陛下轻士善骂，臣等义不受辱，故恐而亡匿。窃闻太子为人仁孝，恭敬爱士，（言太子为守成之主）天下莫不延颈欲为太子死者，（言太子已得民心）故臣等来耳。”上曰：“烦公幸卒调护太子。”

四人为寿已毕，趋去。上目送之，（若有所思）召戚夫人指示四人者曰：“我欲易之，彼四人辅之，羽翼已成，难动矣。吕后真而主矣。（语中早早定“人彘”矣）”戚夫人泣，上曰：“为我楚舞，吾为若楚歌。（比之项羽，英雄儿女之情，读之凄惨）”歌曰：“鸿鹄高飞，一举千里。羽翮已就，横绝四海。横绝四海，当可奈何！虽有矰缴，尚安所施！”歌数阕，戚夫人嘘唏流涕，上起之，罢酒。（淋漓尽致，耳中多少“叹、叹、叹”）竟不易太子者，留侯本招此四人之力也。

……

留侯乃称曰（自赞，以其确）：“家世相韩，及韩灭，不爱万金之资，为韩报仇强秦，天下振动。今以三寸舌为帝者师，封万户，位列侯，此布衣之极，于良足矣。愿弃人间事，欲从赤松子游耳。（托词而已，不必实有其人）”乃学辟谷，道引轻身。会高帝崩，吕后德留侯，乃强食之，曰：“人生一世间，如白驹过隙，何至自苦如此乎！”（娓娓动听）留侯不得已，强听而食。

后八年卒，谥为文成侯。子不疑代侯。

子房始所见下邳圯上老父与《太公书》者，后十三年从高帝过济北，果见谷城山下黄石，取而葆祠之。留侯死，并葬黄石。每上冢伏腊，祠黄石。（黄石者？子房者？黄石即子房，子房即黄石也。风水结穴作结，

诸传未有）

……

太史公曰："学者多言无鬼神，然言有物。至如留侯所见老父予书，亦可怪矣。（不仅有人，还有书，故怪也）高祖离困者数矣，而留侯常有功力焉，岂可谓非天乎？上曰："夫运筹策帷帐之中，决胜千里外，吾不如子房。"余以为其人计魁梧奇伟，至见其图，状貌如妇人好女。（亦真亦幻，不常之笔）盖孔子曰："以貌取人，失之子羽。"留侯亦云。

陈丞相世家（节选）

导　读

该传是一篇关于陈平的传记。本文写了陈平的一生，但突出刻画的是他的谋略。司马迁将最能体现陈平智谋的言行重点地加以描绘，显示出本文结构严谨、剪裁得当的特点。陈平的“谋”中是不乏阴谋诡计的，司马迁屡写刘邦“用其奇计策”“用陈平奇计”，陈平“计秘，世莫得闻”，“奇计或颇秘，世莫能闻”。正是由于陈平的“谋”，才使得他在复杂多变的政治环境中自免于祸，善始善终。司马迁肯定了陈平的智谋能够“救纷纠之难，振国家之患”，也同时对陈平使用阴谋诡计坑害他人、保全自身持一定的批判态度。

陈丞相平者，阳武户牖乡人也。少时家贫，好读书，有田三十亩，独与兄伯居。伯常耕田，纵平使游学。平为人长美色。人或谓陈平曰：“贫何食而肥若是？”其嫂嫉平之不视家生产，曰：“亦食糠核耳。有叔如此，不如无有。”（特引此语，也为点破后文“盗嫂”谗言）伯闻之，逐其妇而弃之。

及平长，可娶妻，（“可”字现憨态）富人莫肯与者，贫者平亦耻之。（带一分稚气，现英雄本色）久之，户牖富人有张负，张负女孙五嫁而夫辄死，人莫敢娶。平欲得之。（大自负处）邑中有丧，平贫，侍丧，以先往后罢为助。（颇有义气）张负既见之丧所，独视伟平，平亦以故后去。（仅十字，两人神情意态，一一画出）负随平至其家，家乃负郭穷巷，以弊席为门，然门外多有长者车辙。（三句都是张负目中看出，一“乃”，一“然”，又是张负心中所度，真正神笔）张负归，谓其子仲曰：“吾欲以女孙予陈平。”张仲曰：“平贫不事事，一县中尽笑其所为，独奈何予女乎？”负曰：“人固有好美如陈平而长贫贱者乎？”卒与女。为平贫，乃假贷币以聘，予酒肉之资以内妇。（细写入妙）负诫其孙曰：“毋以贫故，事人不谨。事兄伯如事父，事嫂如母。”（长者之语）平既娶张氏女，赍用益饶，游道日广。

里中社，平为宰，分肉食甚均。父老曰：“善，陈孺子之为宰！”平曰：

“嗟乎，使平得宰天下，亦如是肉矣！”（“宰”字一语双关，颇有情趣）

……

孝文帝立，以为太尉勃亲以兵诛吕氏，功多；陈平欲让勃尊位，乃谢病。孝文帝初立，怪平病，问之。（以“问”引，得以尽言）平曰：“高祖时，勃功不如臣平。及诛诸吕，臣功亦不如勃。（以缔造之劳压其平定之力，“亦”字轻得妙）愿以右丞相让勃。”（使陈平不让，文帝亦意属周勃，故先让。千古智人占先着）于是孝文帝乃以绛侯勃为右丞相，位次第一；平徙为左丞相，位次第二。赐平金千斤，益封三千户。（嘉其能让）

居顷之，（言时之短，勃总出不了陈平之圈套耳）孝文皇帝既益明习国家事，朝而问右丞相勃曰：“天下一岁决狱几何？”勃谢曰：“不知。”问：“天下一岁钱谷出入几何？”勃又谢不知，汗出沾背，（画妙）愧不能对。于是上亦问左丞相平。（婉妙）平曰：“有主者。”上曰：“主者谓谁？”（咄咄逼人）平曰：“陛下即问决狱，责廷尉；问钱谷，责治粟内史。”上曰：“苟各有主者，而君所主者何事也？”平谢曰：“主臣！（发语词，谓惭愧也，非为主管臣下意）陛下不知其驽下，使待罪宰相。宰相者，上佐天子理阴阳，顺四时，下育万物之宜，外镇抚四夷诸侯，内亲附百姓，使卿大夫各得任其职焉。”（此为浮夸语，以口驭人，实非至理。今谓“没有错误之废话”也）孝文帝乃称善。右丞相大惭，（画妙）出而让陈平曰：“君独不素教我对！”（忠厚朴素之人，音声相貌都有）陈平笑曰：“君居其位，不知其任邪？且陛下即问长安中盗贼数，君欲强对邪？”（恶！当面奚落，明明谓右丞相之职非其宜居也）于是绛侯自知其能不如平远矣。（前平知勃久矣，勃不自知）居顷之，绛侯谢病请免相，陈平专为一丞相。

孝文帝二年，丞相陈平卒，谥为献侯。子共侯买代侯。二年卒，子简侯恢代侯。二十三年卒，子何代侯。二十三年，何坐略人妻，弃市，国除。

始陈平曰（借平之口讥之）：“我多阴谋，是道家之所禁。吾世即废，亦已矣，终不能复起，以吾多阴祸也。”然其后曾孙陈掌以卫氏亲贵戚，原得续封陈氏，然终不得。

太史公曰：陈丞相平少时，本好黄帝、老子之术。方其割肉俎上之时，其意固已远矣。倾侧扰攘楚魏之间，卒归高帝。常出奇计，救纷纠之难，振国家之患。及吕后时，事多故矣，然平竟自脱，（有羡慕，也有不满）定宗庙，以荣名终，称贤相，岂不善始善终哉！非知谋孰能当此者乎？

绛侯周勃世家（节选）

导 读

本篇是汉初名将周勃和周亚夫父子二人的合传。周勃父子都是汉朝初期的有功之臣。周勃是诛吕安刘的主要决策者和组织者，为挽救刘氏政权立了大功，所以，司马迁把他作为汉初的主要功臣之一列入世家。周亚夫是平定“七国之乱”的汉军统帅，为削弱诸侯王的割据势力和巩固汉王朝的中央政权立了大功。父子二人都是在最关键的时刻有功于汉室，这样的功臣理应受到恩宠与殊荣，但他们都只做了两三年的丞相就被免职了。尤其令人不平的是，父子二人晚年都因被诬告谋反而被捕入狱。周勃虽由于薄太后的干预被无罪释放，但已在狱中受尽了狱吏的凌辱。周亚夫则是入狱后五日不食，呕血而死。周亚夫之死显然是对汉朝统治者迫害功臣的无声抗议。汉朝从高祖到武帝，对待许多功臣都心怀疑忌，刻薄寡恩。萧何入过狱，韩信最终被杀，樊哙也曾被捕，周勃父子的遭遇更具有典型性，所以，有人认为这是一篇专写功臣受辱的传记。汉朝皇帝的刻薄寡恩，司马迁是有亲身感受的，因此，在这篇传记中有一股愤愤不平之情不断流注于笔端。

……

文帝既立，以勃为右丞相，赐金五千斤，食邑万户。居月余，人或说勃曰：“君既诛诸吕，立代王，威震天下，而君受厚赏，处尊位，以宠，久之即祸及身矣。”（平传则谓其自愧不如陈平，乃归印。此等虚实结合，自有妙处）勃惧，亦自危，乃谢请归相印。上许之。岁余，丞相平卒，上复以勃为丞相。（前拒，后居，勃之祸患始于此）十余月，上曰：“前日吾诏列侯就国，或未能行，丞相吾所重，其率先之。”（帝心实忌之，饰词罢其相位）乃免相就国。

岁余，每河东守、尉行县至绛，绛侯勃自畏恐诛，常被甲，令家人持兵以见之。（写出勃着实愚拙可怜。如上果欲诛之，虽披甲持兵，又能若何？自招谤言耳）其后人有上书告勃欲反，下廷尉。廷尉下其事长安，逮捕勃治之。勃恐，不知置辞。吏稍侵辱之。（细）勃以千金与狱吏，狱吏乃书牍背示之，曰“以公主为证”（狱吏鬼滑，一一描写，恐司马公感同身受）公主者，孝文帝女也，（倒注法，史记多有）勃太子胜之尚之，（夹叙加追叙，笔活）故狱吏教引为证。勃之益封受赐，尽以予薄昭。及系急，（细）薄昭为言薄太后（亦一狱吏行径，对照前文，孔方兄千古之神也）太后亦以为无反事。文帝朝，太后以冒絮提文帝，曰：“绛侯绾皇帝玺，将兵于北军，不以此时反，今居一小县，顾欲反邪！”（太后数语，公道话）文帝既见绛侯狱辞，乃谢曰：“吏方验而出之。”于是使使持节赦绛侯，复爵邑。绛侯既出，曰：“吾尝将百万军，然安知狱吏之贵乎！”（呼应“侵辱”两字，余音袅袅）

……

文帝之后六年，匈奴大入边。乃以宗正刘礼为将军，军霸上；祝兹侯徐厉为将军，军棘门；以河内守亚夫（周勃少子，故入传）为将军，军细柳：以备胡。上自劳军。至霸上及棘门军，直驰入，将以下骑送迎。（只用两句，照应下一大段，色色照人）已而之细柳军，军士吏披甲，锐兵刃，彀弓弩，持满。（作临阵之态，显于主乎?）天子先驱至，不得入。（若先驱得入，天子焉能视军容?）先驱曰：“天子且至！”军门都尉曰：“将军令曰‘军中闻将军令，不闻天子之诏’。”（极意做态）居无何，上至，又不得入。（妙）于是上乃使使持节诏将军：“吾欲入劳军。”亚夫乃传言开壁门。壁门士吏谓从属车骑曰：“将军约，军中不得驱驰。”（以约束吏者约束天子）于是天子乃按辔徐行。（大度天子！）至营，将军亚夫持兵揖（倨傲）曰：“介胄之士不拜，请以军礼见。”天子为动，改容式车。使人称谢：“皇帝敬劳将军。”成礼而去。既出军门，群臣皆惊。（此笔不可少）文帝曰：“嗟乎，此真将军矣！曩者霸上、棘门军，若儿戏耳，其将固可袭而虏也。至于亚夫，可得而犯邪！”称善者久之。（余音绕梁）月余，三军皆罢。乃拜亚夫为中尉。

（细柳营一事，千古美谈。余谓亚夫功于邀主眷顾耳。是时既非临阵，则执兵介胄，何其倨矣。况军阵首重侦查，岂有天子劳军两寨而不知之理。然其持重异于他军，脱颖而出。另，亚夫幸遇文帝之宽，则为能臣，如遇景帝之尖刻，则为大僇。人智顺时，顺势而动也）

……

其后匈奴王徐卢等五人降，景帝欲侯之以劝后。（此段实为“细柳劳军”陪笔也，文帝何其宽，景帝何其严）丞相亚夫曰：“彼背其主降陛下，陛下侯之，则何以责人臣不守节者乎？”景帝曰：“丞相议不可用。”（“不可用”三字，其意深远，为今日？为明日？开合有度，传神！）乃悉封徐卢等为列侯。亚夫因谢病。景帝中三年，以病免相。

顷之，景帝居禁中，召条侯，赐食。（本已谪除，又特召责羞之）独置大胾，无切肉，又不置箸。条侯心不平（白描），顾谓尚席取櫡。景帝视而笑（以嬉笑为怒骂，亚夫危哉！）曰：“此不足君所乎？”（杀意已露！）条侯免冠谢。上起，条侯因趋出。景帝以目送之，曰：“此怏怏者非少主臣也。”（字字紧逼，杀意决矣）

居无何，条侯子为父买工官尚方甲盾五百被可以葬者。取庸苦之，不予钱。庸知其盗买县官器，怒而上变告子，事连污条侯。（明景帝寻衅以成杀）书既闻上，上下吏。吏簿责条侯，条侯不对。景帝骂之曰：“吾不用也。”（“吾不用”三字，明示吏以必杀之心，下文皆缘于此三字）召诣廷尉。廷尉责曰：“君侯欲反邪？”亚夫曰：“臣所买器，乃葬器也，何谓反邪？”吏曰：“君侯纵不反地上，即欲反地下耳。”（愤！冤！）吏侵之益急。初，吏捕条侯，条侯欲自杀，夫人止之，以故不得死，遂入廷尉。因不食五日，呕血而死。（坚直之人至此，可叹）国除。

绝一岁，景帝乃更封绛侯勃他子坚为平曲侯，续绛侯后。十九年卒，谥为共侯。子建德代侯，十三年，为太子太傅。坐酎金不善，元鼎五年，有罪，国除。

条侯果饿死。死后，景帝乃封王信为盖侯。（此语结条侯传，妙。史公不易也，婉转文字，意为，条侯死于王信也）

太史公曰：绛侯周勃始为布衣时，鄙朴人也，才能不过凡庸。及从高祖定天下，在将相位，诸吕欲作乱，勃匡国家难，复之乎正。虽伊尹、周公，何以加哉！（公道语）亚夫之用兵，持威重，执坚刃，（六字断定前后荣辱）穰苴曷有加焉！足己而不学，守节不逊，（贬中带褒）终以穷困。悲夫！

伯夷列传

导 读

《伯夷列传》是《史记》七十列传的第一篇，为全书之“文眼”。本文写作独具特色。纵观《史记》本纪、世家、列传之篇末，均有太史公的赞语，唯《伯夷列传》则无。满纸赞论、咏叹夹以叙事，名为传纪，实则传论。所以，本文实开史家之先河，亦为本纪、世家、列传之仅有。于大量论赞之中，可谓开史学之先河。

文章借助夷齐与盗跖、操行不轨之人和审慎小心之人做比照，指出恶者安逸享乐，累世不绝；而善者遭遇的灾祸却不可胜数，有力地抨击了“天道无亲，常与善人”的谎言，对天道赏善罚恶的报应论，提出了大胆的怀疑。

本文虽多赞论，但纵横捭阖，彼此呼应，回环跌宕，起伏相间。伯夷、叔齐的事实，只在中间一顿即过，“如长江大河，前后风涛重叠，而中有澄湖数顷，波平若黛，正以相间出奇”。时有含蓄设问，不露锋芒却问题尖锐又耐人寻味。太史公润笔泼墨之中，可略见其笔力之一斑。

钱钟书先生也评论《伯夷列传》说：“此篇记夷齐行事甚少，感慨议论居其太半，反论赞之宾，为传记之主。司马迁牢愁孤奋，如喉鲠之快于一吐，有欲罢而不能者。”说这篇传记其实是借他人之酒，浇胸中块垒，司马迁只是想借伯夷、叔齐之口来抒发自己的怨言而已。

夫学者载籍极博。尤考信于六艺。《诗》、《书》虽缺，然虞、夏之文可知也。尧将逊位，让于虞舜，舜、禹之间，岳牧咸荐，（专为一“让”字，为下文铺垫）乃试之于位，典职数十年，功用既兴，然后授政。示天下重器，王者大统，传天下若斯之难也。而说者曰：“尧让天下于许由，许由不受，耻之逃隐。（再引一不见于书之“让”天下之人）及夏之时，有卞随、务光者。”此何以称焉？（反问一，似虚而难信）太史公曰：余登箕山，其上盖有许由冢云。（似又实而可信）孔子序列古之仁圣贤人，如吴太伯、伯夷之伦详矣。余以所闻由、光义至高，其文辞不少概见，何哉？（反问二）

孔子曰："伯夷、叔齐，不念旧恶，怨是用希。""求仁得仁，又何怨乎？"余悲伯夷之意，睹轶诗可异焉。（孔子两称其"不怨"，及史公睹轶诗则又深似"怨"者，文势了得，扑朔迷离）其传曰：（他传皆史公自撰，独此引别传之文，可谓传中变体）伯夷、叔齐，孤竹君之二子也。父欲立叔齐。及父卒，叔齐让伯夷。伯夷曰："父命也。"遂逃去。叔齐亦不肯立而逃之。国人立其中子。于是伯夷、叔齐闻西伯昌善养老，"盍往归焉"！及至，西伯卒，武王载木主，号为文王，东伐纣。伯夷、叔齐叩马而谏曰："父死不葬，爰及干戈，可谓孝乎？以臣弑君，可谓仁乎？"左右欲兵之。太公曰："此义人也。"扶而去之。武王已平殷乱，天下宗周，而伯夷、叔齐耻之，义不食周粟，隐于首阳山，采薇而食之。及饿且死，（"让""耻""逃""隐"皆在首段埋伏，一一应出。古人文律之细如此）作歌，其辞曰："登彼西山兮，采其薇矣。以暴易暴兮，不知其非矣。神农、虞、夏忽焉没兮，我安适归矣？于嗟徂兮，命之衰矣。"（其怨深矣）遂饿死于首阳山。由此观之，怨邪？非邪？（反问三）

或曰："天道无亲，常与善人。"（此乃言不得不怨之故）若伯夷、叔齐，可谓善人者非邪？（反问四）积仁洁行如此而饿死。且七十子之徒，仲尼独荐颜渊为好学。（找一人陪衬，又伏后半段线索）然回也屡空，糟糠不厌，而卒蚤夭。天之报施善人，其何如哉？（反问五）盗跖日杀不辜，肝人之肉，暴戾恣睢，聚党数千人，横行天下，竟以寿终，是遵何德哉？（反问六）此其尤大彰明较著者也。（畅发心中块垒！）若至近世，操行不轨，专犯忌讳而终身逸乐富厚，累世不绝。或择地而蹈之，时然后出言，行不由径，非公正不发愤，（明指李陵事）而遇祸灾者，不可胜数也。余甚惑焉，倘所谓天道，是邪？非邪？（反问七）（本段连续反问，直发胸中愤懑！借题发议止此，以"天道"起，以"天道"结，有章法）

子曰："道不同，不相为谋。"亦各从其志也。故曰："富贵如可求，虽执鞭之士，吾亦为之。如不可求，从吾所好。""岁寒，然后知松柏之后凋。"举世混浊，清士乃见。岂以其重若彼，其轻若此哉？（反问八）"君子疾没世而名不称焉。”（此段单就一“名”字贯穿）贾子曰：“贪夫徇财，烈士徇名，夸者死权，众庶冯生。”同明相照，同类相求。“云从龙，风从虎，圣人作而万物睹。”伯夷、叔齐虽贤，得夫子而名益彰；颜渊虽笃学，附骥尾而行益显。岩穴之士，趋舍有时，若此类名湮灭而不称，悲夫。（为自身一叹！为万世呼！）闾巷之人，欲砥行立名者，非附青云之士，恶能施于后世哉？

老庄申韩列传（节选）

导　读

这是一篇关于先秦道家和法家代表人物的重要传记。太史公将老庄申韩合为一传，代表了汉人对道家与法术家关系的重要看法。汉人直承晚周，认为老子之言为“君人南面之术”，而庄子乃祖述老子。韩非《解老》《喻老》亦从法术家角度言“道德”之意。太史公作四人合传，在当时来说，确实是胸罗道德，纵横概括，指点评说，是一篇很有气魄的雄文，非大家不能。

老子者，楚苦县厉乡曲仁里人也，姓李氏，名耳，字聃，周守藏室之史也。

孔子适周，将问礼于老子。（非贬孔也，两人乃是千古知己良朋）老子曰：“子所言者，其人与骨皆已朽矣，（绝顶开示）独其言在耳。（此为言必先称古者当头棒喝）且君子得其时则驾，不得其时则蓬累而行。吾闻之，良贾深藏若虚，君子盛德容貌若愚。去子之骄气与多欲，态色与淫志，是皆无益于子之身。（箴言）吾所以告子，若是而已。”孔子去，谓弟子曰：“鸟，吾知其能飞；鱼，吾知其能游；兽，吾知其能走。走者可以为罔，游者可以为纶，飞者可以为矰（读曾，网捕也）。至于龙，吾不能知其乘风云而上天。（有此一赞，则千古无闻非议老子之言）吾今日见老子，其犹龙邪！”（相视一笔，莫逆于心）

老子修道德，其学以自隐无名为务。（不露首尾）居周久之，见周之衰，乃遂去。（笔意渐玄）至关，关令尹喜曰：“子将隐矣，强为我著书。”（强为也，多事）于是老子乃著书上下篇，（只为尹喜著书而已，若老子，何必有书）言道德之意（“意”字重要，诸人多识其言，不悟其意也）五千余言而去，莫知其所终。

或曰：老莱子亦楚人也，著书十五篇，言道家之用，与孔子同时云。

盖老子百有六十余岁，或言二百余岁，以其修道而养寿也。

自孔子死之后百二十九年，而史记周太史儋见秦献公曰："始秦与周合，合五百岁而离，离七十岁而霸王者出焉。"或曰儋即老子，或曰非也，世莫知其然否。老子，隐君子也。（断语）

老子之子名宗，宗为魏将，封于段干。宗子注，注子宫，宫玄孙假，假仕于汉孝文帝。而假之子解为胶西王卬太傅，因家于齐焉。

世之学老子者则绌儒学，儒学亦绌老子。"道不同不相为谋"，岂谓是邪？

……

太史公曰：老子所贵道，虚无因应，变化于无为，故著书辞称微妙难识。（为第一）庄子散道德，放论，要亦归之自然。（次一等）申子卑卑，施之于名实。（申、韩总一等）韩子引绳墨，切事情，明是非，其极惨礉（读何，苛刻也）少恩。皆原于道德之意，（卓识）而老子深远矣。

……

司马穰苴列传

导 读

作者善于粗线条地勾勒当时的背景，让人物在特定环境中充分活动，略貌取神地显示出人物的个性特征。田穰苴就是在齐国遭到晋燕两国入侵，而齐军又惨遭失败的背景下受命出征的。然而，他的地位卑贱，没有威望，人微权轻，何以服众，何以治军，又何以御敌呢？他深知齐军之所以战败是军队腐败，没有严格的纪律，因此，他首先要整饬军队，建立威信。本章“杀庄贾”就是立威的开始。而穰苴的形象就是通过他具体的言行来塑造的。

司马穰苴（读居）者，田完之苗裔也。（伏笔篇末）齐景公时，晋伐阿、甄，而燕侵河上，齐师败绩。景公患之。（详记连战，为穰苴责庄贾张本）晏婴乃荐田穰苴（晏婴有识人之能）曰：“穰苴虽田氏庶孽，（观此语，可知当时支庶几无进身之路）然其人文能附众，武能威敌，（无一字虚说）愿君试之。”景公召穰苴，与语兵事，大说之，以为将军，（骤贵）将兵扞燕晋之师。（重任）穰苴曰：“臣素卑贱，君擢之闾伍之中，加之大夫之上，士卒未附，百姓不信，人微权轻，愿得君之宠臣，国之所尊，以监军，乃可。”于是景公许之，使庄贾往。（孙武斩宠妃，穰苴诛庄贾，都是辣手，却不得已而为此）

穰苴既辞，与庄贾约曰：“旦日日中会于军门。”（已显杀机。苴何需庄贾监军！杀之立威信而已）穰苴先驰至军，立表下漏待贾。贾素骄贵，（苴素知其骄贵，故请之）以为将己之军而己为监，不甚急；亲戚左右送之，留饮。（骄贵之态）日中而贾不至。穰苴则仆表决漏，入，行军勒兵，申明约束。（杀机已决）约束既定，夕时，庄贾乃至。穰苴曰：“何后期为？”贾谢曰：“不佞大夫亲戚送之，故留。”（骄贵声口）穰苴曰：“将受命之日则忘其家，临军约束则忘其亲，援枹鼓之急则忘其身。今敌国深侵，邦内骚动，士卒暴露于境，君寝不安席，食不甘味，百姓之命皆悬于君，何谓相送乎！”（义正词严，慷慨激烈，让人破胆，令人心服。与孙武杀妃不同）召军正问曰："军法期而后至者云何?"对曰："当斩。"庄贾惧，使人驰报景公，请救。既往，未及反，于是遂斩庄贾以徇三军。三军之士皆振栗。久之，景公遣使者持节赦贾，驰入军中。（余波而已）穰苴曰："将在军，君令有所不受。"（正!）问军正曰："驰三军法何?"正曰："当斩。"使者大惧。穰苴曰："君之使不可杀之。"乃斩其仆，车之左驸，马之左骖，以徇三军。遣使者还报，然后行。

士卒次舍井灶饮食问疾医药，身自拊循之。（前一段威烈，此一段仁慈）悉取将军之资粮享士卒，身与士卒平分粮食。最比其羸弱者，三日而后勒兵。病者皆求行，争奋出为之赴战。晋师闻之，为罢去。（此所谓先声夺人也）燕师闻之，度水而解。于是追击之，遂取所亡封内故境而引兵归。未至国，释兵旅，解约束，誓盟而后入邑。（与前文"立表下漏"场景对看，有学问）景公与诸大夫郊迎，劳师成礼，然后反归寝。既见穰苴，尊为大司马。田氏日以益尊于齐。（穰苴事已结，轻轻一笔带出田氏。回望篇首，则知史公之为文，无有一笔落空也）

已而大夫鲍氏、高、国之属害之，谮于景公。景公退穰苴，苴发疾而死。（孤愤！何尝不源于庄贾案）田乞、田豹之徒由此怨高、国等。其后及田常杀简公，尽灭高子、国子之族。（记此，只为吐气耳）至常曾孙和，因自立为齐威王，用兵行威，大放穰苴之法，而诸侯朝齐。齐威王使大夫追论古者《司马兵法》而附穰苴于其中，因号曰《司马穰苴兵法》。（此处补出"司马"两字之解，奇妙绝伦）

太史公曰：余读《司马兵法》，闳廓深远，虽三代征伐，未能竟其义，如其文也，亦少褒矣。（贬语含蓄）若夫穰苴，区区为小国行师，何暇及《司马兵法》之揖让乎？（何暇及，正是赞穰苴之文字）世既多《司马兵法》，以故不论，著穰苴之列传焉。

商君列传（节选）

导　读

《史记》中所先取之历史人物，多具有程度深浅不同之悲剧色彩，令人低回不已、掩卷长叹，然又挥之不去之悲剧气息。其中尤以辅佐秦孝公以致国富兵强之商君最为典型。其一生自离乡背井委身事人，至言出令行权倾一世，卒至作法自毙，身受车裂之刑，可谓为代表性的悲剧人物。文章分别从商鞅一生中的漂泊、乘风破浪、勇敢掌舵、威权下的危机、清醒与执迷等不同阶段进行计论，一方面展露商君个人之悲剧性，另一方面则呈现人世间到处充满“变”与“幻”交织而成的复杂文化现象。

……

孝公既用卫鞅，鞅欲变法，恐天下议己。卫鞅曰：“疑行无名，疑事无功。（绝其犹豫）且夫有高人之行者，固见非于世；（谓人言不足恤）有独知之虑者，必见敖于民。谓愚者暗于成事，知者见于未萌。（谓不必集思广益）民不可与虑始而可与乐成。（名言，有理！）论至德者不和于俗，成大功者不谋于众。（谓可独断独行）是以圣人苟可以强国，不法其故；苟可以利民，不循其礼。（强国、利民，诱之）”孝公曰：“善。”甘龙曰：“不然。圣人不易民而教，知者不变法而治。因民而教，不劳而成功；缘法而治者，吏习而民安之。”（言虽正，其论却足心长苟且之性，鞅不服）卫鞅曰：“龙之所言，世俗之言也。常人安于故俗，学者溺于所闻。以此两者居官守法可也，非所与论于法之外也。三代不同礼而王，五伯不同法而霸。智者作法，愚者制焉；贤者更礼，不肖者拘焉。”杜挚曰：“利不百，不变法；功不十，不易器。法古无过，循礼无邪。”卫鞅曰：“治世不一道，便国不法古。故汤武不循古而王，夏殷不易礼而亡。反古者不可非，而循礼者不足多。”（此数语已现辞穷，且奸邪之意毕露，奈何龙、杜无以诘之）孝公曰：“善。”以卫鞅为左庶长，卒定变法之令。

令民为什伍，而相牧司连坐。不告奸者腰斩，告奸者与斩敌首同赏，匿奸者与降敌同罚。（斩敌、降敌，甚严、甚明）民有二男以上不分异者，倍其赋。（强国之道）有军功者，各以率受上爵；为私斗者，各以轻重被刑大小。（强兵之要）僇力本业，（下为条目）耕织致粟帛多者复其身。事末利及怠而贫者，举以为收孥。宗室非有军功论，不得为属籍。明尊卑爵秩等级，各以差次名田宅，臣妾衣服以家次。有功者显荣，无功者虽富无所芬华。（立军功）

令既具，未布，恐民之不信，已乃立三丈之木于国都市南门，募民有能徙置北门者予十金。民怪之，莫敢徙。复曰“能徙者予五十金”。有一人徙之，辄予五十金，以明不欺。卒下令。令行于民期年，秦民之国都言初令之不便者以千数。于是太子犯法。卫鞅曰：“法之不行，自上犯之。”将法太子。太子，君嗣也，不可施刑，刑其傅公子虔，黥其师公孙贾。明日，（持之者期年，决之者一日，妙）秦人皆趋令。行之十年，秦民大说，（可与乐成之效）道不拾遗，山无盗贼，家给人足。民勇于公战，怯于私斗，乡邑大治。秦民初言令不便者有来言令便者，卫鞅曰“此皆乱化之民也”，尽迁之于边城。其后民莫敢议令。

……

张仪列传（节选）

张仪者，魏人也。始尝与苏秦俱事鬼谷先生，学术，苏秦自以不及张仪。（两人自谓也如是）

（此一小段乃小点缀，全为“舌存”铺本）张仪已学游说诸侯。尝从楚相饮，已而楚相亡璧，门下意张仪，曰：“仪贫无行，必此盗相君之璧。”共执张仪，掠笞数百，不服，释之。其妻曰：“嘻！子毋读书游说，安得此辱乎？”张仪谓其妻曰：“视吾舌尚在不？”（极有趣，极自负）其妻笑曰：“舌在也。”仪曰：“足矣。”

苏秦已说赵王而得相约从亲，然恐秦之攻诸侯，败约后负，念莫可使用于秦者，乃使人微感张仪曰：“子始与苏秦善，今秦已当路，子何不往游，以求通子之愿？”张仪于是之赵，上谒求见苏秦。苏秦乃诫门下人不为通，又使不得去者数日。已而见之，坐之堂下，赐仆妾之食。（先欲坠之于地，后升之于天，笼络之术而已）因而数让之曰：“以子之材能，乃自令困辱至此。吾宁不能言而富贵子，子不足收也。”谢去之。张仪之来也，自以为故人，求益，反见辱，怒，（入苏秦计中矣）念诸侯莫可事，独秦能苦赵，乃遂入秦。（苏秦能用张仪，即苏秦胜于仪矣。而谓之不及者，概以结局言之也）

苏秦已而告其舍人曰：“张仪，天下贤士，吾殆弗如也。今吾幸先用，而能用秦柄者，独张仪可耳。然贫，无因以进。吾恐其乐小利而不遂，故召辱之，以激其意。子为我阴奉之。”（明告舍人，阴告张仪语。张仪解其意，舍人不解也）乃言赵王，发金币车马，使人微随张仪，与同宿舍，稍稍近就之，奉以车马金钱，所欲用，为取给，而弗告。张仪遂得以见秦惠王。惠王以为客卿，与谋伐诸侯。

苏秦之舍人乃辞去。张仪曰：“赖子得显，方且报德，何故去也？”舍人曰：“臣非知君，知君乃苏君。苏君忧秦伐赵败从约，以为非君莫能得秦柄，故感怒君，使臣阴奉给君资，尽苏君之计谋。今君已用，请归报。”张仪曰：“嗟乎，此在吾术中而不悟，吾不及苏君明矣！（苏秦只欲讨他此句）吾又新用，安能谋赵乎？（是正答，却非真言）为吾谢苏君，苏君之时，仪何敢言。（此八字是针锋相对之语）且苏君在，仪宁渠能乎！”（又明不及之意）张仪既相秦，为文檄告楚相曰：“始吾从若饮，我不盗而璧，若笞我。若善守汝国，我顾且盗而城！”（简短古隽，后人无可措手）

……

孟子荀卿列传

导　读

本篇是儒家大师孟子和荀卿的合传，但所记载的内容却包括了战国时期阴阳、道德、法、名、墨各家的代表人物如邹衍等十二人，极似类传。它是一篇研究我国古代思想史的重要文献，弥足珍贵。这篇传记在写法上有两个特点：一是形散神聚。叙写十四人，以孟、荀为主，时而三驺，时而稷下，错错落落，似是漫不经心，而实际全由传序统领，正如清徐与乔所说："叙诸子斜斜整整，离离合合，每回顾《孟子传》。首读《孟子书》数笔，间间散散，空领一篇。谓诸子之阴以利于当世而遇，孟子独不遇，故盛称诸子，却是反形孟子……盖宾主参互变化出没之妙，至此篇极矣。"二是比照衬托。写传主孟、荀用笔少，而叙诸子则泼墨多，主虚宾实，以实衬虚，更见孟、荀地位之高，人格之贵。

太史公曰：余读孟子书，至梁惠王问"何以利吾国"，未尝不废书而叹也。曰：嗟乎，利诚乱之始也！（文章大旨）夫子罕言利者，常防其原也。故曰"放于利而行，多怨"。自天子至于庶人，好利之弊何以异哉！

孟轲，邹人也。受业子思之门人。道既通，游事齐宣王，宣王不能用。适梁，梁惠王不果所言，则见以为迂远而阔于事情。（孟子传到此已结）当是之时，秦用商君，富国强兵；楚、魏用吴起，战胜弱敌；齐威王、宣王用孙子、田忌之徒，而诸侯东面朝齐。天下方务于合从连衡，以攻伐为贤，而孟轲乃述唐、虞、三代之德，是以所如者不合。退而与万章之徒序《诗》《书》，述仲尼之意，作《孟子》七篇。（孟子所称，不出此）

其后有驺子之属。（奇！诸驺子为一传）齐有三驺子。其前驺忌，以鼓琴干威王，因及国政，封为成侯而受相印（一个极略），先孟子。（以孟子为坐标）其次驺衍，后孟子。驺衍睹有国者益淫侈，不能尚德，若《大雅》"整之于身，施及黎庶"矣。（一个极详）乃深观阴阳消息而作怪迂之变，《终始》《大圣》之篇十余万言。其语闳大不经，必先验小物，推而大之，至于无垠。先序今以上至黄帝，学者所共术，大并世盛衰，因载其禨祥度制，推而远之，至天地未生，窈冥不可考而原也。先列中国名山大川，通谷禽兽，水土所殖，物类所珍，因而推之，及海外人之所不能睹。称引天地剖判以来，五德转移，治各有宜，而符应若兹。以为儒者所谓中国者，于天下乃八十一分居其一分耳。中国名曰赤县神州。赤县神州内自有九州，禹之序九州是也，不得为州数。中国外如赤县神州者九，乃所谓九州也。于是有裨海环之，人民禽兽莫能相通者，如一区中者，乃为一州。如此者九，乃有大瀛海环其外，天地之际焉。其术皆此类也。然要其归，必止乎仁义节俭，君臣上下六亲之施，始也滥耳。王公大人初见其术，惧然顾化，其后不能行之。

是以驺子重于齐。适梁，惠王郊迎，执宾主之礼。适赵，平原君侧行撇席。如燕，昭王拥彗先驱，请列弟子之座而受业，筑碣石宫，身亲往师之。（受宠如一，叙述不同，有变化）其游诸侯见尊礼如此，岂与仲尼菜色陈蔡，孟轲困于齐梁同乎哉！（回顾孟子，援引孔子，尊孟子也）故武王以仁义伐纣而王，伯夷饿不食周粟；卫灵公问陈，而孔子不答；梁惠王谋欲攻赵，孟轲称大王去邠。此岂有意阿世俗苟合而已哉！（为孟子抬身份，一笔扫落诸子）持方枘而内圆凿，其能入乎？（感慨之中有讥讽）或曰，伊尹负鼎而勉汤以王，百里奚饭牛车下而缪公用霸，作先合，然后引之大道。驺衍其言虽不轨，傥亦有牛鼎之意乎？

自驺衍与齐之稷下先生，如淳于髡、慎到、环渊、接子、田骈、驺奭（读是）之徒，各著书言治乱之事，以干世主，岂可胜道哉！

淳于髡，齐人也。博闻强记，学无所主。其谏说，慕晏婴之为人也，（出诸子一等，以晏婴占身份）然而承意观色为务。（先提纲）客有见髡于梁惠王，惠王屏左右，独坐而再见之，终无言也。惠王怪之，以让客曰："子之称淳于先生，管、晏不及，及见寡人，寡人未有得也。岂寡人不足为言邪？何故哉？"客以谓髡。（简当）髡曰："固也。吾前见王，王志在驱逐；后复见王，王志在音声。吾是以默然。"（此即"承意观色"也）客具以报王，王大骇，曰："嗟乎，淳于先生诚圣人也！（叹的合拍）前淳于先生之来，人有献善马者，寡人未及视，会先生至。后先生之来，人有献讴（读欧，歌也）者，未及试，亦会先生来。寡人虽屏人，然私心在彼，有之。”（“献马”“献讴”两事皆是倒叙。若说在前，则味同嚼蜡。可静悟史公叙事手法，绝妙也）后淳于髡见，壹语连三日三夜无倦。（为前无言做渲染）惠王欲以卿相位待之，髡因谢去。于是送以安车驾驷，束帛加璧，黄金百镒。终身不仕。

慎到，赵人。田骈、接子，齐人。环渊，楚人。皆学黄老道德之术，因发明序其指意。（三人一传，一断语，简甚）故慎到著十二论，环渊著上下篇，而田骈、接子皆有所论焉。

驺奭者，齐诸驺子，亦颇采驺衍之术以纪文。

于是齐王嘉之，自如淳于髡以下，皆命曰列大夫，为开第康庄之衢，高门大屋，尊宠之。览天下诸侯宾客，言齐能致天下贤士也。（齐之尊士为名而已，一“言”字，灼然而知）

荀卿，（本传以孟起，以荀收，金声玉振）赵人。年五十始来游学于齐。驺衍之术迂大而闳辩；奭也文具难施；淳于髡久与处，时有得善言。故齐人颂曰：“谈天衍，雕龙奭，炙毂过髡。”田骈之属皆已死齐襄王时，而荀卿最为老师。齐尚修列大夫之缺，而荀卿三为祭酒焉。（诸子较量一番，还是归重于荀子）齐人或谗荀卿，荀卿乃适楚，而春申君以为兰陵令。春申君死而荀卿废，因家兰陵。（他诸子皆荣光，而荀、孟皆潦倒、困抑，固合题意）李斯尝为弟子，已而相秦。荀卿嫉浊世之政，亡国乱君相属，（与篇首富国强兵对照）不遂大道而营于巫祝，信禨（读机，向鬼求福也）祥，（与驺衍迂怪对照）鄙儒小拘，如庄周等又猾稽乱俗，（实是与驺奭、髡等做对照）于是推儒、墨、道德之行事兴坏，序列著数万言而卒。（与孟子七篇对应）因葬兰陵。

而赵亦有公孙龙为坚白同异之辩，剧子之言；魏有李悝，尽地力之教；楚有尸子、长卢；阿之吁子焉。自如孟子至于吁子，世多有其书，故不论其传云。盖墨翟，宋之大夫，善守御，为节用。或曰并孔子时，或曰在其后。

孟尝君列传（节选）

导　读

抓住人物生活经历中的典型事件来展示人物的性格及其发展，是本传在写法上的一个突出特点。如写孟尝君做太子前，以“忘公家之事”“不见一贤者”来诘难其父，说明这个庶子权略过人，颇为自负；写他做了太子之后在逃离秦国的路上砍杀非议其相貌的赵国百姓，则表明极端的虚荣心使他变得凶狠残忍。作者写他任齐相后企图挟韩、魏对秦进行报复以及免相后又怂恿秦国伐齐，最后入魏任相联合诸侯攻破齐国。从中不难看出，孟尝君为了维护自己的尊严和权势，可以不择手段，直至对齐国反目不识。作为历史人物的孟尝君，其为人是不足取的；但作为文学形象的孟尝君，却不失为性格复杂的活生生的“这一个”。精心安排次要人物作陪衬来刻画主要人物，是本传在写法上的另一特点。“好客喜士”是孟尝君性格的一大特征，他所求之士，所喜之客，必然反映他的任人标准。作者不仅写了救他一命的鸡鸣狗盗之徒以及替他大打出手的凶顽恶棍，还写了一位被他“怒退”却颇有头脑的魏子，而集中笔墨刻画的则是冯驩。此人头脑清醒，有才干，也能效忠其主，但他竭力为趋炎附势的食客们抗辩，大讲“趣市”利己的市侩哲学，而孟尝君则“敬从命矣”，原来他们的人生哲学毫无二致，孟尝君的所作所为就是证明。这些食客的言行或遭遇，无不折射出孟尝君的思想性格。物以类聚，人以群分。宋王安石说“孟尝君特鸡鸣狗盗之雄耳”（《读〈孟尝君传〉》），是不无道理的。

……

初，田婴有子四十余人，其贱妾有子名文，文以五月五日生。婴告其母曰：“勿举也。”（因贱妾所生）其母窃举生之。及长，其母因兄弟而见其子文于田婴。田婴怒其母曰：“吾令若去此子，而敢生之，何也？”文顿首，因曰：“君所以不举五月子者，何故？”（卓识过人，能奋发自振）婴曰：“五月子者，长与户齐，将不利其父母。”（一腔俗语）文曰：“人生受命于天乎？

将受命于户邪？”婴默然。文曰：“必受命于天，君何忧焉。必受命于户，则可高其户耳，谁能至者！”婴曰：“子休矣。”

久之，文承间问其父婴曰：“子之子为何？”（欲求出头）曰：“为孙。”“孙之孙为何？”（好机锋）曰：“为玄孙。”“玄孙之孙为何？”曰：“不能知也。”（不觉索然）文曰：“君用事相齐，至今三王矣，齐不加广而君私家富累万金，门下不见一贤者。（立意好客）文闻将门必有将，相门必有相。（自负且自谓语）今君后宫蹈绮縠而士不得短褐，仆妾余粱肉而士不厌糟糠。今君又尚厚积余藏，欲以遗所不知何人，（妙语解颐）而忘公家之事日损，文窃怪之。”于是婴乃礼文，使主家待宾客。宾客日进，名声闻于诸侯。（孟尝君若不借宾客之力，安能越次为太子，故知其权谋过人）诸侯皆使人请薛公田婴以文为太子，婴许之。婴卒，谥为靖郭君。而文果代立于薛，是为孟尝君。

孟尝君在薛，招致诸侯宾客及亡人有罪者，皆归孟尝君。孟尝君舍业厚遇之，以故倾天下之士。食客数千人，无贵贱一与文等。（下文实写两事，以证其待客之谋）孟尝君待客坐语，而屏风后常有侍史，主记君所与客语，问亲戚居处。客去，孟尝君已使使存问，献遗其亲戚。孟尝君曾待客夜食，有一人蔽火光。客怒，以饭不等，辍食辞去。孟尝君起，自持其饭比之。客惭，自刭。士以此多归孟尝君。孟尝君客无所择，皆善遇之。（重写一遍，饱满之极）人人各自以为孟尝君亲己。

……

平原君列传（节选）

导　读

《平原君传》以具体事件的描述为主，特别是毛遂自荐和毛遂折服楚王两件事写得富有戏剧性，十分精彩。作者描述毛遂自荐前往楚国时，抓住毛遂与平原君的冲突，巧妙地安排对话场面，将二人不同的神态状貌，心理气质展示出来；而写毛遂折服楚王时，则通过描绘毛遂“按剑而前”的动作、理直气壮的说辞和楚王连声称“诺”的状貌，把毛遂居高临下的气势、有胆有识的性格和快刀斩乱麻的作风刻画得形神毕肖、活灵活现。

……

秦之围邯郸，赵使平原君求救，合从于楚，约与食客门下有勇力文武备具者二十人偕。平原君曰：“使文能取胜，则善矣。文不能取胜，则歃血于华屋之下，必得定从而还。（欲效仿曹沫劫王侯）士不外索，取于食客门下足矣。”（雄壮之语）得十九人，（食客千人，只得十九人，其十九人无如一人，其食客才能可想而知）余无可取者，无以满二十人。门下有毛遂者，前，自赞于平原君曰：“遂闻君将合从于楚，约与食客门下二十人偕，不外索。今少一人，原君即以遂备员而行矣。”平原君曰：“先生处胜之门下几年于此矣？”（驳毛遂）毛遂曰：“三年于此矣。”（此语可泪流）平原君曰：“夫贤士之处世也，譬若锥之处囊中，其末立见。今先生处胜之门下三年于此矣，左右未有所称诵，胜未有所闻，是先生无所有也。先生不能，先生留。”（三个“先生”，如画中音）毛遂曰：“臣乃今日请处囊中耳。（已不能忍，有此快语）使遂蚤得处囊中，乃颖脱而出，非特其末见而已。”（当中有多少感叹！）平原君竟与毛遂偕。十九人相与目笑之而未废也。（其食客如此浅陋）

毛遂比至楚，与十九人论议，十九人皆服。平原君与楚合从，言其利害，日出而言之，日中不决。十九人谓毛遂曰：“先生上。”（有趣）毛遂按剑历阶而上，谓平原君（只对平原君说，妙）曰：“从之利害，两言而决耳。

（先留出一题目）今日出而言从，日中不决，何也？"楚王谓平原君曰："客何为者也？"平原君曰："是胜之舍人也。"楚王叱曰："胡不下！吾乃与而君言，汝何为者也！"毛遂按剑（两按剑，以扬其气）而前曰："王之所以叱遂者，以楚国之众也。今十步之内，王不得恃楚国之众也，王之命县于遂手。吾君在前，叱者何也？（如闻其声，激烈雄壮）且遂闻汤以七十里之地王天下，文王以百里之壤而臣诸侯，岂其士卒众多哉，诚能据其势而奋其威。今楚地方五千里，持戟百万，此霸王之资也。以楚之强，天下弗能当。白起，小竖子耳，率数万之众，兴师以与楚战，一战而举鄢郢，再战而烧夷陵，三战而辱王之先人。（"三战"使楚王汗颜，激其定策）此百世之怨而赵（所说之辞只提"赵"一次，其余皆"楚"字，以此立言）之所羞，而王弗知恶焉。合从者为楚，非为赵也。（此即"两言决而"）吾君在前，叱者何也？"（再加一句，气势磅礴！）楚王曰："唯唯，诚若先生之言，谨奉社稷而以从。"毛遂曰："从定乎？"（又加一句，有声势）楚王曰："定矣。"毛遂谓楚王之左右曰："取鸡狗马之血来。"毛遂奉铜槃而跪进之楚王曰："王当歃血而定从，次者吾君，次者遂。"（"次者遂"加的妙不可言，脱颖而出矣！）遂定从于殿上。（殿上之人与堂下之人对看）毛遂左手持槃血而右手招十九人曰："公相与歃此血于堂下。公等录录，所谓因人成事者也。"（士人之得意常如此）

平原君已定从而归，归至于赵，曰："胜不敢复相士。（史公善用语言刻画人物）胜相士多者千人，寡者百数，自以为不失天下之士，（与信陵君传对看，平原君之囊，颇疏漏也）今乃于毛先生而失之也。毛先生一至楚，而使赵重于九鼎大吕。毛先生以三寸之舌，强于百万之师。胜不敢复相士。（啧啧感叹，言语真可成画也！）"遂以为上客。

……

魏公子列传

导 读

本传中详细地叙述了信陵君从存护魏国的目的出发，屈尊求贤，不耻下交的一系列活动，如驾车虚左亲自迎接门役侯嬴于大庭广众之下，多次卑身拜访屠夫朱亥以及秘密结交赌徒毛公、卖浆者薛公等；着重记写了他在这些“岩穴隐者”的鼎力相助下，不顾个人安危，不谋一己之利，挺身而出完成“窃符救赵”和“却秦存魏”的历史大业。歌颂了信陵君心系魏国，礼贤下士，救人于危难之中的思想品质。这也是本传的主旨所在。诚如《太史公自序》所言，“能以富贵下贫贱，贤能诎于不肖，唯信陵君为能行之”。值得注意的是，传中以大量笔墨描写了下层社会的几个人物，特别是门役侯嬴，他身处市井心怀魏国，才智远非一般王侯公卿所能比。如果说，信陵君在历史舞台上演出了一幕“窃符救赵”的壮举而被人们所称颂的话；那么，门役侯嬴则是这幕壮举的总导演，他更令人敬佩、景仰。这反映了司马迁重视人民群众力量的进步历史观。信陵君的结局是不幸的，他才高遭嫉，竟被魏王废黜，以致沉湎酒色，终因“病酒”而死。这既真实地揭示了信陵君思想性格的弱点，更重要的是揭露了最高统治者嫉贤妒能，打击忠良的丑恶行径，可以说反映了那个时代的某种带有规律性的东西。

魏公子无忌者，魏昭王少子，而魏安釐王异母弟也。昭王薨，安釐王即位，封公子为信陵君。是时范雎亡魏相秦，以怨魏齐故，秦兵围大梁，破魏华阳下军，走芒卯。魏王及公子患之。

公子为人，仁而下士，（四字本章之纲）士无贤不肖，皆谦而礼交之，（为本章之目）不敢以其富贵骄士。士以此方数千里争往归之，致食客三千人。当是时，诸侯以公子贤，多客，不敢加兵谋魏十余年。（此句直贯到邯郸救赵、公子留赵之时，是大手笔）

公子与魏王博，而北境传举烽，言“赵寇至，且入界”。魏王释博，欲召大臣谋。公子止王曰："赵王田猎耳，非为寇也。（写得神采奕奕）"复博如故。王恐，心不在博。（更显"如故"二字之安闲）居顷，复从北方来传言曰："赵王猎耳，（只减一字）非为寇也。"魏王大惊，曰："公子何以知之？"公子曰："臣之客有能深得赵王阴事者，（食客之用初露锋芒）赵王所为，客辄以报臣，臣以此知之。"是后魏王畏公子之贤能，不敢任公子以国政。（此为伏笔，有深意）

魏有隐士曰侯嬴，年七十，家贫，为大梁夷门监者。（贫且职位低）公子闻之，往请，欲厚遗之。不肯受，曰："臣修身洁行数十年，终不以监门困故而受公子财。"（写侯嬴之人品）公子于是乃置酒，大会宾客。（为请侯嬴设置场景）坐定，（细）公子从车骑，虚左，自迎夷门侯生。侯生摄敝衣冠，直上载公子上坐，不让，欲以观公子。公子执辔愈恭。（一观：执辔愈恭）侯生又谓公子曰："臣有客在市屠中，愿枉车骑过之。"（事中叙事，纵横捭阖，而事事如一，只史公有此笔法）公子引车入市，侯生下，见其客朱亥，俾倪，故久立与其客语，微察公子，公子颜色愈和。（二观：颜色愈和）当是时，魏将相宗室宾客满堂，待公子举酒；市人皆观公子执辔。从骑皆窃骂侯生。（由市人到公子，由公子到从骑，由从骑到侯生，由侯生兜回公子，一个场景，不同角度，神笔也！）侯生视公子色终不变，（三观：色终不变）乃谢客就车。至家，公子引侯生坐上坐，遍赞宾客，宾客皆惊。酒酣，公子起，为寿侯生前。侯生因谓公子曰："今日嬴之为公子亦足矣！嬴乃夷门抱关者也，而公子亲枉车骑自迎嬴，于众人广坐之中，不宜有所过，今公子故过之。然嬴欲就公子之名，故久立公子车骑市中，过客，以观公子，公子愈恭。市人皆以嬴为小人，而以公子为长者，能下士也。"（就公子之名）于是罢酒，侯生遂为上客。侯生谓公子曰："臣所过屠者朱亥，此子贤者，世莫能知，故隐屠间耳。"公子往，数请之，朱亥故不复谢。公子怪之。

魏安釐王二十年，秦昭王已破赵长平军，（围邯郸之事前，加此一笔，谓秦兵军势之胜）又进兵围邯郸。公子姊为赵惠文王弟平原君夫人，数遗魏王及公子书，请救于魏。（此数语串出下文平原君与信陵君之论）魏王使将军晋鄙将十万众救赵。秦王使使者告魏王曰："吾攻赵旦暮且下，而诸侯敢救者，已拔赵，必移兵先击之。"（着实霸道）魏王恐，使人止晋鄙，留军壁邺，名为救赵，实持两端以观望。（道出魏王心事）平原君使者（放下赵惠王）冠盖相属于魏，让魏公子（放下魏王）曰："胜所以自附为婚姻者，以公子之高义，为能急人之困。（不提魏王，专责公子，妙）今邯郸旦暮降秦而魏救不至，安在公子能急人之困也！（切中信陵君要害）且公子纵轻胜，弃之降秦，独不怜公子姊耶？（只以亲情责公子，不提魏王）"公子患之，数请魏王，及宾客辩士说王万端。魏王畏秦，终不听公子。（公子已无退路，才会让窃符救赵之事顺其自然）公子自度终不能得之于王，计不独生而令赵亡，乃请宾客，约车骑百余乘，欲以客往赴秦军，与赵俱死。（"请""约""欲"，言公子还欲以此感动魏王）

行过夷门，见侯生，具告所以欲死秦军状。（"具告"实乃问计也）辞决而行，侯生曰："公子勉之矣，老臣不能从。"（顿得有滋味）公子行数里，心不快，曰："吾所以待侯生者备矣，天下莫不闻，今吾且死而侯生曾无一言半辞送我，我岂有所失哉？"复引车还，问侯生。（"问"亦乃问计也）侯生笑曰："臣固知公子之还也。"曰："公子喜士，名闻天下。今有难，无他端而欲赴秦军，譬若以肉投馁虎，何功之有哉？尚安事客？（骂杀三千食客）然公子遇臣厚，公子往而臣不送，以是知公子恨之复返也。"公子再拜，因问。（此是真问计也）侯生乃屏人间语，曰（对照上文宴客语，此才是深言）："嬴闻晋鄙之兵符常在王卧内，而如姬最幸，出入王卧内，力能窃之。嬴闻如姬父为人所杀，如姬资之三年，自王以下，欲求报其父仇，莫能得。如姬为公子泣，公子使客斩其仇头，敬进如姬。如姬之欲为公子死，无所辞，顾未有路耳。公子诚一开口请如姬，如姬必许诺，则得虎符夺晋鄙军，北救赵而西却秦，此五霸之伐也。"（要事轻轻带过，留出下文余地）公子从其计，请如姬。如姬果盗兵符与公子。（亦轻轻带过，文势不得不如此）

公子行，侯生曰："将在外，主令有所不受，以便国家。公子即合符，而晋鄙不授公子兵，而复请之，事必危矣。臣客屠者朱亥可与俱，此人力士。（久已布局）晋鄙听，大善；不听，可使击之。"于是公子泣。侯生曰："公子畏死邪？何泣也？"公子曰："晋鄙嚄唶宿将，往恐不听，必当杀之，是以泣耳，岂畏死哉？"于是公子请朱亥。朱亥笑曰："臣乃市井鼓刀屠者，而公子亲数存之，所以不报谢者，以为小礼无所用。今公子有急，此乃臣效命之秋也。"遂与公子俱。公子过谢侯生。侯生曰："臣宜从，老不能。请数公子行日，以至晋鄙军之日，北乡自刭，以送公子。"（无此语，无以见大侠）公子遂行。

至邺，矫魏王令代晋鄙。晋鄙合符，疑之，举首（声情并茂）视公子曰："今吾拥十万之众，屯于境上，国之重任。今单车来代之，何如哉?"欲无听。朱亥袖四十斤铁椎椎杀晋鄙。公子遂将晋鄙军。勒兵，下令军中，曰："父子俱在军中，父归；兄弟俱在军中，兄归；独子无兄弟，归养。"得选兵八万人，进兵击秦军。（军安气盛，无不克）秦军解去，遂救邯郸，存赵。（救赵乃是正文，却不大写，只详写窃符之经过）赵王及平原君自迎公子于界，平原君负韊矢为公子先引。（此草蛇灰线之法，为后文信陵骄逸伏线）赵王再拜曰："自古贤人未有及公子者也!"当此之时，平原君不敢自比于人。公子与侯生决，至军，侯生果北乡自刭。

魏王怒公子之盗其兵符，矫杀晋鄙，公子亦自知也。已却秦存赵，使将将其军归魏，而公子独与客留赵。赵孝成王德公子之矫夺晋鄙兵而存赵，乃与平原君计，以五城封公子。公子闻之，意骄矜而有自功之色。（接下文自责）客有说公子曰："物有不可忘，或有不可不忘。夫人有德于公子，公子不可忘也。公子有德于人，愿公子忘之也。且矫魏王令晋鄙兵以救赵，于赵则有功矣，于魏则未为忠臣也。（言人肺腑）公子乃自骄而功之，窃为公子不取也。"于是公子立自责，似若无所容者。赵王扫除自迎，执主人之礼，引公子就西阶。公子侧行辞让，从东阶上。（写公子改过自谦，与上文对应）自言罪过，以负于魏，无功于赵。赵王侍酒至暮，口不忍献五城，以公子退让也。公子竟留赵。赵王以鄗为公子汤沐邑，魏亦复以信陵奉公子。公子留赵。（重复一句，为下文起案）

公子闻赵有处士毛公藏于博徒，薛公藏于卖浆家，（二"藏"字，道出公子视两人之重。如换他人，则只"博徒、卖浆者"也）公子欲见两人，两人自匿不肯见公子。公子闻所在，乃间步往从此两人游，甚欢。（仁而下士!）平原君闻之，谓其夫人曰："始吾闻夫人弟公子天下无双，今吾闻之，乃妄从博徒卖浆者游，公子妄人耳。"（两人高下立现）夫人以告公子。公子乃谢夫人去，曰："始吾闻平原君贤，故负魏王而救赵，以称平原君。平原君之游，徒豪举耳，（二字断定，看得透）不求士也。无忌自在大梁时，常闻此两人贤，至赵，恐不得见。（心仪已久）以无忌从之游，尚恐其不我欲也，今平原君乃以为羞，其不足从游。"乃装为去。夫人具以语平原君。平原君乃免冠谢，固留公子。平原君门下闻之，半去平原君归公子，天下士复往归公子，公子倾平原君客。

公子留赵十年不归。秦闻公子在赵，日夜出兵东伐魏。魏王患之，使使往请公子。公子恐其怒之，乃诫门下："有敢为魏王使通者，死。"宾客皆背魏之赵，莫敢劝公子归。毛公、薛公两人往见公子曰："公子所以重于赵，名闻诸侯者，徒以有魏也。今秦攻魏，魏急而公子不恤，使秦破大梁而夷先王之宗庙，公子当何面目立天下乎？"（君子大居正，此两人是也）语未及卒，公子立变色，告车趣驾归救魏。

魏王见公子，相与泣，而以上将军印授公子，公子遂将。魏安釐王三十年，公子使使遍告诸侯。诸侯闻公子将，各遣将将兵救魏。公子率五国之兵破秦军于河外，走蒙骜。遂乘胜逐秦军至函谷关，抑秦兵，秦兵不敢出。（只一句写公子功绩，但重千斤）当是时，公子威振天下，诸侯之客进兵法，公子皆名之，故世俗称魏公子兵法。（即善纳客，又长于兵法。钦佩之语）

秦王患之，乃行金万斤于魏，求晋鄙客，令毁公子于魏王曰："公子亡在外十年矣，今为魏将，诸侯将皆属，（意在此）诸侯徒闻魏公子，不闻魏王。（谗言往往如此）公子亦欲因此时定南面而王，（陪一句）诸侯畏公子之威，方欲共立之。"（加重一句）秦数使反间，伪贺公子得立为魏王未也。（又加一句，厚重）魏王日闻其毁，不能不信，（谗言效应亦常如此）后果使人代公子将。公子自知再以毁废，乃谢病不朝，与宾客为长夜饮，饮醇酒，多近妇女。日夜为乐饮者四岁，竟病酒而卒。（英雄末路，可叹）其岁，魏安釐王亦薨。

秦闻公子死，使蒙骜攻魏，拔二十城，初置东郡。其后秦稍蚕食魏，十八岁而虏魏王，屠大梁。

高祖始微少时，（加高祖一事，令全传生色）数闻公子贤。及即天子位，每过大梁，常祠公子。（余音袅袅）高祖十二年，从击黥布还，为公子置守冢五家，世世岁以四时奉祠公子。

太史公曰：吾过大梁之墟，求问其所谓夷门。夷门者，城之东门也。（史公仰慕之致）天下诸公子亦有喜士者矣，然信陵君之接岩穴隐者，不耻下交，有以也。名冠诸侯，不虚耳。高祖每过之而令民奉祠不绝也。

范雎蔡泽列传（节选）

导 读

该篇是战国末期秦国两位国相范雎和蔡泽的合传。这是一篇相当生动，富于艺术魅力的传记作品，它的写法几乎近于小说。叙事波澜起伏，具有很强的故事性。首先，写范雎脱险一节，由范雎遭到毒打到他佯装死去，再到他被抛到荒野，最后隐姓埋名躲藏起来，情节一波三折，而范雎顽强、机智的性格便在情节的展开中刻画出来。其次，写范雎入秦巧避穰侯，以及他乔装引诱须贾入宫等也都极尽曲折之妙，读起来引人入胜。再次，运用肖像、心理等描写手法刻画形象。如唐举为蔡泽看相，戏言其貌不扬，寥寥几笔一副朝天鼻、凸额头、塌鼻梁、端肩膀、罗圈腿的容貌体态便漫画般地出现在读者面前。最后，范雎与蔡泽互相辩难，各自揣摩对方心理，你来我往，争长论短，从中不难看出范雎故意狡辩以逞其强，而蔡泽胸有成竹必欲战而胜之的各自心态。读它简直无异于读一篇小说。

范雎者，魏人也，字叔。游说诸侯，欲事魏王，家贫无以自资，乃先事魏中大夫须贾。

须贾为魏昭王使于齐，范雎从。留数月，未得报。齐襄王闻雎辩口，乃使人赐雎金十斤及牛酒，（嫌疑颇大）雎辞谢不敢受。须贾知之，大怒，以为雎持魏国阴事告齐，故得此馈。（怀疑得有理）令雎受其牛酒，还其金。既归，心怒雎，以告魏相。魏相，魏之诸公子，曰魏齐。魏齐大怒，使舍人笞击雎，折胁摺齿，雎详死，即卷以箦置厕中。宾客饮者醉，更溺雎，故僇辱以惩后，令无妄言者。雎从箦中谓守者曰："公能出我，我必厚谢公。"守者乃请出弃箦中死人。魏齐醉，曰："可矣。"范雎得出。后魏齐悔，复召求之。（醒悟其为不久居人下者）魏人郑安平闻之，乃遂操（有字法）范雎亡，伏匿，更名姓曰张禄。

当此时，秦昭王使谒者王稽于魏。郑安平诈为卒，（两者都是有心人）侍王稽。王稽问："魏有贤人可与俱西游者乎？"郑安平曰："臣里中有张禄先生，欲见君，言天下事。（四字含糊，却颇能打动人）其人有仇，不敢昼见。"王稽曰："夜与俱来。"郑安平夜与禄见王稽。语未究，王稽知范雎贤，（反衬魏人之愚）谓曰："先生待我于三亭之南。"与私约而去。

（此段为范雎入秦先逐穰侯伏笔）王稽辞魏去，过载范雎入秦。至湖，望见车骑从西来。范雎曰："彼来者为谁？"王稽曰："秦相穰侯东行县邑。"范雎曰："吾闻穰侯专秦权，恶内诸侯客，此恐辱我，我宁且匿车中。"（机警，分外仔细）有顷，穰侯果至，劳王稽，因立车而语（气色犹如画面）曰："关东有何变？"曰："无有。"又谓王稽曰："谒君得无与诸侯客子俱来乎？无益，徒乱人国耳。"（言为心声，已疑车中有人）王稽曰："不敢。"即别去。（匆匆去得妙）范雎曰："吾闻穰侯智士也，其见事迟，乡者疑车中有人，忘索之。"于是范雎下车走，曰："此必悔之。"（有叙述，有语言，刻画得生动如画。在今史公可为导演矣）行十余里，果使骑还索车中，无客，乃已。（范雎之技，只在先人一步）王稽遂与范雎入咸阳。

……

（此段观范雎与须贾对答之妙）范雎既相秦，秦号曰张禄，而魏不知，以为范雎已死久矣。（史公多有此提携之笔，承前启后，天然妙成）魏闻秦且东伐韩、魏，魏使须贾于秦。范雎闻之，为微行，敝衣间步之邸，见须贾。（范雎也是做作之人）须贾见之而惊曰："范叔固无恙乎！"范雎曰："然。"须贾笑（一"笑"字，示须贾已对范雎之境了然于胸，奸猾了得。故下文所有之故事皆为须贾伪做也）曰："范叔有说于秦邪？"曰："不也。雎前日得过于魏相，故亡逃至此，安敢说乎！"（"安敢"而不是"安能"，需仔细品味）须贾曰："今叔何事？"范雎曰"臣为人庸赁。"须贾意哀之，（伪）留与坐饮食，曰："范叔一寒如此哉！"（伪）乃取其一绨袍以赐之。（给予钱财倒是平常）须贾因问曰："秦相张君，公知之乎？吾闻幸于王，天下之事皆决于相君。今吾事之去留在张君。孺子岂有客习于相君者哉？"（如须贾信其为"庸赁"，则"庸赁"岂有门路见相君，此更证其伪）范雎曰："主人翁习知之。唯雎亦得谒，雎请为见君于张君。"（范雎也是忍不住，看他如何说出）须贾曰："吾马病，车轴折，非大车驷马，吾固不出。"范雎曰："愿为君借大车驷马于主人翁。"

范雎归取大车驷马，为须贾御之，入秦相府。府中望见，有识者皆避匿。须贾怪之。（伪）至相舍门，谓须贾曰："待我，我为君先入通于相君。"须贾待门下，（相舍岂是"庸赁"随时出入，须贾着实是伪不知）持车良久，问门下曰："范叔不出，何也？"门下曰："无范叔。"须贾曰："乡者与我载而入者。"门下曰："乃吾相张君也。"须贾大惊，（伪）自知见卖，乃肉袒膝行，因门下人谢罪。（赐袍早已是谢罪）于是范睢盛帷帐，待者甚众，见之。须贾顿首言死罪，曰："贾不意君能自致于青云之上，贾不敢复读天下之书，不敢复与天下之事。贾有汤镬之罪，请自屏于胡貉之地，唯君死生之！"（刁滑！绝口不提陷害之事）范睢曰："汝罪有几？"曰："擢贾之发以续贾之罪，尚未足。"（说得含糊，刁滑之甚）范睢曰："汝罪有三耳。（三罪实乃一罪）昔者楚昭王时而申包胥为楚却吴军，楚王封之以荆五千户，包胥辞不受，为丘墓之寄于荆也。今睢之先人丘墓亦在魏，公前以睢为有外心于齐而恶睢于魏齐，公之罪一也。（证己彼时绝无外心，其言转折从容，可见其人品心地）当魏齐辱我于厕中，公不止，罪二也。更醉而溺我，公其何忍乎？罪三矣。然公之所以得无死者，以绨袍恋恋，有故人之意，故释公。"乃谢罢。入言之昭王，罢归须贾。

须贾辞于范睢，范睢大供具，尽请诸侯使，与坐堂上，食饮甚设。（与魏齐设宴呼应，魏齐辱其甚，而范睢辱须贾文矣）而坐须贾于堂下，置莝豆其前，令两黥徒夹而马食之。数曰："为我告魏王，急持魏齐头来！不然者，我且屠大梁。"须贾归，以告魏齐。魏齐恐，亡走赵。匿平原君所。

……

秦昭王闻魏齐在平原君所，欲为范睢必报其仇，乃详为好书遗平原君（秦人常用此诈术）曰："寡人闻君之高义，愿与君为布衣之友，君幸过寡人，寡人愿与君为十日之饮。"（口蜜腹剑！）平原君畏秦，且以为然，（实不以为然，乃畏之也）而入秦见昭王。昭王与平原君饮数日，昭王谓平原君曰："昔周文王得吕尚以为太公，齐桓公得管夷吾以为仲父，今范君亦寡人之叔父也。范君之仇在君之家，（古人出口，常有渊源）愿使人归取其头来；不然，吾不出君于关。"（奸诈蛮横如此）平原君曰："贵而为交者，为贱也；富而为交者，为贫也。（食客三千，实为此一语）夫魏齐者，胜之友也，在，固不出也，（有胆量！）今又不在臣所。"昭王乃遗赵王书（秦王亦无可奈何）曰："王之弟在秦，范君之仇魏齐在平原君之家。王使人疾持其头来；不然，吾举兵而伐赵，（对赵王，真恐吓）又不出王之弟于关。”（对平原君，真无奈）赵孝成王乃发卒围平原君家，急，魏齐夜亡出，见赵相虞卿。虞卿度赵王终不可说，乃解其相印，与魏齐亡，间行，念诸侯莫可以急抵者，乃复走大梁，（秦势力之大，无处容身）欲因信陵君以走楚。信陵君闻之，畏秦，（出丑）犹豫未肯见，曰："虞卿何如人也？"（如此之冷淡）时侯嬴在旁，（且看侯嬴如何激之）曰："人固未易知，知人亦未易也。（反语切入）夫虞卿蹑屩檐簦，一见赵王，赐白璧一双，黄金百镒；再见，拜为上卿；三见，卒受相印，封万户侯。当此之时，天下争知之。（得意时"天下争之"，失意时以"何如人"见疑，如此不堪）夫魏齐穷困过虞卿，虞卿不敢重爵禄之尊，解相印，捐万户侯而间行。急士之穷而归公子，公子曰'何如人'。人固不易知，知人亦未易也！"（讥讽得尖刻淋漓）信陵君大惭，驾如野迎之。魏齐闻信陵君之初难见之，怒而自刭。（负气而死，也有品格）赵王闻之，卒取其头予秦。秦昭王乃出平原君归赵。

……

廉颇蔺相如列传（节选）

导 读

《廉颇蔺相如列传》生动刻画了廉颇、蔺相如、赵奢、李牧、赵惠文王等一批性格各异的人物形象，他们或耿直或忠厚，或鲁莽或机智，形象鲜明生动，令人叹服。

抓住人物特征，人物形象凸现纸上。司马迁善于抓住人物主要特征进行极力渲染。如在对事迹颇丰的蔺相如这一形象进行处理时，便抓住“智勇”这一特征为核心展开描述。正如他在本传传末所论赞的：“太史公曰：知死必勇，非死者难也，处死者难也。方蔺相如引璧睨柱，及叱秦王左右，势不过诛，然士或怯懦而不敢发。相如一奋其气，威信敌国；退而让颇，名重泰山。其处智勇，可谓兼之矣！”在对完璧归赵、渑池之会等事件进行描述时更是紧紧扣住蔺相如的机智勇敢这一特征，给读者留下深刻的印象。

层层衬染，极力蓄势，造成人物形象的张势。司马迁在文中极尽渲染之能事，层层蓄势，有如大江截流。如他在文中五次渲染相如操天下大势为己用之睿智：为国纾难，利用国际舆论，借使秦负曲之势，奉璧至秦；秦王得璧不偿城，相如以“璧有瑕，请指示王”诓得玉璧后，抓住秦王贪婪的弱点，欲以璧击柱，借“秦恐璧破”之势威胁秦王；抓住秦国二十余君“不坚明约束”之过，借理在我方之势，使人怀璧归赵；渑池之会，借“五步之内以颈血溅大王”之势，逼秦王就范，为一击缶；借“赵亦盛设兵以待秦”之势，迫使秦不敢动武。相如勇智，已是光彩照人。行文至此，司马迁笔势陡转：多谋善断、意气风发的蔺相如竟对无理取闹的廉颇一再退忍避让，连门客都感到羞愧。当门客要离开他时，才袒露他“先国家之急而后私仇也”的胸怀。相如的绝顶智慧和贤相风采凸现在读者的眼前。

……

蔺相如者，赵人也，为赵宦者令缪贤舍人。（伏“相如故贱人”之语）

赵惠文王时，得楚和氏璧。秦昭王闻之，使人遗赵王书，愿以十五城请易璧。赵王与大将军廉颇诸大臣谋（插入廉颇）：欲予秦，秦城恐不可得，徒见欺；欲勿予，即患秦兵之来。（叙事简约，五句概括一日之议）计未定，求人可使报秦者，未得。宦者令缪贤曰："臣舍人蔺相如可使。"王问："何以知之？"对曰："臣尝有罪，窃计欲亡走燕，臣舍人相如止臣，（此为引叙之法，如遇拙笔，必先实叙其事，拖沓生硬）曰：'君何以知燕王？'臣语曰，臣尝从大王与燕王会境上，燕王私握臣手，曰'愿结友'，以此知之，故欲往。'相如谓臣曰：'夫赵强而燕弱，而君幸于赵王，故燕王欲结于君。今君乃亡赵走燕，燕畏赵，其势必不敢留君，而束君归赵矣。（有智谋！有见识！）君不如肉袒伏斧质请罪，则幸得脱矣。'臣从其计，大王亦幸赦臣。臣窃以为其人勇士，有智谋，宜可使。"

于是王召见，问蔺相如曰："秦王以十五城请易寡人之璧，可予不？"相如曰："秦强而赵弱，不可不许。"（先定论调）王曰："取吾璧，不予我城，奈何？"相如曰："秦以城求璧而赵不许，曲在赵。赵予璧而秦不予赵城，曲在秦。均之二策，宁许以负秦曲。"（诸大臣论"利害"，蔺相如论"曲直"，高下可见）王曰："谁可使者？"相如曰："王必无人，臣愿奉璧往使。城入赵而璧留秦；城不入，臣请完璧归赵。"（料得到、行得勇、应得快！）赵王于是遂遣相如奉璧西入秦。

秦王坐章台见相如，相如奉璧奏秦王。秦王大喜，传以示美人及左右，（倨慢轻佻，秦王之意已明）左右皆呼万岁。相如视秦王无意偿赵城，（洞察秋毫）乃前曰："璧有瑕，请指示王。"（急智！）王授璧，相如因持璧却立，倚柱，怒发上冲冠，（画面生动、以气夺之）谓秦王曰："大王欲得璧，使人发书至赵王，赵王悉召群臣议，皆曰'秦贪，负其强，以空言求璧，偿城恐不可得'。议不欲予秦璧。臣以为布衣之交尚不相欺，况大国乎！（欲以质朴动之）且以一璧之故逆强秦之欢，不可。于是赵王乃斋戒五日，使臣奉璧，拜送书于庭。何者？严大国之威以修敬也。（欲以敬顺而悦之）今臣至，大王见臣列观，礼节甚倨；得璧，传之美人，以戏弄臣。臣观大王无意偿赵王城邑，故臣复取璧。（说出本意）大王必欲急臣，臣头今与璧俱碎于柱矣！"相如持其璧睨柱，欲以击柱。（好场景）秦王恐其破璧，乃辞谢固请，召有司案图，指从此以往十五都予赵。（草草案图，其意可知）相如度秦王特以诈详为予赵城，实不可得，乃谓秦王曰："和氏璧，天下所共传宝也，赵王恐，不敢不献。赵王送璧时，斋戒五日，今大王亦宜斋戒五日，设九宾于廷，臣乃敢上璧。"秦王度之，终不可强夺，遂许斋五日，舍相如广成传。相如度秦王虽斋，决负约不偿城，乃使其从者衣褐，怀其璧，从径道亡，归璧于赵。（此处"度"，意有不同，可咀嚼之）

秦王斋五日后，乃设九宾礼于廷，引赵使者蔺相如。（加"赵使者"字，意在"九宾之礼"。细）相如至，谓秦王曰："秦自缪公以来二十余君，未尝有坚明约束者也。（开题明意）臣诚恐见欺于王而负赵，故令人持璧归，间至赵矣。且秦强而赵弱，大王遣一介之使至赵，赵立奉璧来。今以秦之强而先割十五都予赵，赵岂敢留璧而得罪于大王乎？（此来只为这一语）臣知欺大王之罪当诛，臣请就汤镬，（不惜性命，方见决断）唯大王与群臣孰计议之。"秦王与群臣相视而嘻。（秦王与君臣必哭笑不得。"嘻"字传神）左右或欲引相如去，秦王因曰："今杀相如，终不能得璧也，而绝秦赵之欢，（秦王思亦捷）不如因而厚遇之，使归赵，赵王岂以一璧之故欺秦邪！"卒廷见相如，毕礼而归之。

相如既归，赵王以为贤大夫使不辱于诸侯，拜相如为上大夫。秦亦不以城予赵，赵亦终不予秦璧。

……

秦王使使者告赵王，欲与王为好会于西河外渑池。（又是诈）赵王畏秦，欲毋行。廉颇、蔺相如（串起两人）计曰："王不行，示赵弱且怯也。"（国"弱"、人"怯"）赵王遂行，相如从。廉颇送至境，（两人或分或合）与王诀曰："王行，度道里会遇之礼毕，还，不过三十日。三十日不还，则请立太子为王，以绝秦望。"王许之，遂与秦王会渑池。

秦王饮酒酣，曰："寡人窃闻赵王好音，请奏瑟。"赵王鼓瑟。秦御史前书曰"某年月日，秦王与赵王会饮，令赵王鼓瑟"。（"令"字是关键）蔺相如前曰："赵王窃闻秦王善为秦声，请奏盆缻秦王，以相娱乐。"（亦是暗讽夷人不解瑟也，故以盆缻代之）秦王怒，不许。于是相如前进缻，因跪请秦王。（透出气势）秦王不肯击缻。相如曰："五步之内，相如请得以颈血溅大王矣！"（势不可挡）左右欲刃相如，相如张目叱之，左右皆靡。（势如泰山）于是秦王不怿，为一击缻。（尴尬之致。鼓瑟且从容，击缻则苦也）相如顾召赵御史书曰“某年月日，秦王为赵王击缻”。秦之群臣曰：“请以赵十五城为秦王寿。”蔺相如亦曰：“请以秦之咸阳为赵王寿。”秦王竟酒，终不能加胜于赵。赵亦盛设兵以待秦，秦不敢动。（无此一着，便成儿戏）

既罢归国，以相如功大，拜为上卿，位在廉颇之右。

……

秦伐韩，军于阏与。王召廉颇而问曰：“可救不？”对曰：“道远险狭，难救。”（持重。大将。非战将）又召乐乘而问焉，乐乘对如廉颇言。（加一人，成侧笔）又召问赵奢，奢对曰：“其道远险狭，（同语，妙）譬之犹两鼠斗于穴中，将勇者胜。”（战者，以气为先）王乃令赵奢将，救之。

兵去邯郸三十里，而令军中曰：“有以军事谏者死。”（定气也）秦军军武安西，秦军鼓噪勒兵，武安屋瓦尽振。（渲染法，以显镇静定气之要）军中候有一人言急救武安，赵奢立斩之。（与下文方许历事对照）坚壁，留二十八日不行，复益增垒。（静若处女）秦间来入，赵奢善食而遣之。间以报秦将，秦将大喜（大喜，则气浮动）曰：“夫去国三十里而军不行，乃增垒，阏与非赵地也。”赵奢既已遣秦间，乃卷甲而趋之，二日一夜至，（动若脱兔）令善射者去阏与五十里而军。军垒成，秦人闻之，悉甲而至。军士许历请以军事谏，赵奢曰：“内之。”许历曰：“秦人不意赵师至此，其来气盛，将军必厚集其阵以待之。（许历看出赵奢养气之道，高人也）不然，必败。”赵奢曰：“请受令。”许历曰：“请就𫓧质之诛。”赵奢曰：“胥后令邯郸。”许历复请谏，曰：“先据北山上者胜，后至者败。”赵奢许诺，即发万人趋之。秦兵后至，争山不得上，赵奢纵兵击之，大破秦军。（胜在气势）秦军解而走，遂解阏与之围而归。

……

屈原贾生列传（节选）

导　读

本文最大的特点是作者笔端饱含感情，行文幽抑哀惋。正如作者所云："余读《离骚》《天问》《招魂》《哀郢》悲其志。适长沙，观屈原所自沉渊，未尝不垂涕。"可见作者是在这种悲慨的感情中写下本篇的，并将此情寄之笔端。而司马迁自己也同样是才高气盛，因忠而遭受不幸，所以他表面上写屈原、贾谊，实际上也在写他自己，他在《报任安书》中写道："盖西伯拘而演《周易》，仲尼厄而作《春秋》，屈原放逐，乃赋《离骚》……《诗》三百篇，大抵圣贤发愤之所为作也。"

也正是由于作者把自己悲愤不平之感倾注在本传上，才使得本篇有了不同于其他人物传记的特色，这就是一边叙事，一边议论抒情。如本传开头两个自然段是叙事，但讲到屈原被疏之后，作者忍耐不住开始一大段议论抒情，对屈原人格，对《离骚》精神的评论，都是非常准确的，如"屈平之作《离骚》，盖自怨生也"，这可以说是切中肯綮之语。

屈原者，名平，楚之同姓也。（全篇眼目）为楚怀王左徒。博闻强志，明于治乱，娴于辞令。入则与王图议国事，以出号令；出则接遇宾客，应对诸侯。王甚任之。（总纲）

上官大夫与之同列，争宠而心害其能。怀王使屈原造为宪令，屈平属草稿未定。上官大夫见而欲夺之，屈平不与，因谗之曰："王使屈平为令，众莫不知，（说出庸主痛点！）每一令出，平伐其功曰：'以为非我莫能为'也。"（此句注明"众莫能知"之故）王怒而疏屈平。（只是"疏"，未夺位）（世间小人尖薄阴刻，谦退敛言尚且不能保全身，况才显性高，上有暗主者！）

屈平嫉王听之不聪也，馋谄之蔽明也，邪曲之害公也，方正之不容也，（此四句已有《离骚》之韵味也）故忧愁幽思而作《离骚》。

离骚者，犹离忧也。夫天者，人之始也；父母者，人之本也。人穷则反本，故劳苦倦极，未尝不呼天也；疾痛惨怛，未尝不呼父母也。（《离骚》，呼天呼父母也！）屈平正道直行，竭忠尽智以事其君，谗人间之，可谓穷矣。信而见疑，忠而被谤，能无怨乎？屈平之作《离骚》，盖自怨生也。（言《离骚》之由来）《国风》好色而不淫，《小雅》怨诽而不乱，若《离骚》者，可谓兼之矣。（道《离骚》之性情）上称帝喾，下道齐桓，中述汤武，以刺世事。明道德之广崇，治乱之条贯，靡不毕见。（说《离骚》之内容）其文约，其辞微，其志洁，其行廉，其称文小而其指极大，举类迩而见义远。其志洁，故其称物芳。其行廉，故死而不容。自疏濯淖污泥之中，蝉蜕于浊秽，以浮游尘埃之外，不获世之滋垢，皭然泥而不滓者也。推此志也，虽与日月争光可也。（结《离骚》之体制）

屈平既绌，其后秦欲伐齐，齐与楚从亲，惠王患之，乃令张仪佯去秦，厚币委质事楚，曰："秦甚憎齐，齐与楚从亲，楚诚能绝齐，秦愿献商于之地六百里。"（如哄小儿）楚怀王贪而信张仪，遂绝齐，使使如秦受地。张仪诈之曰："仪与王约六里，不闻六百里。"（悲恨！）楚使怒去，归告怀王。怀王怒，大兴师伐秦。秦发兵击之，大破楚师于丹、淅，斩首八万，虏楚将屈匄，遂取楚之汉中地。（失地何止六百里）怀王乃悉发国中兵以深入击秦，战于蓝田，魏闻之，袭楚至邓。楚兵惧，自秦归。而齐竟怒不救楚，楚大困。

明年，秦割汉中地与楚以和。（去年夺，今年予，秦玩弄诸侯于股掌）楚王曰："不愿得地，愿得张仪而甘心焉。"张仪闻，乃曰："以一仪而当汉中地，臣请往如楚。"（仪早已看透楚王）如楚，又因厚币用事者臣靳尚，而设诡辩于怀王之宠姬郑袖。怀王竟听郑袖，复释去张仪。是时屈平既疏，不复在位，使于齐，顾反，谏怀王曰："何不杀张仪？"怀王悔，追张仪不及。（昏君！）

其后诸侯共击楚，大破之，杀其将唐眜。

时秦昭王与楚婚，欲与怀王会。怀王欲行，屈平曰："秦，虎狼之国，不可信，不如毋行。"怀王稚子子兰劝王行："奈何绝秦欢！"（屈原、稚子两言极平淡，字里行间可见原之冷落无聊）怀王卒行。入武关，秦伏兵绝其后，因留怀王，以求割地。怀王怒，不听。亡走赵，赵不内。复之秦，竟死于秦而归葬。

长子顷襄王立，以其弟子兰为令尹。楚人既咎子兰以劝怀王入秦而不反也。

屈平既嫉之，（两句合写，欲谓原之嫉即民之公愤也）虽放流，眷顾楚国，系心怀王，不忘欲反，冀幸君之一悟，俗之一改也。其存君兴国而欲反覆之，一篇之中，三致志焉。（善读书者可知）然终无可奈何，故不可以反，卒以此见怀王之终不悟也。人君无愚智贤不肖，莫不欲求忠以自为，举贤以自佐，然亡国破家相随属，而圣君治国累世而不见者，其所谓忠者不忠，而所谓贤者不贤也。（一笔点破）怀王以不知忠臣之分，故内惑于郑袖，外欺于张仪，疏屈平而信上官大夫、令尹子兰。兵挫地削，亡其六郡，身客死于秦，为天下笑。此不知人之祸也。《易》曰："井渫不食，为我心恻，可以汲。王明，并受其福。"王之不明，岂足福哉！

令尹子兰闻之，大怒，（接屈原即嫉之段。史公笔法多变，承前启后，上下承接，可观！）卒使上官大夫短屈原于顷襄王，顷襄王怒而迁之。……

屈原既死之后，楚有宋玉、唐勒、景差之徒者，皆好辞而以赋见称；然皆祖屈原之从容辞令，终莫敢直谏。（结屈原）其后楚日以削，数十年竟为秦所灭。（结楚）（文章开篇"屈原者，名平，楚之同姓也"，原与楚本一体，原死，楚亦不存也）

太史公曰：余读《离骚》《天问》《招魂》《哀郢》，悲其志。适长沙，观屈原所自沉渊，未尝不垂涕，想见其为人。及见贾生吊之，又怪屈原以彼其材，游诸侯，何国不容，而自令若是。读鹏鸟赋，同死生，轻去就，又爽然自失矣。

刺客列传（节选）

导　读

《刺客列传》全文五千多字，共写了曹沫、专诸、豫让、聂政、荆轲五人，而其中单是荆轲一人就用了三千多字，可见荆轲是司马迁这篇作品要表现的核心人物。节选部分主要记叙了“荆轲刺秦王”的故事，叙述了这一事件的前因后果，从准备、实施到最后失败，事件过程完整。情节围绕一个“刺”字展开，波澜起伏，惊心动魄，人物的性格也随着故事情节的发展得到了生动的表现。本传虽是五人的类传，但能“逐段脱卸，如鳞之次，如羽之压，故论事则一人更胜一人，论文则一节更深一节”（吴见思《史记论文》），所以全篇次第井然，始于曹沫，终于荆轲，中间依次为专诸、豫让和聂政，俨然一部刺客故事集，而统摄全篇的内在思想则是本传的主旨。太史公“遇一种题，便成一种文字”，本传堪称《史记》全书中“第一种激烈文字”（吴见思《〈史记〉论文》）。从文学的角度看，这篇“最激烈文字”在现今仍有它的巨大审美价值，特别是荆轲其人的传记。

……

荆轲者，卫人也。其先乃齐人，徙于卫，卫人谓之庆卿。而之燕，燕人谓之荆卿。

荆卿好读书击剑，（有身份）以术说卫元君，卫元君不用。其后秦伐魏，置东郡，徙卫元君之支属于野王。

荆轲尝游过榆次，与盖聂论剑，盖聂怒而目之。荆轲出，人或言复召荆卿。盖聂曰：“曩者吾与论剑有不称者，吾目之；试往，是宜去，不敢留。”使使往之主人，荆卿则已驾而去榆次矣。使者还报，盖聂曰：“固去也，吾曩者目摄之！”

荆轲游于邯郸，鲁勾践与荆轲博，争道，鲁勾践怒而叱之，荆轲嘿而逃去，遂不复会。（士不遇知己，故两次皆逃去）

荆轲既至燕，爱燕之狗屠及善击筑者高渐离。（此时方找到同类）荆轲嗜酒，日与狗屠及高渐离饮于燕市，（酣畅淋漓）酒酣以往，高渐离击筑，荆轲和而歌于市中，相乐也，已而相泣，旁若无人者。（慷慨）荆轲虽游于酒人乎，然其为人沉深好书；（有身份）其所游诸侯，尽与其贤豪长者相结。其之燕，燕之处士田光先生亦善待之，知其非庸人也。

……

高渐离变名姓为人庸保，匿作于宋子。久之，作苦，闻其家堂上客击筑，彷徨不能去。（忍不住欲露锋芒，壮士之境让人落泪）每出言曰："彼有善有不善。"从者以告其主，曰："彼庸乃知音，窃言是非。"家丈人召使前击筑，一坐称善，赐酒。而高渐离念久隐畏约无穷时，（壮士之肺腑，史公为之言也）乃退，出其装匣中筑与其善衣，更容貌而前。举坐客皆惊，下与抗礼，以为上客。使击筑而歌，客无不流涕而去者。宋子传客之，闻于秦始皇。秦始皇召见，人有识者，乃曰："高渐离也。"秦皇帝惜其善击筑，重赦之，乃矐其目。使击筑，未尝不称善。稍益近之，高渐离乃以铅置筑中。复进得近，举筑朴秦皇帝，不中。于是遂诛高渐离，终身不复近诸侯之人。

……

张耳陈馀列传（节选）

导　读

这是张耳、陈馀的合传。在这篇列传中，主要记述了他们从以敬慕为刎颈之交到反目成仇的史实，不虚美，不隐恶，采用先扬后抑的手法，使得善、恶俱张，功过分明。

该文以张耳和陈馀的相处关系为主脉，以其贤德名誉为支流，起笔就记述张耳之“贤”，陈馀“非庸人也”。他们忘年羁旅，“相与为刎颈交”。项羽分封，张耳为王，陈馀为侯，使二人矛盾激化，大动干戈，誓不两立。汉王召陈馀击楚，陈馀竟以“汉杀张耳”为条件。行文至此，什么贤名、友谊，已荡然无存，一下子又把他们跌入谷底深渊。

这种先扬后抑的手法，极其深刻地揭示了张、陈贫贱艰难之时相与诚信，显贵之后以利相倾这种前后不一的处世态度，从而生动地刻画出他们的性格转变过程，发人深省，具有深刻的认识意义。

太史公说：“张耳、陈馀，世传所称贤者”，“始居约时，相然信以死，岂顾问哉。及据国争权，卒相灭亡……岂非以势利交哉?”这一针见血的剖析，不仅切中了他们的交往实际，也道出了用这种妙笔所揭示的主题。

……

范阳人蒯通（以武帝讳，改“彻”为“通”）说范阳令曰：“窃闻公之将死，故吊。虽然，贺公得通而生。”（吊贺并至，动人心事）范阳令曰：“何以吊之?”对曰：“秦法重，足下为范阳令十年矣，杀人之父，孤人之子，断人之足，黥人之首，不可胜数。（不由人不动心）然而慈父孝子莫敢傳刃公之腹中者，畏秦法耳。（句句是实，不欺人）今天下大乱，秦法不施，然则慈父孝子且傳刃公之腹中以成其名，此臣之所以吊公也。今诸侯畔秦矣，武信君兵且至，而君坚守范阳，少年皆争杀君，下武信君。君急遣臣见武信君，可转祸为福，在今矣。”

（此段对论更似《战国策》，幻而平整，无转折奇横，却于片语之中却百万之兵）

范阳令乃使蒯通见武信君曰："足下必将战胜然后略地，攻得然后下城，臣窃以为过矣。诚听臣之计，可不攻而降城，不战而略地，传檄而千里定，可乎?"（有战国谋士之风）武信君曰："何谓也?"蒯通曰："今范阳令宜整顿其士卒以守战者也，（无悱恻转折，直入议题）怯而畏死，贪而重富贵，故欲先天下降，畏君以为秦所置吏，诛杀如前十城也。（道出人心）然今范阳少年亦方杀其令，自以城距君。君何不赍臣侯印，拜范阳令，范阳令则以城下君，少年亦不敢杀其令。令范阳令乘朱轮华毂，使驱驰燕、赵郊。燕、赵郊见之，皆曰此范阳令，先下者也，即喜矣，燕、赵城可毋战而降也。此臣之所谓传檄而千里定者也。"（此三句即所谓"怯而畏死，贪而重宝贵也"）武信君从其计，因使蒯通赐范阳令侯印。赵地闻之，不战以城下者三十余城。

……

赵王闲出，为燕军所得。燕将囚之，欲与分赵地半，乃归王。使者往，燕辄杀之以求地。张耳、陈馀患之。（两贤所患，一养卒易之，妙）有厮养卒谢其舍中曰："吾为公说燕，与赵王载归。"（一"载"字，明其已然成竹在胸）舍中皆笑曰："使者往十余辈，辄死，若何以能得王?"（不赘述养卒辩析一语，即"走"燕营，更见其奇）乃走燕壁。燕将见之，问燕将曰："知臣何欲?"（妙！不待燕将问，其先问之）燕将曰："若欲得赵王耳。"曰："君知张耳、陈馀何如人也?"（先布局）燕将曰："贤人也。"曰："知其志何欲?"（再敲击）曰："欲得其王耳。"赵养卒乃笑曰（从容之极）："君未知此两人所欲也。夫武臣、张耳、陈馀（三人并提，即谓其不是君臣）杖马棰下赵数十城，此亦各欲南面而王，岂欲为卿相终已邪?（实话）夫臣与主岂可同日而道哉，顾其势初定，未敢参分而王，且以少长先立武臣为王，以持赵心。（目光如炬）今赵地已服，此两人亦欲分赵而王，时未可耳。今君乃囚赵王。此两人名为求赵王，实欲燕杀之，此两人分赵自立。夫以一赵尚易燕，况以两贤王左提右挈，而责杀王之罪，灭燕易矣。"燕将以为然，乃归赵王，养卒为御而归。（应"载归"，有趣）

……

汉七年，高祖从平城过赵，赵王朝夕袒韝蔽，自上食，礼甚卑，有子婿礼。高祖箕踞詈，甚慢易之。（高祖常如此，是亭长习气耳）赵相贯高、赵午等年六十余，故张耳客也。生平为气，（勃然）乃怒曰："吾王孱王也！"说王曰："夫天下豪杰并起，能者先立。（向来不服明矣）今王事高祖甚恭，而高祖无礼，（"高祖"两字，误，史公亦有失）请为王杀之！"张敖啮其指出血，曰："君何言之误！（赵王诚是好人，但此处误事也）且先人亡国，赖高祖得复国，德流子孙，秋豪皆高祖力也。愿君无复出口。"（颇幼稚）贯高、赵午等十余人皆相谓曰（谋事"十余人"，历时愈一岁，岂有不败之理）："乃吾等非也。吾王长者，不倍德。且吾等义不辱，今怨高祖辱我王，故欲杀之，何乃污王为乎？令事成归王，事败独身坐耳。"

汉八年，上从东垣还，过赵，贯高等乃壁人柏人，要之置厕。上过欲宿，心动，问曰："县名为何？"曰："柏人。""柏人者，迫于人也！"（有趣）不宿而去。（天命）

汉九年，贯高怨家知其谋，乃上变告之。于是上皆并逮捕赵王、贯高等。十余人皆争自刭，（衬出后文贯高之所为）贯高独怒骂曰："谁令公为之？（其声可闻）今王实无谋，而并捕王；公等皆死，谁白王不反者！"（其不自刭之因）乃轞车胶致，与王诣长安。治张敖之罪。

上乃诏赵群臣宾客有敢从王皆族。贯高与客孟舒等十余人，皆自髡钳，为王家奴，从来。贯高至，对狱，曰："独吾属为之，王实不知。"（真侠士！）吏治榜笞数千，刺剟，身无可击者，终不复言。吕后数言张王以鲁元公主故，不宜有此。（史公常用此宕笔）上怒曰："使张敖据天下，岂少而女乎！"不听。廷尉以贯高事辞闻，上曰："壮士！（以高祖之言，树其名节）谁知者，以私问之。"中大夫泄公曰："臣之邑子，素知之。此固赵国立名义不侵为然诺者也。"上使泄公持节问之箯舆前。（此情此景，令人泪落）仰视曰（一"仰"字，高之惨状历历在前）："泄公邪？"泄公劳苦如生平欢，与语，问张王果有计谋不。高曰："人情宁不各爱其父母妻子乎？（令人动容）今吾三族皆以论死，岂以王易吾亲哉！顾为王实不反，独吾等为之。"具道本指所以为者王不知状。于是泄公入，具以报，上乃赦赵王。

上贤贯高为人，能立然诺，（定语）使泄公具告之，曰："张王已出。"因赦贯高。贯高喜曰："吾王审出乎？"泄公曰："然。"泄公曰："上多足下，故赦足下。"贯高曰："所以不死一身无余者，白张王不反也。（对照前十余人自刭之事）今王已出，吾责已塞，死不恨矣。且人臣有篡杀之名，何面目复事上哉！纵上不杀我，我不愧于心乎？”乃仰绝肮，遂死。当此之时，名闻天下。

张敖已出，以尚鲁元公主故，封为宣平侯。于是上贤张王诸客，以钳奴从张王入关，无不为诸侯相、郡守者。及孝惠、高后、文帝、孝景时，张王客子孙皆得为二千石。

……

太史公曰：张耳、陈馀，世传所称贤者；其宾客厮役，莫非天下俊杰，（一语串全文）所居国无不取卿相者。然张耳、陈馀始居约时，相然信以死，（无利则好）岂顾问哉。及据国争权，卒相灭亡，（利至则争）何乡者相慕用之诚，后相倍之戾也！（诚、戾两字须对看）岂非以势利交哉？名誉虽高，宾客虽盛，所由殆与大伯、延陵季子异矣。（意境深远）

淮阴侯列传（节选）

导　读

本传记载了韩信一生的事迹，突出了他的军事才能和累累战功。功高于世，却落个被夷灭宗族的下场。注入了作者无限同情和感慨。本文细节描写非常精彩。韩信受胯下之辱的细节，不仅画活了屠中少年的个性特征，而且也很好地描写出韩信的心理特征。大量的心理活动，都在他“熟视”“蒲伏”之中表现出来。而刘邦见到韩信请求为假齐王的上书时，骂道：“吾困于此，旦暮望若来佐我，乃欲自立为王！”张良、陈平用脚踩他以示意时，他突然醒悟，因复骂曰：“大丈夫定诸侯，即为真王耳，何以假为！”这一戏剧性的细节描写生动而又风趣地把刘邦不拘礼节，流氓成性，头脑绝顶聪明、灵活，以及他随机应变的能力、情态都画活了。刘邦的形象呼之欲出了。

淮阴侯韩信者，淮阴人也。始为布衣时，贫无行，不得推择为吏，又不能治生商贾。常从人寄食饮，人多厌之者。常数从其下乡南昌亭长寄食，数月，亭长妻患之，乃晨炊蓐食。（与陈平困时相似）食时，信往，不为具食。信亦知其意，怒，竟绝去。（韩信为高祖群臣第一人，其落魄困顿亦是第一人，一生涕笑交集）

信钓于城下，诸母漂，有一母见信饥，饭信，竟漂数十日。信喜，（前怒后喜，着实可怜）谓漂母曰：“吾必有以重报母。”母怒（一怒激其萎靡之气）曰：“大丈夫不能自食，吾哀王孙而进食，岂望报乎！”

（前段说其可怜，本段显其沉毅）淮阴屠中少年有侮信者，曰：“若虽长大，好带刀剑，中情怯耳。”众辱之曰：“信能死，刺我；不能死，出我袴下。”于是信孰视之，（孰视！两字实见其沉毅）俛出袴下，蒲伏。一市人皆笑信，以为怯。

及项梁渡淮，信杖剑从之，居麾下，未得知名。（坎坷如此）项梁败，又属项羽，羽以为郎中。数以策干项羽，羽不用。

汉王之入蜀，信亡楚归汉，（也是迫不得已，非择良木也）未得知名，为连敖。坐法当斩，（又是一难！）其辈十三人皆已斩，次至信，（险！）信乃仰视，适见滕公，曰：“上不欲就天下乎？何为斩壮士！”（淮阴列传第一语！）滕公奇其言，壮其貌，释而不斩。与语，大说之。言于上，上拜以为治粟都尉，上未之奇也。（稍顿，有节奏）

信数与萧何语，何奇之。（先伏一笔）至南郑，诸将行道亡者数十人，信度何等已数言上，上不我用，即亡。何闻信亡，不及以闻，（四字妙）自追之。人有言上曰：“丞相何亡。”上大怒，如失左右手。（如此爱惜萧何，其如左右手）居一二日，何来谒上，上且怒且喜，（传神）骂何曰：“若亡，何也？”何曰：“臣不敢亡也，臣追亡者。”上曰：“若所追者谁？”曰：“韩信也。”上复骂曰：“诸将亡者以十数，公无所追；追信，诈也。”何曰：“诸将易得耳。至如信者，国士无双。（评价简当）王必欲长王汉中，无所事信；必欲争天下，非信无所与计事者。顾王策安所决耳。”王曰：“吾亦欲东耳，安能郁郁久居此乎？”何曰：“王计必欲东，能用信，信即留；不能用，信终亡耳。”王曰：“吾为公以为将。”（仍是不信）何曰：“虽为将，信必不留。”王曰：“以为大将。”何曰：“幸甚。”于是王欲召信拜之。何曰：“王素慢无礼，今拜大将如呼小儿耳，此乃信所以去也。王必欲拜之，择良日，斋戒，设坛场，具礼，乃可耳。”王许之。诸将皆喜，人人各自以为得大将。至拜大将，乃韩信也，一军皆惊。

……

信与张耳以兵数万，（先点兵数）欲东下井陉击赵。赵王、成安君陈余闻汉且袭之也，聚兵井陉口，（聚而不分，拙）号称二十万。（为后文陈余以兵多不肯用奇计张本）广武君李左车说成安君曰：“闻汉将韩信涉西河，（知陈余非信之对手，故说前功，以动之）虏魏王，禽夏说，新喋血阏与，今乃辅以张耳，议欲下赵，此乘胜而去国远斗，其锋不可当。（五字，可见信之功效）臣闻千里馈粮，士有饥色，樵苏后爨，师不宿饱。（深明兵法）今井陉之道，车不得方轨，骑不得成列，行数百里，其势粮食必在其后。（凭险）原足下假臣奇兵三万人，从间道绝其辎重；（一路断其后）足下深沟高垒，坚营勿与战。（一路倨其前）彼前不得斗，退不得还，吾奇兵绝其后，使野无所掠，（进退无据也）不至十日，而两将之头可致于戏下。（其军内必叛）原君留意臣之计。否，必为二子所禽矣。”（再点“锋不可挡”）成安君，儒者也，常称义兵不用诈谋奇计，曰：“吾闻兵法十则围之，倍则战。今韩信兵号数万，其实不过数千。（不知兵不在多，愚）能千里而袭我，亦已罢极。（不知其远来，必致死地，其锋不可挡，迂）今如此避而不击，后有大者，何以加之！（只见其后，不观眼前）则诸侯谓吾怯，而轻来伐我。”不听广武君策，广武君策不用。（一句两写，为之惋惜不已）

（观史公如何描画“背水一战”）韩信使人间视，知其不用，还报，则大喜，乃敢引兵遂下。（“乃敢”，言信亦是惴惴不安也）未至井陉口三十里，止舍。夜半传发，（先写号令，大手笔）选轻骑二千人，人持一赤帜，（第一令却先算末着，奇）从间道萆山而望赵军，诫曰：“赵见我走，必空壁逐我，若疾入赵壁，拔赵帜，立汉赤帜。”（如战果已在眼前）令其裨将传飧，曰：“今日破赵会食！”（第三令在战后，更奇）诸将皆莫信，详应曰：“诺。”谓军吏曰：“赵已先据便地为壁，且彼未见吾大将旗鼓，未肯击前行，恐吾至阻险而还。”信乃使万人先行，出，背水陈。赵军望见而大笑。（笑得儒腐）平旦，信建大将之旗鼓，鼓行出井陉口，赵开壁击之，大战良久。（一战）于是信、张耳详弃鼓旗，走水上军。水上军开入之，复疾战。（二战）赵果空壁争汉鼓旗，逐韩信、张耳。韩信、张耳已入水上军，军皆殊死战，（三战）不可败。信所出奇兵二千骑，共候赵空壁逐利，则驰入赵壁，皆拔赵旗，立汉赤帜二千。赵军已不胜，不能得信等，欲还归壁，壁皆汉赤帜，而大惊，（目中乱）以为汉皆已得赵王将矣，兵遂乱，（意中乱）遁走，赵将虽斩之，不能禁也。于是汉兵夹击，大破虏赵军，斩成安君泜水上，禽赵王歇。（收笔见锋！疾！）

信乃令军中毋杀广武君，有能生得者购千金。于是有缚广武君而致戏下者，信乃解其缚，东乡坐，西乡对，师事之。（写信国士之风）

诸将效首虏，休，毕贺，因问信曰：“兵法右倍山陵，前左水泽，今者将军令臣等反背水陈，曰破赵会食，臣等不服。然竟以胜，此何术也？”信曰：“此在兵法，顾诸君不察耳。兵法不曰‘陷之死地而后生，置之亡地而后存'?且信非得素拊循士大夫也,(有深意)此所谓'驱市人而战之',其势非置之死地,使人人自为战;今予之生地,皆走,宁尚可得而用之乎!"诸将皆服曰:"善。非臣所及也。"(此"背水一战"之术,用之多亦,多有常败,不可拘泥)

……

武涉已去,齐人蒯通知天下权在韩信,(蒯通实有大见识,不可为侥幸之图云看)欲为奇策而感动之,以相人说韩信曰:"仆尝受相人之术。"韩信曰:"先生相人何如?"对曰:"贵贱在于骨法,忧喜在于容色,(两句陪衬)成败在于决断,(此句关键!)以此参之,万不失一。"韩信曰:"善。先生相寡人何如?"对曰:"原少间。"信曰:"左右去矣。"通曰:"相君之面,不过封侯,又危不安。(刺入心底)相君之背,贵乃不可言。("背",劝其反也)"韩信曰:"何谓也?"蒯通曰:"天下初发难也,(再不提相术)俊雄豪杰建号一呼,天下之士云合雾集,鱼鳞杂遝,熛至风起。(此谓当下群雄逐鹿中原,非为君臣之义也)当此之时,忧在亡秦而已。今楚汉分争,使天下无罪之人肝胆涂地,父子暴骸骨于中野,不可胜数。(此谓信应攘臂而起,不为宝贵,救民于水火)楚人起彭城,转斗逐北,至于荥阳,乘利席卷,威震天下。然兵困于京、索之间,迫西山而不能进者,三年于此矣。(楚从不能进,信阻之也,此谓制楚之权在信也)汉王将数十万之众,(此谓汉王多败,不足以治天下也)距巩、雒,阻山河之险,一日数战,无尺寸之功,折北不救,(信不救也)败荥阳,伤成皋,遂走宛、叶之间,此所谓智勇俱困者也。(制汉之权亦在信也)夫锐气挫于险塞,而粮食竭于内府,百姓罢极怨望,容容无所倚。(此谓楚、汉俱困)以臣料之,其势非天下之贤圣固不能息天下之祸。(直入信之肺腑!)当今两主之命县于足下。足下为汉则汉胜,与楚则楚胜。(一字不可增,一字不可减)臣愿披腹心,输肝胆,效愚计,恐足下不能用也。诚能听臣之计,莫若两利而俱存之,三分天下,鼎足而居,其势莫敢先动。(辗转反复,意只在此)夫以足下之贤圣,有甲兵之众,据强齐,从燕、赵,出空虚之地而制其后,因民之欲,西乡为百姓请命,则天下风走而响应矣,孰敢不听!(此三分之后作用)割大弱强,以立诸侯,诸侯已立,天下服听而归德于齐。案齐之故,有胶、泗之地,怀诸侯以德,深拱揖让,则天下之君王相率而朝于齐矣。盖闻“天与弗取，反受其咎；时至不行，反受其殃。愿足下孰虑之。”

韩信曰：“汉王遇我甚厚，（于人术中而不悟）载我以其车，衣我以其衣，食我以其食。吾闻之，乘人之车者载人之患，衣人之衣者怀人之忧，食人之食者死人之事，（如古铭，可咋味）吾岂可以乡利倍义乎！”（君已乡利已久，高祖岂能忘乎!?）蒯生曰：“足下自以为善汉王，（“自以为”，用得绝妙）欲建万世之业，臣窃以为误矣。始常山王、成安君为布衣时，相与为刎颈之交，后争张黡、陈泽之事，二人相怨。常山王背项王，奉项婴头而窜，逃归于汉王。汉王借兵而东下，杀成安君泜水之南，头足异处，卒为天下笑。此二人相与，天下至欢也。然而卒相禽者，何也？患生于多欲而人心难测也。（我不负人，人却可负我，此所谓“人心难测”。不如施以先着）今足下欲行忠信以交于汉王，必不能固于二君之相与也，而事多大于张黡、陈泽。（参得极透！）故臣以为足下必汉王之不危己，亦误矣。大夫种、范蠡存亡越，霸勾践，立功成名而身死亡。野兽已尽而猎狗烹。（说尽天下功臣！）夫以交友言之，则不如张耳之与成安君者也；（于恃宠一层）以忠信言之，则不过大夫种、范蠡之于勾践也。（于忠信一层）此二人者，足以观矣。愿足下深虑之。（比上文“孰虑之”更迫切）且臣闻勇略震主者身危，而功盖天下者不赏。（信自负功多，故以“功”说之）臣请言大王功略：足下涉西河，虏魏王，禽夏说，引兵下井陉，诛成安君，徇赵，胁燕，定齐，南摧楚人之兵二十万，东杀龙且，西乡以报，此所谓功无二于天下，而略不世出者也。（此十句非赞其功，实揭之祸根）今足下戴震主之威，挟不赏之功，（“戴”“挟”“持”皆是其害也）归楚，楚人不信；归汉，汉人震恐：足下欲持是安归乎？（毛骨悚然！）夫势在人臣之位而有震主之威，名高天下，窃为足下危之。”韩信谢曰：“先生且休矣，吾将念之。”（心已动，而不能决，自取其祸）

后数日，蒯通复说曰：“夫听者事之候也，计者事之机也，听过计失而能久安者，鲜矣。听不失一二者，不可乱以言；计不失本末者，不可纷以辞。夫随厮养之役者，失万乘之权；守儋石之禄者，阙卿相之位。故知者决之断也，疑者事之害也，审豪厘之小计，遗天下之大数，智诚知之，决弗敢行者，百事之祸也。（顶门一针）故曰‘猛虎之犹豫，不若蜂虿之致螫；骐骥之局躅，不如驽马之安步；孟贲之狐疑，不如庸夫之必至也；虽有舜禹之智，吟而不言，不如瘖聋之指麾也’。（比喻得妙）此言贵能行之。夫功者难成而易败，时者难得而易失也。时乎时，不再来。（真是一唱三叹！）愿足下详察之。”韩信犹豫不忍倍汉，又自以为功多，汉终不夺我齐，遂谢蒯通。蒯通说不听，已详狂为巫。

……

韩王信卢绾列传（节选）

导　读

该传是韩王韩信（不是淮阴侯韩信）、卢绾、陈豨三人的合传。这三人原来都是刘邦的亲信部下，和刘邦的关系都非常好，卢绾更是和刘邦世代友好，而且能“出入卧内”，“虽萧曹等，特以事见礼，至其亲幸，莫及卢绾”。但最后他们都举旗反叛，并且大都勾结匈奴，以和汉朝对抗。通过这篇传记，作者似乎在告诉我们：世上没有永恒的敌人，也没有永恒的朋友。

是什么使他们由亲密的朋友变成仇敌的呢？主要有以下两点原因：

其一是争权夺利。权力斗争是统治集团内部分裂残杀的主要原因。刘邦刚刚开始起义有两个劲敌，一是强秦，二是项羽。在大敌当前的时候，他招降纳叛，网罗人才，对自己联盟内某些人的不恭也能容忍。但等到天下已定，就开始大肆诛杀功臣，且不说韩王韩信、卢绾、陈豨，就连淮阴侯韩信、黥布、彭越等劳苦功高的人，也未能幸免于难。刘邦对这些人的猜忌使他们成为惊弓之鸟，他们明知造反要被杀，但是还得铤而走险，因为他们都是当时极有才能的人，实在不甘心束手就擒。

其二是刘邦谋士们的怂恿，反臣谋士们的挑拨，使得本来就已紧张的关系更加恶化。例如，陈豨的造反与刘邦的大臣周昌有很大关系，周昌看到陈豨宾客车骑甚盛，便向皇帝汇报，怀疑陈豨要造反。而卢绾的造反，他的谋士张胜也起了很大作用。这些在列传中都有详细的记载。

……

卢绾者，丰人也，与高祖同里。卢绾亲与高祖太上皇相爱，（整段写亲厚相爱，笔法却各有不同）及生男，高祖、卢绾同日生，里中持羊酒贺两家。及高祖、卢绾壮，俱学书，又相爱也。（“也”字透出亲情更浓）里中嘉两家亲相爱，生子同日，壮又相爱，（“又”字情更浓）复贺两家羊酒。（倒叙前句，有变化）高祖为布衣时，有吏事辟匿，卢绾常随出入上下。及高祖初起沛，卢绾以客从，入汉中为将军，常侍中。（“随出入上下”“以客从”“常侍中”“出入卧内”意同，但三变）从东击项籍，以太尉常从，出入卧内，衣被饮食赏赐，群臣莫敢望，虽萧曹等，特以事见礼，（第一功臣亦敬之有加）至其亲幸，莫及卢绾。绾封为长安侯。长安，故咸阳也。（点咸阳者，显其亲宠已极）

汉五年冬，以破项籍，乃使卢绾别将，与刘贾击临江王共尉，破之。七月还，从击燕王臧荼，臧荼降。高祖已定天下，诸侯非刘氏而王者七人。欲王卢绾，为群臣觖望。及虏臧荼，乃下诏诸将相列侯，择群臣有功者以为燕王。群臣知上欲王卢绾，皆言曰：“太尉长安侯卢绾常从平定天下，（因“常从”而得王，颇具玩味）功最多，可王燕。”诏许之。汉五年八月，乃立卢绾为燕王。诸侯王得幸莫如燕王。

汉十一年秋，陈豨反代地，高祖如邯郸击豨兵，燕王绾亦击其东北。当是时，陈豨使王黄求救匈奴。燕王绾亦使其臣张胜于匈奴，言豨等军破。张胜至胡，故燕王臧荼子衍出亡在胡，见张胜曰：“公所以重于燕者，以习胡事也。（只从张胜己身说起，可见小人之情原非为主）燕所以久存者，以诸侯数反，兵连不决也。（无稽之谈）今公为燕欲急灭豨等，豨等已尽，次亦至燕，公等亦且为虏矣。（又说到己身）公何不令燕且缓陈豨而与胡和？事宽，得长王燕；即有汉急，可以安国。”张胜以为然，乃私令匈奴助豨等击燕。燕王绾疑张胜与胡反，上书请族张胜。胜还，具道所以为者。燕王寤，乃诈论它人，脱胜家属，使得为匈奴间，（绾终身归胡，实张胜启之）而阴使范齐之陈豨所，欲令久亡，连兵勿决。

汉十二年，东击黥布，豨常将兵居代，汉使樊哙击斩豨。其裨将降，言燕王绾使范齐通计谋于豨所。（已有当诛之罪）高祖使使召卢绾，绾称病。上又使辟阳侯审食其、御史大夫赵尧往迎燕王，因验问左右。绾愈恐，闭匿，谓其幸臣曰：“非刘氏而王，独我与长沙耳。往年春，汉族淮阴，夏，诛彭越，皆吕后计。（正是如此！）今上病，属任吕后。吕后妇人，专欲以事诛异姓王者及大功臣。”（何常不是！）乃遂称病不行。其左右皆亡匿。语颇泄，辟阳侯闻之，归具报上，上益怒。（不得不怒）又得匈奴降者，降者言张胜亡在匈奴，为燕使。于是上曰："卢绾果反矣！"使樊哙击燕。燕王绾悉将其宫人家属骑数千居长城下，侯伺，幸上病愈，自入谢。（迎之不至，果有此意？）四月，高祖崩，卢绾遂将其众亡入匈奴，匈奴以为东胡卢王。绾为蛮夷所侵夺，常思复归。居岁余，死胡中。

高后时，卢绾妻子亡降汉，会高后病，不能见，舍燕邸，为欲置酒见之。（终有家人妇子之意）高祖竟崩，不得见。（终穷）卢绾妻亦病死。

孝景中六年，卢绾孙他之，以东胡王降，封为亚谷侯。

……

郦生陆贾列传（节选）

导 读

本传是郦食其、陆贾、朱建三人的合传。这三人的共同特点是都有一副伶牙利齿，能言善辩，嘘枯吹生，大有战国时代纵横家的遗风。尽管他们有共同之处，但是其成就和贡献却不尽相同。朱建远不能和郦生、陆贾同日而语，他充其量不过是豪门贵族的食客或幕僚而已。本传中记录朱建的主要情事就是在得到一个邪恶小人——辟阳侯审食其——的金钱之后，如何帮他活命的经过，和作者称他的“刻廉刚直”，“行不苟合，义不取容”刚好相反，是否因作者与朱建之子关系很好而强为之美言呢？而郦生、陆贾二人在刘邦统一中国、征服南越以及后来平定诸吕的过程中，起了很大作用，并且他们也不完全是靠摇唇鼓舌来博取功名的，他们还有非凡的政治远见和卓越的军事见解。例如，在汉王三年秋天，当时“汉王数因荥阳、成皋，计欲捐成皋以东，屯巩、洛以拒楚”。郦食其详细分析了天下形势，认为楚军内部空虚，正是进攻的好时机，所以他又进一步向刘邦进言：“愿足下急复进兵，收取荥阳，据敖仓之粟，塞成皋之险，杜大行之道，距蜚狐之口，守白马之津，以示诸侯效实形制之势，则天下知所归矣。”而收取荥阳，占据敖仓之后，也就稳住了中原；中原是中国的基础，所以稳住了中原也就为统一中国打下了基础。后来形势的发展也正和郦生所预料的一样。再如陆贾，他针对刘邦认为自己的天下是“居马上而得之，安事《诗》《书》”的思想，提出了“逆取顺守，文武并用”，才是“长久之术”的观点，并总结了历代王朝成功和失败的经验教训，写出了《新语》一书。它不仅促进了汉朝的安定和发展，而且为后代的开明政治提供了经验。另外，他还出使南越，劝说尉他归顺汉朝，为国家的统一也作出了贡献。所以，司马迁曾这样说：“结言通使，约怀诸侯；诸侯咸亲，归汉为藩辅，作《郦生陆贾列传》第三十七。(《卷一百三十《太史公自序》》)这也许正是作者写这篇列传的主旨吧。

郦生食其者，陈留高阳人也。好读书，家贫落魄，无以为衣食业，为

里监门吏。（无以为生，却为门吏，欲识天下豪杰也）然县中贤豪不敢役，县中皆谓之狂生。（一生负气）

及陈胜、项梁等起，诸将徇地过高阳者数十人，郦生闻其将皆握龊好苛礼自用，不能听大度之言，郦生乃深自藏匿。（坐钓待沽）后闻沛公将兵略地陈留郊，沛公麾下骑士适郦生里中子也，沛公时时问邑中贤士豪俊。（前文郦生问，此处高祖问）骑士归，郦生见谓之曰："吾闻沛公慢而易人，（与好苛礼反）多大略，（与不听大度之言反）此真吾所原从游，（与深自藏匿反）莫为我先。若见沛公，谓曰'臣里中有郦生，（自荐语，与众不同）年六十余，长八尺，人皆谓之狂生，生自谓我非狂生'。"（先自画小影）骑士曰："沛公不好儒，诸客冠儒冠来者，沛公辄解其冠，溲溺其中。（其下一群儒生，岂能皆溺，予谓言过其实也）与人言，常大骂。（先说一骂）未可以儒生说也。"郦生曰："弟言之。"骑士从容言如郦生所诫者。

沛公至高阳传舍，使人召郦生。郦生至，入谒，沛公方倨床使两女子洗足，而见郦生。（写景处，明高祖之大度，郦生之负气，非闲笔）郦生入，则长揖不拜，（落拓有气）曰："足下欲助秦攻诸侯乎？且欲率诸侯破秦也？"（问得奇！）沛公骂曰："竖儒！（痛快！率真大度）夫天下同苦秦久矣，故诸侯相率而攻秦，何谓助秦攻诸侯乎？"（问得没头绪，不得不骂，非怠慢）郦生曰："必聚徒合义兵诛无道秦，不宜倨见长者。"（儒生负气）于是沛公辍洗，起摄衣，延郦生上坐，谢之。郦生因言六国从横时。（概括得当）沛公喜，赐郦生食，问曰："计将安出？"郦生曰："足下起纠合之众，收散乱之兵，不满万人，欲以径入强秦，此所谓探虎口者也。（"入""探"用得轻巧）夫陈留，天下之冲，四通五达之郊也，今其城又多积粟。臣善其令，请得使之，令下足下。（为门吏时即已谋之）即不听，足下举兵攻之，臣为内应。（两策并举）"于是遣郦生行，沛公引兵随之，遂下陈留。号郦食其为广野君。

陆贾者，楚人也。以客从高祖定天下，名为有口辩士，居左右，常使诸侯。

……

及高祖时，中国初定，尉他平南越，因王之。高祖使陆贾赐尉他印为南越王。（不及讨伐，姑且稳之）陆生至，尉他魋结箕倨见陆生。（写的尉他如鸡豕之态，方显陆生辩才之捷）陆生因进说他曰："足下中国人，亲戚昆弟坟墓在真定。（开口便摄人）今足下反天性，弃冠带，（此句只涉其身）欲以区区之越与天子抗衡为敌国，祸且及身矣。（此句涉其反）且夫秦失其政，（看其层层铺开）诸侯豪杰并起，唯汉王先入关，据咸阳。（先言汉主据天下理顺，语轻）项羽倍约，自立为西楚霸王，诸侯皆属，可谓至强。（与区区之越对）然汉王起巴蜀，鞭笞天下，劫略诸侯，遂诛项羽灭之。（言汉主力强，语重）五年之间，海内平定，此非人力，天之所建也。（言天助汉王）天子闻君王王南越，不助天下诛暴逆，将相欲移兵而诛王，天子怜百姓新劳苦，故且休之，遣臣授君王印，剖符通使。君王宜郊迎，北面称臣，乃欲以新造未集之越，屈强于此。（四字，无一字可易）汉诚闻之，掘烧王先人冢，夷灭宗族，（字字如刀）使一偏将将十万众临越，则越杀王降汉，如反覆手耳。”（妙！不言汉诛之，而言越杀王降汉，令其内顾生疑，动其心也）

于是尉他乃蹶然起坐，谢陆生曰：“居蛮夷中久，殊失礼义。”因问陆生曰：“我孰与萧何、曹参、韩信贤？”（本是不服汉天子之语，却先与臣比）陆生曰：“王似贤。”（且赞他一句）复曰：“我孰与皇帝贤？”（咄咄逼人）陆生曰：“皇帝起丰沛，讨暴秦，诛强楚，为天下兴利除害，继五帝三王之业，统理中国。中国之人以亿计，地方万里，居天下之膏腴，人众车舆，万物殷富，政由一家，自天地剖判未始有也。（只以上若干句，不可折服其人。其中之形势，才是重点）今王众不过数十万，皆蛮夷，崎岖山海间，譬若汉一郡，王何乃比于汉！”尉他大笑（服是不服？）曰：“吾不起中国，故王此。使我居中国，何渠不若汉？”（倔强有意，却也洒脱）乃大说陆生，留与饮数月。曰：“越中无足与语，至生来，令我日闻所不闻。”赐陆生橐中装直千金，他送亦千金。陆生卒拜尉他为南越王，令称臣奉汉约。归报，高祖大悦，拜贾为太中大夫。

陆生时时前说称《诗》《书》。高帝骂之曰：“乃公居马上而得之，安事《诗》《书》！”陆生曰：“居马上得之，宁可以马上治之乎？（接得快）且汤武逆取而以顺守之，文武并用，长久之术也。昔者吴王夫差、智伯极武而亡；秦任刑法不变，卒灭赵氏。乡使秦已并天下，行仁义，法先圣，陛下安得而有之？”高帝不怿而有惭色，乃谓陆生曰：“试为我著秦所以失天下，吾所以得之者何，及古成败之国。”陆生乃粗述存亡之征，凡著十二篇。每奏一篇，高帝未尝不称善，（高祖岂不悦诗书？）左右呼万岁，（装点）号其书曰

“新语”。

孝惠帝时，吕太后用事，欲王诸吕，畏大臣有口者，（“有口者”，从篇首而来，陆生闭口，有深意）陆生自度不能争之，乃病免家居。以好畤田地善，可以家焉。（本段串“家居”）有五男，乃出所使越得橐中装卖千金，分其子，子二百金，令为生产。（细）陆生常安车驷马，从歌舞鼓琴瑟侍者十人，宝剑直百金，谓其子曰：“与汝约：过汝，汝给吾人马酒食，极欲，十日而更。所死家，得宝剑车骑侍从者。一岁中往来过他客，率不过再三过，数见不鲜，无久慁公为也。”

吕太后时，王诸吕，诸吕擅权，欲劫少主，危刘氏。右丞相陈平患之，力不能争，恐祸及己，（此陈平隐衷）常燕居深念。陆生往请，直入坐，而陈丞相方深念，不时见陆生。陆生曰：“何念之深也？”陈平曰：“生揣我何念？”陆生曰：“足下位为上相，食三万户侯，可谓极富贵无欲矣。然有忧念，不过患诸吕、少主耳。”陈平曰：“然。为之奈何？”陆生曰：“天下安，注意相；天下危，注意将。（大见识！千古名句）将相和调，则士务附；士务附，天下虽有变，即权不分。为社稷计，在两君掌握耳。臣常欲谓太尉绛侯，绛侯与我戏，易吾言。君何不交欢太尉，深相结？”为陈平画吕氏数事。陈平用其计，乃以五百金为绛侯寿，厚具乐饮；（结交之事不过孔方也，两人在高祖朝极冷淡）太尉亦报如之。此两人深相结，则吕氏谋益衰。陈平乃以奴婢百人，车马五十乘，钱五百万，遗陆生为饮食费。陆生以此游汉廷公卿间，名声借甚。

及诛诸吕，立孝文帝，陆生颇有力焉。孝文帝即位，欲使人之南越。陈丞相等乃言陆生为太中大夫，往使尉他，令尉他去黄屋称制，令比诸侯，皆如意旨。（后使越，其功不在陆生，而在文帝一纸柔之也，故不详叙）语在南越语中。陆生竟以寿终。（好结，有深意。郦生负气鼎烹，陆生委蛇寿终）

……

刘敬叔孙通列传（节选）

导读

本篇是汉初两位重要臣僚刘敬和叔孙通的合传。汉朝建朝初期，百端待举，在辅佐汉高祖刘邦建设西汉政权中，刘敬和叔孙通从不同方面发挥了重要作用，故合而为传。刘敬本姓娄，因去陇西戍守路过洛阳，便主动劝说高祖建都关中，高祖采纳了他的意见，赐姓刘，拜为郎中。当时匈奴兵力强盛，时扰边境，刘敬献与匈奴和亲之策，并出使匈奴订立和亲盟约；后又建议并奉命执行迁山东诸侯后裔豪强十万余口，充实关中。叔孙通曾为秦代博士，秦灭随从项羽，旋即率儒生百余人降汉王。他精通朝廷礼仪制度，汉朝初建百官不懂礼节常以醉态妄呼，于是叔孙通采取古礼结合秦仪并根据高祖要求，定立朝仪制度，曾任奉常、太子太傅。汉朝宗庙仪法等诸法均由他所定。《太史公自序》说："徙强族，都关中，和约匈奴；明朝廷礼，次宗庙仪法。作《刘敬叔孙通列传》第三十九。"从传旨可以看出司马迁对他们的贡献给予了充分肯定，并就此评论道："夫高祖起于微细，定海内，谋计用兵，可谓尽之矣。然而刘敬脱挽辂一说，建万世之安，智岂可专耶！"

……

汉二年，汉王从五诸侯入彭城，叔孙通降汉王。汉王败而西，因竟从汉。（"竟"，谓叔孙通前不能从一而终也）

叔孙通儒服，汉王憎之；乃变其服，服短衣，楚制，汉王喜。

叔孙通之降汉，从儒生弟子百余人，然通无所言进，专言诸故群盗壮士进之。（大有文章。此乃与时实用之策也）弟子皆窃骂（前窃骂，后大喜，专描儒生丑态）曰："事先生数岁，幸得从降汉，今不能进臣等，专言大猾，何也？"叔孙通闻之，乃谓曰："汉王方蒙矢石争天下，诸生宁能斗乎？（务实之言）故先言斩将搴旗之士。诸生且待我，我不忘矣。"（市井口气，妙）汉王拜叔孙通为博士，号稷嗣君。

汉五年，已并天下，诸侯共尊汉王为皇帝于定陶，叔孙通就其仪号。（伏一笔）高帝悉去秦苛仪法，为简易。群臣饮酒争功，醉或妄呼，拔剑击柱，高帝患之。（起因）叔孙通知上益厌之也，（不可少此六字）说上曰："夫儒者难与进取，可与守成。（务实之言）臣愿征鲁诸生，（不忘与诸鲁生之约也，巧引弟子入朝）与臣弟子共起朝仪。"高帝曰："得无难乎？"叔孙通曰："五帝异乐，三王不同礼。礼者，因时世人情为之节文者也。（取巧，且妄）故夏、殷、周之礼所因损益可知者，谓不相复也。臣愿颇采古礼与秦仪杂就之。"（"杂就之"，此千古礼乐兴亡之大关系，不可放过）上曰："可试为之，令易知，度吾所能行为之。"（古朝，天子大臣皆依礼，自汉以下，下有仪而上无礼，皆此言启之）

于是叔孙通使征鲁诸生三十余人。鲁有两生不肯行，（有高洁之士）曰："公所事者且十主，皆面谀以得亲贵。（可见礼乐非叔孙所能识）今天下初定，死者未葬，伤者未起，又欲起礼乐。礼乐所由起，积德百年而后可兴也。（谓叔孙而制礼仪实为苟且）吾不忍为公所为。公所为不合古，吾不行。公往矣，无污我！"叔孙通笑（可谓强颜欢笑）曰："若真鄙儒也，不知时变。"（叔孙确知实务）

遂与所征三十人西，及上左右为学者与其弟子百余人为绵蕞野外。习之月余，叔孙通曰："上可试观。"上既观，使行礼，曰："吾能为此。"乃令群臣习肄，会十月。

汉七年，长乐宫成，诸侯群臣皆朝十月。仪：先平明，谒者治礼，引以次入殿门，廷中陈车骑步卒卫宫，设兵张旗志。传言"趋"。殿下郎中侠陛，陛数百人。功臣列侯诸将军军吏以次陈西方，东向；文官丞相以下陈东方，西向。大行设九宾，胪传。于是皇帝辇出房，百官执职传警，引诸侯王以下至吏六百石以次奉贺。自诸侯王以下莫不振恐肃敬。至礼毕，复置法酒。诸侍坐殿上皆伏抑首，以尊卑次起上寿。觞九行，谒者言"罢酒"。御史执法举不如仪者辄引去。竟朝置酒，无敢喧哗失礼者。于是高帝曰："吾乃今日知为皇帝之贵也。"（以此句结设礼仪之事，是赞叹，是嘲讽，可自品味）乃拜叔孙通为太常，赐金五百斤。

叔孙通因进曰："诸弟子儒生随臣久矣，与臣共为仪，愿陛下官之。"（看其委蛇之处）高帝悉以为郎。叔孙通出，皆以五百斤金赐诸生。诸生乃皆喜曰："叔孙生诚圣人也，知当世之要务。"（官与金，买圣人之名。"知要务"却是精道）

……

季布栾布列传

导 读

司马迁写这篇传记是饱含感情的。他一面赞扬季布、栾布的优秀品质，称赞他们是英雄好汉，视死如归，重义轻生，死得其所，一面又对刘邦的奸诈、猜忌、残忍和气量狭小等丑恶方面进行大胆地揭露，使其形成鲜明的对比，从而表现了他强烈的爱憎感情。文中有些对话，像季布当廷对樊哙的指责，栾布对刘邦的反驳，理由充分，说理深刻，有极大的说服力。语言符合人物的身份，从而也表现了人物的性格。

可以说，司马迁描写季布的重点正在于季布能够“摧刚为柔”。《太史公自序》中就说，季布“能摧刚作柔，卒为列臣；栾公不劫于执而倍死。作《季布栾布列传》第四十”。如果说司马迁意在歌颂季布的气节任侠，那么大可不必于开篇竭力描写季布脱难一节，而是可以直接从他为汉臣时事迹写来。至于为什么要先写季布为奴，然后才写他折樊哙、谏文帝，姚苎田说得好：“《季布传》史公赞中独反覆叹息于始之为奴朱家，自重其死处，故起一段亦极意描写，比《游侠传》尤觉精神，而特以能‘摧刚为柔’先下一句断语，然既将其柔处写得奄奄欲尽，势必再将其刚处特一振刷之，方显得始之贬损，大有深意。故接手便将廷折樊哙语写得毛发欲竖，此相救之法也。”本篇后来对季布的描写说明了季布仍是刚直之人，对比之下，前面的忍辱求生就更显得他“摧刚为柔”的难得了。

季布者，楚人也。为气任侠，有名于楚。（八字一篇之纲，贯穿始终）项籍使将兵，数窘汉王。及项羽灭，高祖购求布千金，敢有舍匿，罪及三族。季布匿濮阳周氏。周氏曰：“汉购将军急，迹且至臣家，将军能听臣，臣敢献计；即不能，原先自到。”（一“先”字，直截之，恐其自杀）季布许之。乃髡钳季布，衣褐衣，置广柳车中，并与其家僮数十人，之鲁朱家所卖之。朱家心知是季布，（“心知”一）乃买而置之田。诫其子曰：“田事听此奴，必与同食。”（只九字，处分极妙）朱家乃乘轺车之洛阳，见汝阴侯滕公。滕公留朱家饮数日。因谓滕公曰（先饮后言，有缓急）："季布何大罪，而上求之急也？"（开口有致）滕公曰："布数为项羽窘上，上怨之，故必欲得之。"朱家曰："君视季布何如人也？"（接口又别，伏忌壮士、资敌国一意）曰："贤者也。"（摸清底细，才敢开口正理）朱家曰："臣各为其主用，季布为项籍用，职耳。（一层理）项氏臣可尽诛耶？（劫制一）今上始得天下，独以己之私怨求一人，何示天下之不广也！（二层理）且以季布之贤而汉求之急如此，此不北走胡即南走越耳。（劫制二，不用此劫制法，即为老生常谈，不足任侠）夫忌壮士以资敌国，此伍子胥所以鞭荆平王之墓也。（此语不无过火，然显大侠口吻）君何不从容为上言耶？"汝阴侯滕公朱家大侠，（"心知"二，狭义之人，无需多言，即"心知"可也）意季布匿其所，乃许曰："诺。"待间，果言如朱家指。上乃赦季布。当是时，诸公皆多季布能摧刚为柔，朱家亦以此名闻当世。季布召见，谢，上拜为郎中。（此文岂一任侠者，四也！）

孝惠时，为中郎将。单于尝为书嫚吕后，不逊，吕后大怒，召诸将议之。（吕后以私怒欲用兵，故季布折之）上将军樊哙曰："臣愿得十万众，横行匈奴中。"诸将皆阿吕后意，（此五字，反衬季布刚直）曰"然"。季布曰："樊哙可斩也！（语势斩断，是负气人）夫高帝将兵四十余万众，困于平城，今哙奈何以十万众横行匈奴中，面欺！（文有纵横，此为横也）且秦以事于胡，陈胜等起。于今创痍未瘳，哙又面谀，欲摇动天下。"是时殿上皆恐，太后罢朝，遂不复议击匈奴事。（满朝莫敢抗，其气势如此）

（此段宛曲条畅，道尽粗豪渐化，摧刚为柔）季布为河东守，孝文时，人有言其贤者，孝文召，欲以为御史大夫。复有言其勇，使酒难近。至，留邸一月，见罢。季布因进曰："臣无功窃宠，待罪河东。陛下无故召臣，此人必有以臣欺陛下者；今臣至，无所受事，罢去，此人必有以毁臣者。夫陛下以一人之誉而召臣，一人之毁而去臣，臣恐天下有识闻之有以窥陛下也。"（彦彦大臣语，深为得体，非复侠气之常有）上默然惭，良久曰："河东吾股肱郡，故特召君耳。"（帝言亦是极其妩媚，令人发笑）布辞之官。

楚人曹丘生，辩士，数招权顾金钱。事贵人赵同等，与窦长君善。（叙其生平，以深病季布为之所中也）季布闻之，寄书谏窦长君曰："吾闻曹丘生非长者，勿与通。"及曹丘生归，欲得书请季布。（早已看破其病根）窦长君曰："季将军不说足下，足下无往。"固请书，遂行。使人先发书，季布果大怒，待曹丘。曹丘至，即揖季布曰："楚人谚曰'得黄金百斤，不如得季布一诺'，足下何以得此声于梁楚间哉？（寥寥数语，令人不得自持）且仆楚人，足下亦楚人也。（又引而亲之）仆游扬足下之名于天下，顾不重邪？何足下距仆之深也！"季布乃大说，引入，留数月，为上客，厚送之。季布名所以益闻者，曹丘扬之也。（接篇首，"有名于楚"）

季布弟季心，气盖关中，遇人恭谨，为任侠，方数千里，士皆争为之死。尝杀人，亡之吴，从袁丝匿。长事袁丝，弟畜灌夫、籍福之属。尝为中司马，中尉郅都不敢不加礼。少年多时时窃籍其名以行。当是时，季心以勇，布以诺，著闻关中。（以季心正陪季布之勇，双收极见笔力）

季布母弟丁公，为楚将。丁公为项羽逐窘高祖彭城西，短兵接，（简语危情）高祖急，顾丁公曰："两贤岂相厄哉！"（急中妙语，妙在不甚可解，奇）于是丁公引兵而还，汉王遂解去。及项王灭，丁公谒见高祖。高祖以丁公徇军中，曰："丁公为项王臣不忠，使项王失天下者，乃丁公也。"遂斩丁公，曰："使后世为人臣者无效丁公！"（以丁公反衬季布之忠）

栾布者，梁人也。始梁王彭越为家人时，尝与布游。（栾布一生大节，在哭越一案，故以越为始）穷困，赁佣于齐，为酒人保。（与季布为奴相映衬，合传中多有衬射之妙）数岁，彭越去之巨野中为盗，而布为人所略卖，为奴于燕。为其家主报仇，燕将臧荼举以为都尉。（简而能详，两行中有无数事，他人无此笔力）臧荼后为燕王，以布为将。及臧荼反，汉击燕，虏布。梁王彭越闻之，乃言上，请赎布以为梁大夫。（与开头相应）

使于齐，未还，汉召彭越，责以谋反，（不直云谋反，而是"召"而"责"之，字中有眼）夷三族。已而枭彭越头于雒阳下，诏曰："有敢收视者，辄捕之。"布从齐还，奏事彭越头下，（奇景！）祠而哭之。吏捕布以闻。上召布，骂曰："若与彭越反邪？吾禁人勿收，若独祠而哭之，与越反明矣。趣烹之。"方提趣汤，布顾曰："愿一言而死。"上曰："何言？"布曰："方上之困于彭城，败荥阳、成皋间，项王所以不能西，徒以彭王居梁地，与汉合从苦楚也。（妙语，当是时彭越与刘邦本是友邦，原非臣主）当是之时，彭王一顾，与楚则汉破，与汉而楚破。（一"则"字，一"而"字，一虚一实，只换一字，奇笔）且垓下之会，微彭王，项氏不亡。天下已定，彭王剖符受封，亦欲传之万世。（凄壮）今陛下一征兵于梁，彭王病不行，而陛下疑以为反，反形未见，以苛小案诛灭之，臣恐功臣人人自危也。（此皆彭王所欲吐而未吐之言，可谓知己）今彭王已死，臣生不如死，请就烹。”于是上乃释布罪，拜为都尉。（汉主私欲不能夺于公理）

孝文时，为燕相，至将军。布乃称曰：“穷困不能辱身下志，非人也；富贵不能快意，非贤也。”（史公令人欲借言发心中穷厄之气耳，不值细推）于是尝有德者厚报之，有怨者必以法灭之。吴反时，以军功封俞侯，复为燕相。燕齐之间皆为栾布立社，号曰栾公社。

景帝中五年薨。子贲嗣，为太常，牺牲不如令，国除。

太史公曰：以项羽之气，而季布以勇显于楚，身屦军搴旗者数矣，可谓壮士。然至被刑戮，为人奴而不死，何其下也！（借他人酒杯，浇自己块垒）彼必自负其材，故受辱而不羞，欲有所用其未足也，（与上句全是史公在明己胸意也）故终为汉名将。贤者诚重其死。夫婢妾贱人感慨而自杀者，非能勇也，其计画无复之耳。栾布哭彭越，趣汤如归者，彼诚知所处，不自重其死。虽往古烈士，何以加哉！

张释之冯唐列传

导 读

张释之、冯唐都是汉文帝时杰出之士。他们不仅有真知灼见，而且敢于坚持正确意见，批评最高统治者，这些都是令人折节佩服的。司马迁对他们充满景仰之情，才由衷地称许他们的言论是“有味哉！有味哉！”。在这篇文章中，作者重点是写张释之、冯唐，但也一笔关涉两面，他们两人所以能显示出自己品格的卓异，是因为他们遇到了“从谏如流”的汉文帝。汉景帝时，张释之由于景帝衔恨在心，“犹尚以前过也”，丢了官职，只能做个徒有其名的淮南王相。而冯唐也被任命做了楚相，甚至最后连这样的职位都保不住。作者昭示他们的坎坷际遇，是对封建政治的控诉。文末，司马迁引用《尚书》之语称赞张、冯是“不偏不党”“不党不偏”。景帝疏远贤者，不正是亦党亦偏的表现吗？作者对封建政治的批判之意是极明显的。

该传在写作上也能体现司马迁的风格，在朴实的叙写中，蕴蓄着作者强烈的爱憎之情。一些细节之处也能做栩栩如生的描写，特别是一些人物的对话，更能使传文有着强烈的文学性，显示其独有的性格特征，如对张、冯二人的犯颜直谏和汉文帝的勇于纳谏，都做了生动形象的描绘。

张廷尉释之者，堵阳人也，字季。有兄仲同居。以訾为骑郎，事孝文帝，十岁不得调，无所知名。（以文帝之贤，能者尚有不用者，可见君子亦有时数）释之曰：“久宦减仲之产，不遂。”欲自免归。中郎将袁盎知其贤，惜其去，乃请徙释之补谒者。释之既朝毕，（文帝重选官之重，故未授而召见之）因前言便宜事。文帝曰：“卑之，毋甚高论，令今可施行也。”（让其降格陈言）于是释之言秦汉之间事，秦所以失而汉所以兴者久之。文帝称善，乃拜释之为谒者仆射。

释之从行，登虎圈。上问上林尉诸禽兽簿，十余问，尉左右视，尽不能对。（着实无能）虎圈啬夫从旁代尉对上所问禽兽簿甚悉，欲以观其能口对响应无穷者。文帝曰："吏不当若是邪？尉无赖！"乃诏释之拜啬夫为上林令。释之久之（此传多"久之"）前曰："陛下以绛侯周勃何如人也？"（问得妙）上曰："长者也。"又复问："东阳侯张相如何如人也？"上复曰："长者。"释之曰："夫绛侯、东阳侯称为长者，此两人言事曾不能出口，岂斆此啬夫谍谍利口捷给哉！且秦以任刀笔之吏，（下为移风易俗大主见）吏争以亟疾苛察相高，然其敝徒文具耳，无恻隐之实。以故不闻其过，陵夷而至于二世，天下土崩。今陛下以啬夫口辩而超迁之，臣恐天下随风靡靡，争为口辩而无其实。且下之化上疾于景响，举错不可不审也。"文帝曰："善。"乃止不拜啬夫。

上就车，召释之参乘，（圣主！）徐行，问释之秦之敝。具以质言。至宫，上拜释之为公车令。

顷之，太子与梁王共车入朝，不下司马门，于是释之追止太子、梁王无得入殿门。遂劾不下公门不敬，奏之。薄太后闻之，文帝免冠谢曰："教儿子不谨。"（汉之家教甚严）薄太后乃使使承诏赦太子、梁王，然后得入。文帝由是奇释之，（此时才真正脱颖而出）拜为中大夫。

顷之，至中郎将。从行至霸陵，居北临厕。是时慎夫人从，上指示慎夫人新丰道，曰："此走邯郸道也。"（慎夫人邯郸人也）使慎夫人鼓瑟，上自倚瑟而歌，意惨凄悲怀，（怀生离死别之情）顾谓群臣曰："嗟乎！以北山石为椁，用纻絮斮陈，蕠漆其间，岂可动哉！"左右皆曰："善。"释之前进曰："使其中有可欲者，虽锢南山犹有郄；使其中无可欲者，虽无石椁，又何戚焉！"文帝称善。其后拜释之为廷尉。（此后半篇提纲）

顷之，上行出中渭桥，有一人从桥下走出，乘舆马惊。于是使骑捕，属之廷尉。释之治问。曰："县人来，闻跸，匿桥下。久之，以为行已过，即出，见乘舆车骑，即走耳。"廷尉奏当，一人犯跸，当罚金。文帝怒（文帝怒，显释之执法不畏人主）曰："此人亲惊吾马，吾马赖柔和，令他马，固不败伤我乎？而廷尉乃当之罚金！"释之曰："法者天子所与天下公共也。今法如此而更重之，是法不信于民也。（学法之名言）且方其时，上使立诛之则已。今既下廷尉，廷尉，天下之平也，一倾而天下用法皆为轻重，民安所措其手足？（天下大关系）唯陛下察之。"良久，（又见"久"，意味深长）上曰："廷尉当是也。"

（应与前段对看，前后一类事，笔法却不同）其后有人盗高庙坐前玉环，捕得，文帝怒，（怒）下廷尉治。释之案律盗宗庙服御物者为奏，奏当弃市。上大怒曰（大怒）：“人之无道，乃盗先帝庙器，吾属廷尉者，欲致之族，而君以法奏之，非吾所以共承宗庙意也。”（上段是怒言，此段是大怒言，怒与大怒各有分量）释之免冠顿首谢（比上段多五字）曰：“法如是足也。且罪等，然以逆顺为差。（顺逆为差，乃法家之精粹）今盗宗庙器而族之，有如万分之一，假令愚民取长陵一抔土，（暗谓发掘陵墓也）陛下何以加其法乎？”久之，（再见“久之”）文帝与太后言之，（慎重如此）乃许廷尉当。是时，中尉条侯周亚夫与梁相山都侯王恬开见释之持议平，乃结为亲友。张廷尉由此天下称之。（由赀入郎，徘徊十年，此终可脱颖而出）

后文帝崩，景帝立，释之恐，（因其多劾公门也）称病。欲免去，惧大诛至；欲见谢，则未知何如。用王生计，卒见谢，景帝不过也。

王生者，善为黄老言，处士也。尝召居廷中，三公九卿尽会立，王生老人，曰“吾袜解”，顾谓张廷尉：“为我结袜！”释之跪而结之。（如张良事黄石公）既已，人或谓王生曰：“独奈何廷辱张廷尉，使跪结袜？”王生曰：“吾老且贱，自度终无益于张廷尉。张廷尉方今天下名臣，吾故聊辱廷尉，使跪结袜，欲以重之。”（如侯生）诸公闻之，贤王生而重张廷尉。张廷尉事景帝岁余，为淮南王相，犹尚以前过也。（与前文“景帝不过”对照）久之，（久之）释之卒。其子曰张挚，字长公，官至大夫，免。以不能取容当世，故终身不仕。（有此子，亦为释之增色不少）

冯唐者，其大父赵人。父徙代。汉兴徙安陵。（为何不直书安陵人，而以赵、代始？且观下文之回扣也。史公之笔，丝丝入扣）唐以孝著，（其每言必称先人）为中郎署长，事文帝。文帝辇过，问唐曰：“父老何自为郎？（称之“父老”，为冯唐九十余举贤良也，有脉络）家安在？”唐具以实对。文帝曰：“吾居代时，吾尚食监高祛数为我言赵将李齐之贤，（回扣文首赵、代之始）战于巨鹿下。今吾每饭，意未尝不在巨鹿也。父知之乎？”（意味深长，文帝心中已有匈奴之事）唐对曰：“尚不如廉颇、李牧之为将也。”（引入闲而紧）上曰：“何以？”唐曰：“臣大父在赵时，（言必称先，忠孝也）为官将，善李牧。臣父故为代相，善赵将李齐，知其为人也。”上既闻廉颇、李牧为人，良说，而搏髀曰（描写生动）：“嗟乎！吾独不得廉颇、李牧时为吾将，吾岂忧匈奴哉！”

唐曰："主臣！陛下虽得廉颇、李牧，弗能用也。"上怒，起入禁中。良久，召唐让曰："公奈何众辱我，独无间处乎？"（圣主，其言如家人）唐谢曰："鄙人不知忌讳。"

当是之时，匈奴新大入朝那，杀北地都尉印。上以胡寇为意，乃卒复问唐曰："公何以知吾不能用廉颇、李牧也？"唐对曰："臣闻上古王者之遣将也，（此段言语胜过奏疏）跪而推毂，曰：阃以内者，寡人制之；阃以外者，将军制之。军功爵赏皆决于外，（此是重点）归而奏之。此非虚言也。臣大父言，李牧为赵将居边，军市之租皆自用飨士，赏赐决于外，不从中扰也。委任而责成功，故李牧乃得尽其智能，遣选车千三百乘，彀骑万三千，百金之士十万，是以北逐单于，破东胡，灭澹林，西抑强秦，南支韩、魏。当是之时，赵几霸。（极写李牧战功，欲动之也）其后会赵王迁立，其母倡也。（恨迁之听谗，而并贱其所出）王迁立，乃用郭开谗，卒诛李牧，令颜聚代之。是以兵破士北，为秦所禽灭。今臣窃闻魏尚为云中守，（转接极便）其军市租尽以飨士卒，私养钱，五日一椎牛，飨宾客军吏舍人，是以匈奴远避，不近云中之塞。（极言魏尚之贤）虏曾一入，尚率车骑击之，所杀其众。（下文撇开叙事，独发议论，笔法变幻）夫士卒尽家人子，起田中从军，安知尺籍伍符。终日力战，斩首捕虏，上功莫府，一言不相应，文吏以法绳之。其赏不行而吏奉法必用。（说的恳切且中的）臣愚，以为陛下法太明，赏太轻，罚太重。且云中守魏尚（接回叙事）坐上功首虏差六级，陛下下之吏，削其爵，罚作之。（此方言正面，回首前文，乃千秋万鉴！）由此言之，陛下虽得廉颇、李牧，弗能用也。（有余味）臣诚愚，触忌讳，死罪死罪！"文帝说。是日，（二字，妙，不可少）令冯唐持节赦魏尚，（又妙，文帝真乃从谏如流）复以为云中守，而拜唐为车骑都尉，主中尉及郡国车士。

七年，景帝立，以唐为楚相，免。武帝立，求贤良，举冯唐。唐时年九十余，不能复为官，乃以唐子冯遂为郎。遂字王孙，亦奇士，与余善。

太史公曰：张季之言长者，守法不阿意；冯公之论将率，有味哉！有味哉！（赞叹不已）语曰"不知其人，视其友"。二君之所称诵，可著廊庙。书曰"不偏不党，王道荡荡；不党不偏，王道便便"。张季、冯公近之矣。

扁鹊仓公列传（节选）

导　读

《扁鹊仓公列传》是西汉史学家司马迁创作的一篇传，是《史记》列传中的第四十五篇。这是一篇记叙古代名医事迹的合传。一位是战国时期的扁鹊，另一位是西汉初年的淳于意。通过两千多年前享有盛誉的名医业绩介绍，使人了解到中国传统医学在西汉前期已有较高的水平。

作者笔下的扁鹊、淳于意，都是既有某些传奇色彩而又深深植根生活实际的艺术形象。传奇色彩使人物个性更生动鲜明；植根生活使他们的言谈举止真切如睹，增强了形象的真实性。这种使传奇和写实把握得恰到好处，以及浪漫主义和现实主义的艺术方法的结合，也就使传中的艺术形象神而不诬，奇而不诞，夸张而不失实。这是本文最有特色之处。另外，古医书往往术语叠出，文字也抽象生涩，令人望而却步。此文中所谈，主要是医术，作者却能在平实的叙述中时见波澜陡起，读来也算得晓畅易懂，文章的故事性、通俗性得到一定的提高，于是这篇专业性很强的文章，自然会引起更多读者的阅读兴趣。另外，文章的选材也颇具匠心。文中对扁鹊、淳于意的重要生平，尤其是从师经过、医术精妙等，都能娓娓谈来，毫不板滞雷同。同写名医，同写医术，能避免此弊，足见作者选择材料时，趋新避同的价值取向。文章在介绍淳于意时，选写了 24 条和医案类似的材料，作者却把它们写得段段精采新奇，使人不觉重复冗长，充分显示他医术的超绝精妙，一位令人啧啧赞叹的医学家形象也就栩栩如生出现在人们眼前。

扁鹊者，勃海郡郑人也，姓秦氏，名越人。少时为人舍长。舍客长桑君过，扁鹊独奇之，常谨遇之。长桑君亦知扁鹊非常人也。出入十余年，(莫逆之交) 乃呼扁鹊私坐，间与语曰：“我有禁方，年老，欲传与公，公毋泄。”扁鹊曰：“敬诺。”乃出其怀中药予扁鹊：“饮是以上池之水，三十日当知物矣。”乃悉取其禁方书尽与扁鹊。忽然不见，殆非人也。扁鹊以其言饮药三十日，视见垣一方人。(隔墙见物)以此视病，尽见五藏症结，特以诊脉为名耳。为医或在齐，或在赵。在赵者名扁鹊。

当晋昭公时，诸大夫强而公族弱，赵简子为大夫，专国事。(写医事，并带政事)简子疾，五日不知人，大夫皆惧，于是召扁鹊。扁鹊入视病，出，董安于问扁鹊，扁鹊曰："血脉治也，而何怪！昔秦穆公尝如此，七日而寤。寤之日，告公孙支与子舆曰："我之帝所甚乐。吾所以久者，适有所学也。帝告我：晋国且大乱，五世不安。其后将霸，未老而死。霸者之子且令而国男女无别。"(如写男女宣淫则无味)公孙支书而藏之，秦策于是出。夫献公之乱，文公之霸，而襄公败秦师于崤而归纵淫，此子之所闻。今主君之病与之同，不出三日必间，间必有言也。"(虚虚实实，亦真亦幻)

居二日半，(应不出三日)简子寤，语诸大夫曰："我之帝所甚乐，与百神游于钧天，广乐九奏万舞，不类三代之乐，其声动心。(无根梦语，写的如此兴会，亦是异样文章)有一熊欲援我，帝命我射之，中熊，熊死。有罴来，我又射之，中罴，罴死。帝甚喜，赐我二笥，皆有副。吾见儿在帝侧，帝属我一翟犬，曰："及而子之壮也以赐之。"帝告我："晋国且世衰，七世而亡。嬴姓将大败周人于范魁之西，而亦不能有也。"董安于受言，书而藏之。以扁鹊言告简子，简子赐扁鹊田四万亩。(扁鹊乃是医士，首段写的却似卜士，亦是奇特)

其后扁鹊过虢。虢太子死，扁鹊至虢宫门下，问中庶子喜方者(喜方者，应对看，实为一知半解之人)曰："太子何病，国中治穰过于众事？"中庶子曰："太子病血气不时，交错而不得泄，暴发于外，则为中害。精神不能止邪气，邪气畜积而不得泄，是以阳缓而阴急，故暴蹶而死。"扁鹊曰："其死何如时？"曰："鸡鸣至今。"曰："收乎？"曰："未也，其死未能半日也。""言臣齐勃海秦越人也，家在于郑，未尝得望精光侍谒于前也。闻太子不幸而死，臣能生之。"(奇)中庶子曰："先生得无诞之乎？何以言太子可生也！臣闻上古之时，医有俞跗，(又应"喜方者"本领)治病不以汤液醴洒，镵石挢引，案抏毒熨，一拨见病之应，因五藏之输，乃割皮解肌，诀脉结筋，搦髓脑，揲荒爪幕，湔浣肠胃，漱涤五藏，练精易形。先生之方能若是，则太子可生也；不能若是而欲生之，曾不可以告咳婴之儿。"终日，扁鹊仰天叹曰："夫子之为方也，若以管窥天，以郄视文。越人之为方也，不待切脉望色听声写形，(六字至精)言病之所在。闻病之阳，论得其阴；闻病之阴，论得其阳。病应见于大表，不出千里，决者至众，不可曲止也。子以吾言为不诚，试入诊太子，当闻其耳鸣而鼻张，循其两股以至于阴，当尚温也。”

中庶子闻扁鹊言，目眩然而不瞚，舌挢然而不下，（不似史公之语，拖沓）乃以扁鹊言入报虢君。虢君闻之大惊，出见扁鹊于中阙，曰：“窃闻高义之日久矣，然未尝得拜谒于前也。先生过小国，幸而举之，偏国寡臣幸甚。有先生则活，无先生则弃捐填沟壑，长终而不得反。”（连绵恳切之语）言末卒，因嘘唏服臆，魂精泄横，流涕长潸，忽忽承䀹，悲不能自止，容貌变更。（疑亦非史公之语）扁鹊曰：“若太子病，所谓‘尸蹶’者也。夫以阳入阴中，动胃繵缘，中经维络，别下于三焦、膀胱，是以阳脉下遂，阴脉上争，会气闭而不通，阴上而阳内行，下内鼓而不起，上外绝而不为使，上有绝阳之络，下有破阴之纽，破阴绝阳，色废脉乱，故形静如死状。太子未死也。夫以阳入阴支兰藏者生，以阴入阳支兰藏者死。凡此数事，皆五藏蹷中之时暴作也。良工取之，拙者疑殆。”

扁鹊乃使弟子子阳厉针砥石，以取外三阳五会。有间，太子苏。乃使子豹为五分之熨，以八减之齐和煮之，以更熨两胁下。太子起坐。更适阴阳，但服汤二旬而复故。故天下尽以扁鹊为能生死人。扁鹊曰：“越人非能生死人也，此自当生者，越人能使之起耳。”（点破真谛，医者不肯道也）

（此名篇也）扁鹊过齐，齐桓侯客之。入朝见，曰：“君有疾在腠理，不治将深。”桓侯曰：“寡人无疾。”扁鹊出，桓侯谓左右曰：“医之好利也，欲以不疾者为功。”（此辈良多，故有此论）后五日，扁鹊复见，曰：“君有疾在血脉，不治恐深。”桓侯曰：“寡人无疾。”扁鹊出，桓侯不悦。（变化也入情）后五日，扁鹊复见，曰；“君有疾在肠胃间，不治将深。”桓侯不应。扁鹊出，桓侯不悦。后五日，扁鹊复见，望见桓侯而退走。桓侯使人问其故。扁鹊曰：“疾之居腠理也，汤熨之所及也；在血脉，针石之所及也；其在肠胃，酒醪之所及也；其在骨髓，虽司命无奈之何。今在骨髓，臣是以无请也。”后五日，桓侯体病，使人召扁鹊，扁鹊已逃去。桓侯遂死。

使圣人预知微，能使良医得蚤从事，则疾可已，身可活也。（此语意之深也，不仅医药言，通乎治世）人之所病，病疾多；而医之所病，病道少。故病有六不治：骄恣不论于理，一不治也；轻身重财，二不治也；衣食不能适，三不治也；阴阳并，藏气不定，四不治也；形羸不能服药，五不治也；信巫不信医，六不治也。有此一者，则重难治也。（骄恣不论于理，轻身重财乃万世不治之症也）

扁鹊名闻天下。过邯郸，闻贵妇人，即为带下医；过雒阳，闻周人爱老人，即为耳目痹医；来入咸阳，闻秦人爱小儿，即为小儿医：随俗为变。（为名？为利？）秦太医令李醯自知伎不如扁鹊也，使人刺杀之。（终为名利所累）至今天下言脉者，由扁鹊也。

太仓公者，齐太仓长，临菑人也，姓淳于氏，名意。少而喜医方术。高后八年，更受师同郡元里公乘阳庆。庆年七十余，无子，使意尽去其故方，更悉以禁方予之，传黄帝、扁鹊之脉书，五色诊病，知人死生，决嫌疑，定可治，及药论，甚精。受之三年，为人治病，决死生多验。然左右行游诸侯，不以家为家，或不为人治病，病家多怨之者。

（缇萦上书）文帝四年中，人上书言意，以刑罪当传西之长安。意有五女，随而泣。意怒，骂曰："生子不生男，缓急无可使者！"于是少女缇萦伤父之言，乃随父西。上书曰："妾父为吏，齐中称其廉平，今坐法当刑。妾切痛死者不可复生而刑者不可复续，虽欲改过自新，其道莫由，终不可得。（转折激昂）妾愿入身为官婢，以赎父刑罪，使得改行自新也。"书闻，上悲其意，此岁中亦除肉刑法。（文帝真圣主）

意家居，诏召问所为治病死生验者几何人也，主名为谁。

诏问故太仓长臣意："方伎所长，及所能治病者？有其书无有？皆安受学？受学几何岁？尝有所验，何县里人也？何病？医药已，其病之状皆何如？具悉而对。"臣意对曰：自意少时，喜医药，医药方试之多不验者。至高后八年，得见师临菑元里公乘阳庆。庆年七十余，意得见事之。谓意曰："尽去而方书，非是也。庆有古先道遗传黄帝、扁鹊之脉书，五色诊病，知人生死，决嫌疑，定可治，及药论书，甚精。我家给富，心爱公，欲尽以我禁方书悉教公。"臣意即曰："幸甚，非意之所敢望也。"臣意即避席再拜谒，受其脉书上下经、五色诊、奇咳术、揆度阴阳外变、药论、石神、接阴阳禁书，受读解验之，可一年所。明岁即验之，有验，然尚未精也。要事之三年所，即尝已为人治，诊病决死生，有验，精良。今庆已死十年所，臣意年尽三年，年三十九岁也。

……

魏其武安侯列传

导　读

本文在写作方面也表现了较高的技巧。虽是三个人的合传，头绪纷繁，但在分别交代每个人出身经历的同时，又能将他们交错起来叙写，有分有合。既井然有序，又结构紧密完整，浑然一体。表现了作者高度的艺术概括力和组织剪裁能力。

文章写得最精彩的是魏其设宴、灌夫骂座和东朝廷辩的情景。两次宴会的情景写尽了官场的势利。窦婴和灌夫二人因失势而结合在一起，成为生死之交。灌夫为了拉拢感情，使窦婴与田蚡接近，竟然不顾丧服在身而毅然陪侍。窦婴夫妇为了迎接炙手可热的田蚡全力以赴，通宵达旦地进行准备。而田蚡根本就没把此事放在心上，忘得干干净净，届时尚高卧不起。当灌夫亲去求请时，仍然满不在乎，一路上慢腾腾而来。席间又傲慢无礼，使灌夫恼羞成怒，幸而窦婴忍气吞声，才没有爆发冲突。第二次是在田蚡娶妻的婚宴上，同是皇帝国戚，窦婴备受冷遇，田蚡却得意忘形，灌夫忍无可忍，借酒骂座，招致田蚡的报复。窦婴挺身而出，拼力相救，于是就在东朝廷辩时，与田蚡展开了正面冲突，由此也断送了自己的性命。通过上述三幕戏剧性冲突的描写，不仅把他们三人的性格栩栩如生地展现了出来，而且把汉武帝、窦太后、王太后以及韩安国等朝中大臣的形象也刻画得相当鲜明突出。

魏其侯窦婴者，孝文后从兄子也。父世观津人。喜宾客。（宾客一，存此三字，以观下文）孝文时，婴为吴相，病免。（病一）孝景初即位，为詹事。

梁孝王者，孝景弟也，其母窦太后爱之。梁孝王朝。因昆弟燕饮。是时，上未立太子。酒酣，从容言曰：“千秋之后传梁王。”太后欢。窦婴引卮酒敬上，曰：“天下者，高祖天下。父子相传，此汉之约也。上何以得擅传梁王？”（辞下言直，魏其性情生平由此可知）太后由此憎窦婴。窦婴亦薄其官，因病免。（病二）太后除窦婴门籍，不得入朝请。

孝景三年，吴、楚反。上察宗室诸窦毋如窦婴贤，（引帝王评价，有身份）乃召婴。婴入见，固辞谢病不足任。（久屈而气不衰，有品格）太后亦惭。于是上曰："天下方有急，王孙宁可让邪?"乃拜婴为大将军，赐金千斤。窦婴乃言袁盎、栾布诸名将贤士在家者进之。（初得进位，即进贤良）所赐金，陈之廊庑下，军吏过，辄令财取为用，金无入家者。（有品色，非独以军功立于朝）窦婴守荥阳，监齐、赵兵。七国兵已尽破，封婴为魏其侯。（三句书其军功，与下文武安侯对照）诸游士宾客争归魏其侯。（宾客二）孝景时，每朝议大事，条侯、魏其侯，诸列侯莫敢与亢礼。（信任已极）

孝景四年，立栗太子。使魏其侯为太子傅。孝景七年，栗太子废，魏其数争不能得。魏其谢病，（病三）屏居蓝田南山之下数月，诸宾客辩士说之，（宾客三）莫能来。梁人高遂乃说魏其曰："能富贵将军者，上也；能亲将军者，太后也。（开门见山，直中要害）今将军傅太子，太子废而不能争，争不能得，又弗能死；自引谢病，拥赵女，屏闲处而不朝。（几句只是陪衬语）相提而论，是自明扬主上之过。有如两宫螫将军，则妻子毋类矣。"（此是关键语，以俗论动其沾沾自喜之心）魏其侯然之，乃遂起，朝请如故。

桃侯免相，窦太后数言魏其侯。孝景帝曰："太后岂以为臣有爱，不相魏其？魏其者，沾沾自喜耳，（景帝论周亚夫怏怏，窦婴沾沾自喜，皆中）多易。难以为相，持重。"遂不用。用建陵侯卫绾为丞相。

武安侯田蚡者，孝景后同母弟也，生长陵。魏其已为大将军后，（串入）方盛。蚡为诸郎，未贵，往来侍酒魏其，跪起如子侄。（与其后骄慢做对比）及孝景晚节，蚡益贵幸，为太中大夫。蚡辩有口，学盘盂诸书，王太后贤之。孝景崩，即日太子立，称制，所镇抚多有田蚡宾客计筴。（非写其功，为其渐揽权铺垫）蚡、弟田胜，皆以太后弟，孝景后三年，封蚡为武安侯，胜为周阳侯。（以皇亲之故得侯，应与窦婴军功得侯对看）

武安侯新欲用事为相，卑下宾客，进名士家居者贵之，欲以倾魏其诸将相。（看其两用"欲"字，其心可知）建元元年，丞相绾病免，上议置丞相、太尉。籍福（深明事故之人也）说武安侯曰："魏其贵久矣，天下士素归之。今将军初兴，未如魏其，即上以将军为丞相，必让魏其。魏其为丞相，将军必为太尉。太尉、丞相尊等耳，又有让贤名。"（其非为武安博贤名，实为魏其着想也）武安侯乃微言太后风上，（贵戚之轻薄）于是乃以魏其侯为丞相，武安侯为太尉。籍福贺魏其侯，因吊曰：（有大见识，应文帝“多易”之论）“君侯资性喜善疾恶，方今善人誉君侯，故至丞相。（善人为自谓也。不直说出，品格高）然君侯且疾恶，恶人众，（恶人为武安也）亦且废君侯。君侯能兼容，则幸久；不能，今以毁去矣。”（看得远，参得深）魏其不听。

魏其、武安俱好儒术，（合叙一段）推毂赵绾为御史大夫，王臧为郎中令，迎鲁申公，欲设明堂。令诸侯就国，除关，以礼为服制，以兴太平。（此举是陪）举适诸窦，宗室毋节行者，除其属籍。（此举是主，应上文“疾恶，恶人众”）时诸外家为列侯；列侯多尚公主，皆不欲就国，以故毁日至窦太后。（毁！）太后好黄老之言，而魏其、武安、赵绾、王臧等务隆推儒术，贬道家言。是以窦太后滋不说魏其等。及建元二年，御史大夫赵绾请无奏事东宫。窦太后大怒。乃罢逐赵绾、王臧等，而免丞相、太尉。以柏至侯许昌为丞相，武强侯庄青翟为御史大夫。魏其、武安由此以侯家居。（二人同退）

武安侯虽不任职，以王太后故，亲幸，数言事多效，天下吏士趋势利者，（“趋势利者”，尽显其丑）皆去魏其归武安。武安日益横。（独写武安，且是总纲）

建元六年，窦太后崩。丞相昌，御史大夫青翟坐丧失不办，免。以武安侯蚡为丞相，以大司农韩安国为御史大夫。天下士、郡国诸侯愈益拊武安。（步步推进）

武安者，貌侵，生贵甚。又以为诸侯王多长，上初即位，富于春秋，蚡以肺腑为京师相，非痛折节以礼诎之，天下不肃。（小人之心，可畏可恨）当时是，丞相入奏事，坐语移日，所言皆听。荐人或起家至二千石，权移主上。上乃曰：“君除吏已尽未？吾亦欲除吏！”（一代雄主，蓄怒如此，说得有趣）尝请考工地益宅。上怒曰：“君何不遂取武库！”（积怒已久）是后乃退。尝召客饮，坐其兄南乡，自坐东乡，以为汉相尊，不可以兄故私桡。武安由此滋骄。治宅甲诸地，田园极膏腴，而市郡县器物相属于道。前堂罗钟鼓，立曲旃；后房妇女以百数。诸侯奉金玉狗马玩好，不可胜数。

（接入灌夫小传）魏其失窦太后，益疏不用，无势。诸客稍稍自引而怠傲。唯灌将军独不失故。魏其日默默不得志，而独厚遇灌将军。

灌将军夫者，颍阴人也。夫父张孟，尝为颍阴侯婴舍人，得幸，因进之至二千石，故蒙灌氏姓为灌孟。吴、楚反时，颍阴侯灌何为将军，属太尉，请灌孟为校尉。夫与千人与父俱。灌孟年老，颍阴侯强请之，郁郁不得意。故战常陷坚，遂死吴军中。（年老不欲出且郁郁，而常陷坚，可见其父为负气慷慨之人，灌夫也有父风）军法："父子俱从军，有死事，得以丧归。"灌夫不肯随丧归，奋曰："愿取吴王若将军头以报父之仇。"（忠孝之气满满）于是，灌夫披甲持戟，募军中壮士所善愿从者数十人。（且看下文精彩，不及转睛）及出壁门，莫敢前。独二人及从奴十余骑驰入吴军，至吴将麾下，所杀伤数十人。不得前，复驰还，走入汉壁，（如蛟龙）皆亡其奴，独与一骑归。（如其一人回，乃是泛泛之笔，妙在"独与一人还"，才显其勇）夫身中大创十余，适有万金良药，故得无死。夫创少瘳，又复请将军曰："吾益知吴壁中曲折，请复往。"将军壮义之，恐亡夫，乃言太尉。太尉乃固止之。吴已破，灌夫以此名闻天下。（此段乃全传最精彩处）颍阴侯言之上，上以夫为中郎将。数月，坐法去。后家居长安，长安中诸公莫弗称之。孝景时，至代相。孝景崩，今上初即位，以为淮阳天下交，劲兵处，故徙夫为淮阳太守。建元元年，入为太仆。二年，夫与长乐卫尉窦甫饮，轻重不得。夫醉，搏甫。甫，窦太后昆弟也。上恐太后诛夫，徙为燕相。（大臣人主交爱如此）数月，坐法去官，家居长安。

灌夫为人刚直，使酒，不好面谀。贵戚诸有势在己之右，不欲加礼，必陵之。诸士在己之左，愈贫贱，尤益敬，与钧。稠人广众，荐宠下辈。士亦以此多之。（史公之笔，人之长短不相掩。人读之，多爱其长而恕其短）

夫不喜文学，（其得祸，正因不学无术）好任侠，已然诺。诸所与交通，无非豪杰大猾。（宾客豪）家累数千万，食客日数十百人。（宾客多）陂池田园，宗族宾客，为权利，横于颍川。（宾客横）颍川儿乃歌之曰："颍水清，灌氏宁；颍水浊，灌氏族。"（伏下文）

灌夫家居虽富，然失势，卿相侍中宾客益衰。及魏其侯失势，（两失势，即成局）亦欲倚灌夫，引绳批根生平慕之后弃之者。（魏其一片私心）灌夫亦倚魏其而通列侯宗室为名高。（灌夫只知进，不知退）两人相为引重，其游如父子然，相得欢甚，无厌，恨相知晚也。（偏写得浓情蜜意）

灌夫有服，过丞相。丞相从容（世态炎凉，失势之人，常受人轻薄如此）曰："吾欲与仲孺过魏其侯，会仲孺有服。"（实以有服为辞，并无真意）灌夫曰："将军乃肯幸临况魏其侯，夫安敢以服为解！请语魏其侯帐具，将军旦日蚤临！"武安许诺。（小人之前，出此势利语，真不足取）灌夫俱语魏其侯，如所谓武安侯。魏其与其夫人益市牛酒，夜洒埽，早帐具至旦。（一团势利）平明，令门下候视。至日中，丞相不来。魏其谓灌夫曰："丞相岂忘之哉？"（扫兴，声情并茂）灌夫不怿曰："夫以服请，宜往。"（再多事）乃驾，自往迎丞相。丞相特前戏许灌夫，殊无意往。（小人嘴脸）及夫至门，丞相尚卧。（自取其辱！）于是夫入见，曰："将军昨日幸许过魏其，魏其夫妻治具，自旦至今，未敢尝食。"武安鄂谢，曰："吾昨日醉，忽忘与仲孺言。"乃驾往，又徐行。灌夫愈益怒。及饮酒酣，夫起舞属丞相，丞相不起。夫从坐上语侵之。魏其乃扶灌夫去，谢丞相。丞相卒饮至夜，极欢而去。（此句写极奸雄嘴脸，百世可知，万世如此！）

丞相尝使籍福请魏其城南田，魏其大望曰："老仆虽弃，将军虽贵，宁可以势夺乎？"（都从势利起）不许。灌夫闻，怒骂籍福。（骂错人）籍福恶两人有郄，乃谩自好谢丞相，（真善人也）曰："魏其老且死，易忍，且待之。"已而武安闻魏其、灌夫实怒不予田，亦怒，曰："魏其子尝杀人，蚡活之。蚡事魏其，无所不可，何爱数顷田？（小人口吻）且灌夫何与也？（确实）吾不敢复求田！"武安由此大怨灌夫、魏其。（多少曲折，写成此句）

元光四年春，丞相言："灌夫家在颍川，横甚，民苦之。请案。"上曰："此丞相事，何请？"灌夫亦持丞相阴事，为奸利；受淮南王金，（淮南事为草蛇灰线，直贯传末）与语言。宾客居间，遂止，俱解。

夏，丞相取燕王女为夫人。有太后诏，（"太后诏"，下文篇目实为太后作主也）其召列侯宗室皆往贺。魏其侯过灌夫，欲与俱。（多事之极）夫谢曰："夫数以酒失得过丞相，丞相今者又与夫有郄。"（此时尚有自知之明）魏其曰："事已解。"强与俱。（多事之极）饮酒酣，武安起为寿，坐皆避席伏。已，魏其侯为寿，独故人避席耳，余半膝席。（把世间势利之态写得淋漓尽致）灌夫不悦，起行酒，至武安，武安膝席曰："不能满觞。"（实轻之）夫怒，因嘻笑（一怒一笑，摹画出欲怒又不得怒之状）曰："将军，贵人也，属之！"时武安不肯。行酒次至临汝侯，临汝侯方与程不识耳语，又不避席。（亦轻之）夫无所发怒，乃骂临汝侯（迁怒于人，实不足取）曰："生平毁程不识不直一钱，今日长者为寿，乃效女儿呫嗫耳语！"武安谓灌夫曰："程、李俱东西宫卫尉，今众辱程将军，仲孺独不为李将军地乎？”（从程不识扯到李广，小人善风云转换，激出许多矛盾）灌夫曰：“今日斩头陷胸，何知程、李乎！”坐乃起更衣，稍稍去。魏其侯去，麾灌夫出。武安遂怒（“去”“麾”“出”，上面三句应连读，才知场面是何等迅疾，何等怒发冲冠）曰：“此吾骄灌夫罪。”（不责魏其，而责己，奸巧）乃令骑留灌夫。（蛮横！）灌夫欲出不得。籍福起为谢，（真善人）案灌夫项令谢。夫愈怒，不肯谢。武安乃麾骑缚夫，置传室，（横甚！）召长史曰：“今日召宗室，有诏。”（应上文“太后诏”）劾灌夫骂坐不敬，系居室，（随口说出一个杀头罪名，小人之心险恶）遂按其前事，遣吏分曹逐捕灌氏之属，皆得弃市罪。

魏其侯大媿，为资使宾客请，莫能解。武安吏皆为耳目，诸灌氏皆亡匿。夫系，遂不得告言武安阴事。（此是武安真意）

（此段写魏其侯身份极高）魏其锐身为救灌夫，夫人谏魏其曰：“灌将军得罪丞相，与太后家忤，（点出太后）宁可救邪！”魏其侯曰：“侯自我得之，自我捐之，无所恨。且终不令仲孺独死，婴独生！”（慷慨激昂，可泣鬼神）乃匿其家，窃出上书。立召入，（力写其身份）具言灌夫醉饱事，不足诛。上然之，赐魏其食，（再写身份）曰：“东朝廷辩之。”

魏其之东朝，盛推灌夫之善，言其醉饱得过，乃丞相以他事诬罪之。（此处有明暗之妙）武安又盛毁灌夫所为横恣，罪逆不道。（小人先暗说一句）魏其度不可奈何，因言丞相短。（也是无可奈何，顺势而言）武安曰：“天下幸而安乐无事，蚡得为肺腑，所好音乐狗马田宅。蚡所爱倡优巧匠之属，不如魏其、灌夫日夜招聚天下豪杰壮士与论议，腹诽而心谤，不仰视天而俯画地，辟倪两宫间，幸天下有变而欲有大功。（全是莫须有之事，说得极阴极险）臣乃不知魏其等所为。”（含糊收尾，妙）

于是上问朝臣：（上意可知）“两人孰是？”御史大夫韩安国（以他人口中说出两人之言，此是史公常用之法，巧妙）曰：“魏其言‘灌夫父死事，身荷戟，驰入不测之吴军，身被数十创，名冠三军。此天下壮士，非有大恶，争杯酒，不足引他过以诛也。’魏其言是也。（先引魏其之言，则其意偏袒之）丞相亦言：‘灌夫通奸猾，侵细民，家累巨万，横恣颍川，凌轹宗室，侵犯骨肉，（老吏真是老辣！撇开“腹诽而心谤”“辟倪”之大恶，只言“侵民”“横恣”之小事，反复读之，益人心智）此所为之“枝大于本，胫大于股，不折必披。”’

丞相言亦是。唯明主裁之。”主爵都尉汲黯是魏其。内史郑当时是魏其，后不敢坚对。（汲黯如此耿直之人，犹不敢坚对，可见武安之盛，实为太后之主耳）余皆莫敢对。上怒内史曰：“公平生数言魏其、武安长短。今日廷论，局趣如效辕下驹。吾并斩若属矣。”（上意更可知）即罢起。入，上食太后。太后亦已使人候伺，具以告太后。太后怒，不食，曰：“今我在也，而人皆借吾弟，令我百岁后，皆鱼肉之矣。（妇人偏执口气，绝不论理之曲直，如画）且帝宁能为石人邪！此特帝在，即录录，设百岁后，是属宁有可信者乎！”上谢曰：“俱宗室外家，（言外之意，还有窦太后在。与“借吾弟”相对）故廷辩之。不然，此一狱吏所决耳。”是时，郎中令石建为上分别言两人事。

武安已罢朝，出止车门，召御史大夫载，（“召”，写的盛气凌人）怒曰：“与长孺共一老秃翁，为何首鼠两端?”韩御史良久（思何以对）谓丞相曰：“君何不自喜?（问得妙）夫魏其废君，君当免冠解印绶归，曰：‘臣以肺腑幸得待罪，因非其任，魏其皆是。’如此，上必多君有让，不废君。魏其必内愧，杜门齰舌自杀。今人毁君，君亦毁人，譬如贾竖女子争言，何其无大体也!”（此语和煦有秩，令奸雄心服）武安谢罪曰：“争时急，不知出此。”

于是上使御史簿责魏其所言灌夫，颇不雠，欺谩。劾系都司空。

孝景时，魏其常受遗诏，曰：“事有不便，以便宜论上。”及系灌夫，罪至族。事日急，诸公莫敢复明言于上。魏其乃使昆弟子上书言之，幸得复召见。书奏上，而案尚书，大行无遗诏。诏书独藏魏其家，家丞封。乃劾魏其矫先帝诏，（案者谁？劾者谁？皆武安使之也）罪当弃市。五年十月，悉论灌夫及家属。魏其良久乃闻，闻即恚，病痱，不食，欲死。（此时绝食而死，贤于后弃市而死）或闻上无意杀魏其，魏其复食，治病，（仍是沾沾自多易，举棋不定之病）议定不死矣。乃有蜚语，为恶言闻上，（武安实乃恶人）故以十二月晦论弃市渭城。

其春，（特指报应之快）武安侯病，专呼服谢罪。使巫视鬼者视之，见魏其、灌夫共守欲杀之。竟死。子恬嗣。元朔三年，武安侯坐衣襜褕入宫，不敬。

淮南王安谋反觉，治。王前朝，武安侯为太尉时，迎王至霸上，（此即灌夫欲告之事，其不得告，史公替其昭示于天下后世，快绝!）谓王曰：“上未有太子，大王最贤，高祖孙。即宫车晏驾，非大王立，当谁哉!”淮南王大喜，厚遗金财物。上自魏其时，不直武安，特为太后故耳。及闻淮南王金事，曰："使武安侯在者，族矣！"

太史公曰：魏其、武安皆以外戚重。灌夫用一时决策而名显。魏其之举以吴、楚，武安之贵在日月之际。（轻薄之）然魏其不知时变，灌夫无术而不逊，（断语确切，字字珠玑）两人相翼，乃成祸乱。（看的准）武安负贵而好权，杯酒责望，陷彼两贤。呜呼哀哉！迁怒及人，命亦不延。众庶不载，竟被恶言。呜呼哀哉！祸所从来矣。

李将军列传（节选）

导 读

《李将军列传》是司马迁的一篇力作，这篇作品充分展示了作者在人物传记方面的杰出才能。抓住主要特征突出人物形象是司马迁擅长的方法之一，在本文中作者就抓住李广最突出的特点，通过一些生动的故事和细节，着力加以描写，使人物形象极为鲜明。如写他以百骑机智地吓退匈奴数千骑，受伤被俘而能飞身夺马逃脱，率四千人被敌军四万人围困，仍能临危不惧，指挥若定，等等。通过这几个惊险的战斗故事，突出表现了李广的智勇双全。尤其是对李广的善射，作者更是不厌其详地精心描写，如射杀匈奴射雕手，射杀敌军白马将，射退敌人的追骑，误以石为虎而力射没簇，甚至平时还常以射箭与将士赌赛饮酒等。这些精彩的片段犹如一个个特写镜头，生动地展示了这位名将的风采。

司马迁写人物传记往往笔端含情，在这篇《李将军列传》中更是倾注了对李广的深切同情，同时也流露出对当权者的愤慨。作者的这些感情主要是在叙事中体现出来的。如写李蔡"为人在下中，名声出广下远甚"，但却能封侯拜相；写卫青徇私情而排挤李广。在这两段文字中我们都可感受到作者的愤愤不平之情。李广愤而自杀的消息传出后，"广军士大夫一军皆哭。百姓闻之，知与不知，无老壮皆为垂涕"。写全军与百姓的悲哭，自然也包含了作者个人的悲痛，我们可以想象，太史公写到此处时一定也是眼含热泪的。

李将军广者，陇西成纪人也。其先曰李信，秦时为将，逐得燕太子丹者也。（李信在前，李陵在后，有章法）故槐里，徙成纪。广家世世受射。（"骑射"是文章的主线）孝文帝十四年，匈奴大入萧关，而广以良家子从军击胡，用善骑射，杀首虏多，为汉中郎。（善射一）广从弟李蔡，亦为郎，皆为武骑常侍，秩八百石。尝从行，有所冲陷折关及格猛兽，而文帝曰："惜乎，子不遇时！如令子当高帝时，万户侯岂足道哉！"（以天子之口感其生不逢时，

细细品味，卓有远见）

及孝景初立，广为陇西都尉，徙为骑郎将。（细写官衔，处处感慨）显功名昌邑下，以梁王授广将军印还，赏不行。（此实乃僭越之事，言广颇不自重）徙为上谷太守。（让其处边，实左迁之，为贤者惜）匈奴日以合战，典属国公孙昆邪为上泣（极爱人才）曰："李广才气，天下无双，自负其能，（天下无双，扬。自负其能，抑。广之一生定语）数与虏敌战，恐亡之。"于是，乃徙为上郡太守。后广转为边郡太守，徙上郡，尝为陇西、北地、雁门、代郡、云中太守，皆以力战为名。

匈奴大入上郡，天子使中贵人从广勒习兵击匈奴。中贵人将骑数十，纵，（一字一句，言中贵人之轻率躁动）见匈奴三人，与战，三人还射，伤中贵人，杀其骑且尽。中贵人走广，广曰："是必射雕者也。"（极言广晓习边事。射雕者乃为匈奴精兵，衬托广之精射）广乃遂从百骑（百骑追三人，杀鸡牛刀，展开看，实为下文千骑做引子）往驰三人，三人亡马步行，行数十里，广令其骑张左右翼，而广身自射彼三人者，杀其二人，生得一人，（善射二）果匈奴射雕者也。已缚之上马，望匈奴有数千骑（此乃写"百骑"之用处。精、细！），见广，以为诱骑，皆惊，上山陈。广之百骑皆大恐，欲驰还走，广曰："吾去大军数十里，今如此以百骑走，匈奴追射我，立尽。今我留，匈奴必以我为大军之诱，必不敢击我。"（此为略）广令诸骑曰："前！"（此为胆）前，未到匈奴陈二里所，止，令（前、止、令，三字描其军令严整）曰："皆下马解鞍！"其骑曰："虏多且近！即有急，奈何？"广曰："彼虏以我为走，今皆解鞍以示不走，用坚其意。"（何等胆略！）于是胡骑遂不敢击。

有白马将出护其兵，李广上马与十余骑奔射杀胡白马将，（善射三）而复还至其骑中，解鞍，令士皆纵马卧。是时会暮，胡兵终怪之，不敢击。夜半时，胡兵亦以为汉有伏军于旁，欲夜取之，胡皆引而去。平旦，李广乃归其大军。大军不知广所之，故弗从。（此处一笔也写出广之轻率，为下文伏笔。）

居久之，孝景崩，武帝立，左右以为广名将也，（"左右以为"，暗指广无拔擢之途也，无一名臣为之进言）于是广以上郡太守为未央卫尉，而程不识亦为长乐卫尉，（两两对比）程不识故与李广俱以边太守将军屯。及出击胡，而广行无部伍行陈，就善水草屯，舍止，人人自便，不击刁斗以自卫，莫府省约文书籍事，然亦远斥侯，未尝遇害。程不识正部曲行伍营陈，击刁斗，士吏治军簿至明，军不得休息，然亦未尝遇害。（句句对应，又不重复，言词之妙）不识曰："李广军极简易，然虏卒犯之，无以禁也；而其士卒亦佚乐，咸乐为之死。我军虽烦扰，然虏亦不得犯我。"（以程之口，成一小传）是时汉边郡李广、程不识皆为名将，然匈奴畏李广之略，士卒亦多乐从李广而苦程不识。程不识孝景时以数直谏为太中大夫。为人廉，谨于文法。（实为不识立小传）

……

其后四岁，广以卫尉为将军，出雁门击匈奴。匈奴兵多，破败广军，生得广。单于素闻广贤，令曰："得李广必生致之。"胡骑得广，广时伤病，置广两马间，络而盛卧广。行十余里，广详死，睨其旁有一胡儿骑善马，广暂腾而上胡儿马，因推堕儿，取其弓，（此时也不忘弓箭）鞭马南驰数十里，复得其余军，因引而入塞。匈奴捕者骑数百追之，广行取胡儿弓，射杀追骑，（善射四）以故得脱。（被俘本为耻，却于耻处写其勇，史公之笔，可诛人，亦可立人）于是至汉，汉下广吏。吏当广所失亡多，为虏所生得，当斩，赎为庶人。

顷之，家居数岁。广家与故颍阴侯孙屏野居蓝田南山中射猎。（也不忘"善射"）尝夜从一骑出，从人田间饮。还至霸陵亭，霸陵尉醉，呵止广。广骑曰："故李将军。"（四字惨淡）尉曰："今将军尚不得夜行，何乃故也！"止广宿亭下。居无何，匈奴入杀辽西太守，败韩将军，后韩将军徙右北平。于是天子乃召拜广为右北平太守。（数为迁招，显广盖世英雄，天子不忘之）广即请霸陵尉与俱，至军而斩之。（广心胸窄小处，史公也不为讳）广居右北平，匈奴闻之，号曰"汉之飞将军"，避之数岁，不敢入右北平。（史公每于不战处写出广之精神）

广出猎，见草中石，以为虎而射之，中石没镞，视之石也。（善射五）因复更射之，终不能复入石矣。（更见其射之奇也）广所居郡闻有虎，尝自射之。（善射六）及居右北平射虎，虎腾伤广，广亦竟射杀之。（善射七）

广廉，得赏赐辄分其麾下，饮食与士共之。终广之身，为二千石四十余年，家无余财，终不言家产事。（一段特写其廉）

广为人长，猿臂，其善射亦天性也，（善射虚写一笔）虽其子孙他人学

者，莫能及广。广讷口少言，（因专于射艺，故少言）与人居则画地为军陈，射阔狭以饮。专以射为戏，竟死。（终生爱射艺也）

广之将兵，乏绝之处，见水，士卒不尽饮，广不近水，士卒不尽食，广不尝食。（爱人）宽缓不苛，（简易）士以此爱乐为用。其射，见敌急，非在数十步之内，度不中不发，发即应弦而倒。用此，其将兵数困辱，其射猛兽亦为所伤云。（续写善射，引出其轻于涉险，更加精彩）

居顷之，石建卒，于是上召广代建为郎中令。元朔六年，广复为后将军，从大将军军出定襄，击匈奴。诸将多中首虏率，以功为侯者，而广军无功。（难堪）后二岁，广以郎中令将四千骑出右北平，博望侯张骞将万骑与广俱，异道。行可数百里，匈奴左贤王将四万骑围广，（难堪中显精神）广军士皆恐，广乃使其子敢往驰之。敢独与数十骑驰，直贯胡骑，出其左右而还，（直贯谓入其中，出其左右为绕其外，视匈奴如无物）告广曰："胡虏易与耳。"军士乃安。广为圜陈外向，胡急击之，矢下如雨。汉兵死者过半，汉矢且尽。广乃令士持满毋发，而广身自以大黄射其裨将，（大黄即弩弓，善射八）杀数人，胡虏益解。会日暮，吏士皆无人色，而广意气自如，益治军。军中自是服其勇也。明日，复力战，而博望侯军亦至，匈奴军乃解去。汉军罢，弗能追。是时广军几没，罢归。汉法，博望侯留迟后期，当死，赎为庶人。广军功自如，无赏。

初，广之从弟李蔡与广俱事孝文帝。（承接篇首）景帝时，蔡积功劳至二千石。（咄咄逼人）孝武帝时，至代相。以元朔五年为轻车将军，从大将军击右贤王，有功中率，封为乐安侯。元狩二年中，代公孙弘为丞相。蔡为人在下中，名声出广下甚远，（轻李蔡，叹李广之不遇）然广不得爵邑，官不过九卿，而蔡为列侯，位至三公。（再叙一笔，感叹悠长。叙事中夹有议论真乃史公过人之处）诸广之军吏及士卒或取封侯。广尝与望气王朔燕语，（广亦颇郁闷，说出心中事）曰："自汉击匈奴而广未尝不在其中，而诸部校尉以下，才能不及中人，（史公为之言，其又自言，情何以堪）然以击胡军功取侯者数十人，而广不为后人，然无尺寸之功以得封邑者，何也？（此与项王兵败，喋喋不休言相近）岂吾相不当侯邪？且固命也？"（说相说命，英雄可叹）朔曰："将军自念，岂尝有所恨乎？"广曰："吾尝为陇西守，羌尝反，吾诱而降，降者八百余人，吾诈而同日杀之。至今大恨独此耳。"朔曰："祸莫大于杀

已降，此乃将军所以不得侯者也。”（英雄以相命之说以谓其心，让人潸然泪下）

后二岁，大将军、骠骑将军大出击匈奴，广数自请行，天子以为老，弗许；良久乃许之，以为前将军。（是上绐之也，见下文）是岁，元狩四年也。

广既从大将军青击匈奴，既出塞，青捕虏知单于所居，乃自以精兵走之，（贪功之心如此）而令广并于右将军军，出东道。东道少回远，而大军行水草少，其势不屯行。（数语明了，为李广千古功罪定下铁案，真良史也）广自请曰：“臣部为前将军，今大将军乃徙令臣出东道，且臣结发而与匈奴战，今乃一得当单于，臣愿居前，先死单于。”（老将慷慨激昂，令人动容）大将军青亦阴受上诫，（接上段，以明上实绐之，明暗结合，笔法从容）以为李广老，数奇，（命不好）毋令当单于，恐不得所欲。而是时公孙敖新失侯，为中将军从大将军，大将军亦欲使敖与俱当单于，故徙前将军广。（前为上意，此为青私，为李广叹）广时知之，固自辞于大将军。（两自请，一自辞）大将军不听，令长史封书与广之莫府，曰：“急诣部，如书。”（以军令强之，恶甚）广不谢大将军而起行，意甚愠怒而就部，引兵与右将军食其合军出东道。军亡导，或失道，后大将军。（即亡导，又失道，广实乃卫青所杀）大将军与单于接战，单于遁走，弗能得而还。（此数奇之故？）南绝幕，遇前将军、右将军。广已见大将军，还入军。（青、广未有一语，余怒未消）大将军使长史持糒醪遗广，因问广、食其失道状，（先慰劳，后激问，广老将，必不能忍）青欲上书报天子军曲折。广未对，大将军使长史急责广之幕府对簿。广曰：“诸校尉无罪，乃我自失道。吾今自上簿。”（慷慨愤怒）

至莫府，广谓其麾下曰：“广结发与匈奴大小七十余战，今幸从大将军出接单于兵，而大将军又徙广部行回远，而又迷失道，岂非天哉！（含义甚远，两“又”，为之一叹）且广年六十余矣，终不能复对刀笔之吏。”遂引刀自刭。（负气到老）广军士大夫一军皆哭。（死非其罪，痛惜之）百姓闻之，知与不知，无老壮皆为垂涕。而右将军独下吏，当死，赎为庶人。

广子三人，曰当户、椒、敢，为郎。天子与韩嫣戏，嫣少不逊，当户击嫣，嫣走。于是天子以为勇。（与父同为负气人）当户早死，拜椒为代郡太守，皆先广死。当户有遗腹子名陵。（为李陵伏笔）广死军时，敢从骠骑将军。

广死明年，李蔡以丞相坐侵孝景园壖地，当下吏治，蔡亦自杀，不对狱，国除。

李敢以校尉从骠骑将军击胡左贤王，力战，夺左贤王鼓旗，斩首多，赐爵关内侯，食邑二百户，代广为郎中令。顷之，怨大将军青之恨其父，乃击伤大将军，大将军匿讳之。居无何，敢从上雍，至甘泉宫猎。骠骑将军去病与青有亲，射杀敢。去病时方贵幸，上讳云鹿触杀之。居岁余，去病死。而敢有女为太子中人，爱幸，敢男禹有宠于太子，然好利，李氏陵迟衰微矣。

李陵既壮，选为建章监，监诸骑。善射，爱士卒。（有祖风，如李广在世）天子以为李氏世将，而使将八百骑。尝深入匈奴二千余里，过居延视地形，无所见虏而还。拜为骑都尉，将丹阳楚人五千人，教射酒泉、张掖以屯卫胡。（已有英雄之气）

数岁，天汉二年秋，贰师将军李广利将三万骑击匈奴右贤王于祁连天山，而使陵将其射士步兵五千人出居延北可千余里，欲以分匈奴兵，（此应为武帝之欲也，怕李广利不能成奇功也，故护之。史公针芒所在）毋令专走二师也。陵既至期还，而单于以兵八万围击陵军。陵军五千人，（特点明五千人）兵矢既尽，士死者过半，而所杀伤匈奴亦万余人。且引且战，连斗八日，还未到居延百余里，匈奴遮狭绝道，陵食乏而救兵不到，（谁之过?）虏急击招降陵。陵曰："无面目报陛下。"遂降匈奴。（不下一曲笔，不为李陵掩过）其兵尽没，余亡散得归汉者四百余人。

单于既得陵，素闻其家声，（句中有李广在）及战又壮，乃以其女妻陵而贵之。汉闻，族陵母妻子。自是之后，李氏名败，而陇西之士居门下者皆用为耻焉。（写的凛凛然，责备处亦是推崇处，李氏至此，谁之过?）

太史公曰：《传》曰"其身正，不令而行；其身不正，虽令不从"。其李将军之谓也？余睹李将军悛悛如鄙人，口不能道辞。及死之日，天下知与不知，皆为尽哀。彼其忠实心诚信于士大夫也！谚曰"桃李不言，下自成蹊"。此言虽小，可以谕大也。

匈奴列传（节选）

导 读

本文是记述匈奴与中国关系的传文。全文共四段，第一段记述匈奴的历史演变及其同中国的历史关系，以及他们的民族风俗、社会组织形态等；第二段写汉朝初年，匈奴与汉朝的和亲关系和反复无常的表现；第三段是本文的中心，记述汉武帝时代，汉朝与匈奴之间长期以战争为主的紧张关系；第四段记述太史公对武帝同匈奴战争的看法。

同匈奴战争是汉武帝政治生涯中的一件大事，从元光二年到元狩四年的四十四年当中，汉与匈奴始终处于时战时休、战多于休的敌对状态。在作者的客观叙述中，对于匈奴奴隶主的不守信义，不遵礼法、侵扰边境，破坏和平、好杀成性等，都做了含蓄的批评和指责；同时也对汉武帝不停地进行征战，耗费人力物力，特别是对他的不知择贤、任人失当等，做了含蓄的讥讽，显示了作者对汉武帝这位雄才大略的政治家的公允的态度，和对历史的深刻认识。

因为本文涉及对当时政治的评述，论述的又是一些敏感的政治问题，所以作者采用了寓论于叙的写法，又在"太史公曰"中连用两句"唯在择任将相哉"，"隐然言外"（何焯《义门读书记·史记》），"微旨实寓讥"（《史记评林》引余有丁语），使本文在《史记》中显示出不同的叙事言志的特色。另外本文较详细地记述了匈奴的世俗风情，文字简约，颇似一篇风俗书，很有文献史料的价值，是《史记》的名篇。

……

单于有太子名冒顿。后有所爱阏氏，生少子，而单于欲废冒顿而立少子，乃使冒顿质于月氏。冒顿既质于月氏，而头曼急击月氏。（其父欲借月氏之手杀之）月氏欲杀冒顿，冒顿盗其善马，骑之亡归。头曼以为壮，令将万骑。（逆袭）冒顿乃作为鸣镝，习勒其骑射，（积志甚远，厚积薄发）令曰："鸣镝所射而不悉射者，斩之。"（逐层写来，如画）行猎鸟兽，有不射鸣镝所射者，辄斩之。已而冒顿以鸣镝自射其善马，左右或不敢射者，冒顿立斩不射善马者。居顷之，复以鸣镝自射其爱妻，左右或颇恐，不敢射，冒顿又复斩之。居顷之，冒顿出猎，以鸣镝射单于善马，左右皆射之。于是冒顿知其左右皆可用。从其父单于头曼猎，以鸣镝射头曼，其左右亦皆随鸣镝而射杀单于头曼，遂尽诛其后母与弟及大臣不听从者。冒顿自立为单于。（真乃枭雄也）

（此段甚强健，需反复读之）冒顿既立，是时东胡强盛，闻冒顿杀父自立，乃使使谓冒顿，欲得头曼时有千里马。冒顿问群臣，群臣皆曰："千里马，匈奴宝马也，勿与。"冒顿曰："奈何与人邻国而爱一马乎？"遂与之千里马。（不露声色，冒顿与史公城府颇深）居顷之，东胡以为冒顿畏之，（停得妙）乃使使谓冒顿，欲得单于一阏氏。冒顿复问左右，左右皆怒曰："东胡无道，乃求阏氏！请击之。"冒顿曰："奈何与人邻国爱一女子乎？"遂取所爱阏氏予东胡。（加"所爱"两字，谓冒顿志向深远，非腻于美色与财物也）东胡王愈益骄，西侵。与匈奴间，中有弃地，（伏笔）莫居，千余里，各居其边为瓯脱。东胡使使谓冒顿曰："匈奴所与我界瓯脱外弃地，匈奴非能至也，吾欲有之。"冒顿问群臣，群臣或曰："此弃地，予之亦可，勿予亦可。"于是冒顿大怒曰："地者，国之本也，（大学问，大器局）奈何予之！"诸言予之者，皆斩之。冒顿上马，令国中有后者斩，遂东袭击东胡。（静若处子，动若脱兔）东胡初轻冒顿，不为备。（前之忍辱，只为此耳）及冒顿以兵至，击，大破灭东胡王，而虏其民人及畜产。既归，西击走月氏，南并楼烦、白羊河南王。悉复收秦所使蒙恬所夺匈奴地者，与汉关故河南塞，至朝那、肤施，遂侵燕、代。是时汉兵与项羽相距，中国罢于兵革，以故冒顿得自强，控弦之士三十余万。

自淳维以至头曼千有余岁，（一句总匈奴之年纪，宏哉）时大时小，别散分离，尚矣，其世传不可得而次云。然至冒顿而匈奴最强大，尽服从北夷，而南与中国为敌国，其世传国官号乃可得而记云。（收上提下）

置左右贤王，左右谷蠡王，左右大将，左右大都尉，左右大当户，左右骨都侯。匈奴谓贤曰"屠耆"，故常以太子为左屠耆王。自如左右贤王以下至当户，大者万骑，小者数千，凡二十四长，立号曰"万骑"。（以上报官号）诸大臣皆世官。呼衍氏，兰氏，其后有须卜氏，此三姓其贵种也。诸左方王将居东方，直上谷以往者，东接秽貉、朝鲜；右方王将居西方，（官号左者皆居东，官号右者皆居西）直上郡以西，接月氏、氐、羌；而单于之庭直代、云中：各有分地，逐水草移徙。而左右贤王、左右谷蠡王最为大，左右骨都侯辅政。诸二十四长亦各自置千长、百长、什长、裨小王、相、封都尉、当户、且渠之属。

岁正月，诸长小会单于庭，祠。五月，大会茏城，祭其先、天地、鬼神。秋，马肥，大会蹛林，课校人畜计。其法，拔刃尺者死，坐盗者没入其家；有罪小者轧，大者死。狱久者不过十日，一国之囚不过数人。（中原岂能如此）而单于朝出营，拜日之始生，夕拜月。（亦有古礼）其坐，长左而北乡。日上戊己。（亦有历法）其送死，有棺椁金银衣裘，而无封树丧服；近幸臣妾从死者，多至数千百人。举事而候星月，月盛壮则攻战，月亏则退兵。（亦有次列）其攻战，斩首虏赐一卮酒，而所得卤获因以予之，得人以为奴婢。故其战，人人自为趣利，（良法，原却不可行）善为诱兵以冒敌。故其见敌则逐利，如鸟之集；其困败，则瓦解云散矣。（此情状，后世史书常引用之）战而扶舆死者，尽得死者家财。

后北服浑庾、屈射、丁零、鬲昆、薪犁之国。（前已叙东西南三路，此处补出北路，文密如此）于是匈奴贵人大臣皆服，以冒顿单于为贤。

……

卫霍列传（节选）

导 读

此文的结构颇有特色，前边的主要部分写卫、霍事迹，是卫、霍的合传。篇末又附记公孙贺等十六位征胡将领的简略事迹，以类相从，实为一篇类传。从结构上看，主次分明；从史实上看，前后一体，水乳交融，毫无游离或割裂之感。显示了司马迁剪裁谋篇的匠心和《史记》行文灵活多变的特点。这就在事实上使本传成为汉武帝时代汉匈战争和汉匈关系的一篇简史，或者是一本征胡英雄的记功簿。

本文虽以记事为主，但却不乏精彩的景物和场面描写，如写元狩四年的漠北大战：阴霾四起、狂风大作、飞沙走石的自然景象的描写，为战争铺垫了凄清苍劲的情调；再写大将军卫青“令武刚车自环为营，而纵五千骑往击匈奴”，致使单于“乘六骡”，仓皇夜遁；后写大将军北上，追亡逐北，真是兵威浩荡，强虏震恐，浩气千里，万马奔腾，既“描画如见”（王治皞《史记榷参·卫将军骠骑》），又使读者如闻其声，很有艺术感染力。

此传寓褒贬之意于叙事之中，却不留痕迹。如写卫青之功，多陈述事实，“摹写唯恐不尽”（姜宸英《湛园未定稿·书史记卫霍传》），而写霍去病之功则多用皇帝诏辞点出，这正是对诏辞所列骠骑三出，竟斩捕十一万余敌人之事的存疑之笔（诏辞以幕府报功表为据），真是“句中有筋，字中有眼”（曾国藩《求阙斋读书录》），暗示出作者行文的深意，确为好文章。

……

元狩四年春，上令大将军青、骠骑将军去病将各五万骑，步兵转者踵军数十万，而敢力战深入之士皆属骠骑。（武帝特令骠骑成其名）骠骑始为出定襄，当单于。（武帝欲让骠骑成不世之功）捕虏言单于东，乃更令骠骑出代郡，令大将军出定襄。郎中令为前将军，太仆为左将军，主爵赵食其为右将军，平阳侯襄为后将军，皆属大将军。兵即度幕，人马凡五万骑，与骠骑等咸击匈奴单于。赵信为单于谋曰：“汉兵既度幕，人马罢，匈奴可坐收虏耳。”乃悉远北其辎重，皆以精兵待幕北。而适值大将军军出塞千余里，（“适值”，可见此出于意料也）见单于兵陈而待，于是大将军令武刚车自环为营，而纵五千骑往当匈奴。匈奴亦纵可万骑。（一写精神百倍）会日且入，大风起，沙砾击面，两军不相见，汉益纵左右翼绕单于。单于视汉兵多，而士马尚强，战而匈奴不利，（二写苦战良久）薄莫，单于遂乘六骡，壮骑可数百，直冒汉围西北驰去。（三写单于夜遁）时已昏，汉匈奴相纷挐，杀伤大当。（四写余军续斗）汉军左校捕虏言单于未昏而去，汉军因发轻骑夜追之，大将军军因随其后。（五写乘胜追击）匈奴兵亦散走。迟明，行二百余里，不得单于，颇捕斩首虏万余级，（六写深入得胜）遂至窴颜山赵信城，得匈奴积粟食军。军留一日而还，悉烧其城余粟以归。（至此功劳明晰）。

（上段只写卫青之战功，不宜插叙李广失道之事。故此段补齐）大将军之与单于会也，而前将军广、右将军食其军别从东道，或失道，后击单于。大将军引还过幕南，乃得前将军、右将军。大将军欲使使归报，（应与李广传对看，说法不同）令长史簿责前将军广，广自杀。右将军至，下吏，赎为庶人。大将军军入塞，凡斩捕首虏万九千级。（再叙一句，专写战功）

是时匈奴众失单于十余日，（不是多余的笔墨，突出卫青战功之奇）右谷蠡王闻之，自立为单于。单于后得其众，右王乃去单于之号。

骠骑将军亦将五万骑，车重与大将军军等，而无裨将。（两将对照）悉以李敢等为大校，当裨将，出代、右北平千余里，直左方兵，所斩捕功已多大将军。（卫青之功由史公之笔详写，去病之功史公之笔极略，而由诏书道出，虚实变化，巧妙绝伦！）军既还，天子曰：“骠骑将军去病率师，躬将所获荤粥之士，约轻赍，绝大幕，涉获章渠，以诛比车耆，转击左大将，斩获旗鼓；历涉离侯。济弓闾，获屯头王、韩王等三人，将军、相国、当户、都尉八十三人，封狼居胥山，禅于姑衍，登临翰海。（绝远）执卤获丑七万有四百四十三级，（所斩捕功已多大将军）师率减什三，取食于敌，逴行殊远而粮不绝，以五千八百户益封骠骑将军。”右北平太守路博德属骠骑将军，（以下为封赏副将，可见去病炙手可热）会与城，不失期，（与卫青副将李广失期对照）从至梼余山，斩首捕虏二千七百级，以千六百户封博德为符离侯。北地都尉邢山从骠骑将军获王，以千二百户封山为义阳侯。故归义因淳王复陆支、楼专王伊即靬皆从骠骑将军有功，以千三百户封复陆支为壮侯，以千八百户封伊即靬为众利侯。从骠侯破奴、昌武侯安稽从骠骑有功，益封各三百户。（句句皆提“从骠骑将军，实重去病）校尉敢得旗鼓，为关内侯，食邑二百户。校尉自为爵大庶长。军吏卒为官，赏赐甚多。而大将军不得益封，军吏卒皆无封侯者。（叙封赏，卫青略，去病详，巧妙）

两军之出塞，塞阅官及私马凡十四万匹，而复入塞者不满三万匹。（前文战功显赫，此处一盆冷水。讽武帝征伐无度，耗费颇多）乃益置大司马位，大将军、骠骑将军皆为大司马。定令，令骠骑将军秩禄与大将军等。（如此抬举）自是之后，大将军青日退，而骠骑日益贵。举大将军故人门下多去事骠骑，辄得官爵，唯任安不肯。

骠骑将军为人少言不泄，有气敢任。天子尝欲教之孙吴兵法，对曰：“顾方略何如耳，不至学古兵法。”天子为治第，令骠骑视之，对曰：“匈奴未灭，无以家为也。”由此上益重爱之。然少而侍中，贵，不省士。（此处是痛批）其从军，天子为遣太官赍数十乘，既还，重车余弃粱肉，而士有饥者。其在塞外，卒乏粮，或不能自振，而骠骑尚穿域蹋鞠。事多此类。大将军为人仁善退让，以和柔自媚于上，（也非过抑）然天下未有称也。

……

司马相如列传（节选）

导　读

文章中记述司马相如与卓文君婚恋的故事，写得婉转秾丽，极富新奇的故事情趣，颇似生动的小说，所以清人吴见思在其《史记论文》里，称其为“唐人传奇小说之祖”。它给后世文学艺术作品的创作，提供了极好的范例和原始的素材。

司马相如者，蜀郡成都人也，字长卿。少时好读书，学击剑，故其亲名之曰犬子。（小名有趣）相如既学，慕蔺相如之为人，更名相如。（但其一生无一相似）以赀为郎，事孝景帝，为武骑常侍，非其好也。会景帝不好辞赋，是时梁孝王来朝，从游说之士齐人邹阳、淮阴枚乘、吴庄忌夫子之徒，相如见而说之，因病免，客游梁。梁孝王令与诸生同舍，相如得与诸生游士居数岁，乃著《子虚之赋》。（为学必有互激与交流）

会梁孝王卒，相如归，而家贫，无以自业。素与临邛令王吉相善，吉曰：“长卿久宦游不遂，而来过我。”（淡而有情味，史公如何得之?）于是相如往，舍都亭。临邛令缪为恭敬，日往朝相如。相如初尚见之，后称病，使从者谢吉，吉愈益谨肃。（已入相如套中，见下文）临邛中多富人，而卓王孙家僮八百人，程郑亦数百人，（富人也已入套中）二人乃相谓曰：“令有贵客，为具召之。”并召令。令既至，卓氏客以百数。至日中，谒司马长卿，长卿谢病不能往，（做作）临邛令不敢尝食，自往迎相如。相如不得已，强往，一坐尽倾。（为相如倾？为县令倾?）酒酣，临邛令前奏琴曰：“窃闻长卿好之，愿以自娱。”相如辞谢，为鼓一再行。（做态）是时卓王孙有女文君新寡，好音，故相如缪与令相重，（上文”缪为恭敬”与此处呼应，可知此番作用是相如主导也）而以琴心挑之。相如之临邛，从车骑，雍容闲雅甚都；及饮卓氏，弄琴，文君窃从户窥之，心悦而好之，恐不得当也。（文君心意）既罢，相如乃使人重赐文君侍者通殷勤。文君夜亡奔相如，（真乃奇女子）相如乃与驰归成都。家居徒四壁立。卓王孙大怒曰："女至不材，我不忍杀，不分一钱也。"（不论名节，只看钱财，富人之语，成人笑柄）人或谓王孙，王孙终不听。文君久之不乐，（久之！不乐只为苦境，不为痴情）曰："长卿第俱如临邛，从昆弟假贷犹足为生，何至自苦如此！"相如与俱之临邛，尽卖其车骑，买一酒舍酤酒，而令文君当垆。相如身自著犊鼻裈，与保庸杂作，涤器于市中。（又是一段计谋）卓王孙闻而耻之，为杜门不出。（中计）昆弟诸公更谓王孙曰："有一男两女，所不足者非财也。（说富人应从财说起）今文君已失身于司马长卿，长卿故倦游，虽贫，其人材足依也。且又令客，（提"令客"，妙！）独奈何相辱如此！"卓王孙不得已，分予文君僮百人，钱百万，及其嫁时衣被财物。文君乃与相如归成都，买田宅，为富人。

居久之，蜀人杨得意为狗监，侍上。上读《子虚赋》而善之，曰："朕独不得与此人同时哉！"得意曰："臣邑人司马相如自言为此赋。"上惊，乃召问相如。（千古第一奇遇）相如曰："有是。然此乃诸侯之事，未足观也。请为天子游猎赋，赋成奏之。"上许，令尚书给笔札。相如以"子虚"，虚言也，为楚称；"乌有先生"者，乌有此事也，为齐难；"无是公"者，无是人也，明天子之义。故空借此三人为辞，以推天子诸侯之苑囿。其卒章归之于节俭，因以风谏。奏之天子，天子大说。

……

淮南衡山列传（节选）

导 读

本文主旨是揭露刘长父子的悖乱之罪。据此，传文既详尽陈述他们先后谋反的事实经过，同时又揭示了促成其叛逆与覆亡的种种原因。总的来看，写作角度单一，笔墨是非常集中的。比如，淮南王刘安雅爱文学，曾召集众多宾客编著《淮南子》，这部书虽是反映西汉前期哲学政治思想的重要史料，但是因与主旨无关被略去不述；而刘安整个蓄意谋反的过程，从起念头，到动手制造兵器，到暗查地图加紧策划，到与伍被反复相商，到屡次做贼心虚欲发又止，到终因内乱导致阴谋败露——则一步步写来，不厌其烦，非常周全。其中，记述谋臣伍被言论计谋的笔墨很多，充分表现了他在刘安谋反一事中具有举足轻重的作用。同样，为了说明淮南厉王刘长胆敢谋反并非偶然，作者也详述了他多年来如何在汉文帝的姑息宽容之下越来越狂妄自大，藐视汉家王法的行径。总之，由于作者善剪裁，繁简有致，使得这篇篇幅很长，头绪纷繁，历时汉初五朝七十余年的三人合传眉目清晰，不枝不蔓，而且文气顺畅、紧凑，读来全无拖沓及芜杂琐碎之感。

……

然淮南王削地之后，其为反谋益甚。诸使道从长安来，为妄妖言，言上无男，汉不治，即喜；即言汉廷治，有男，王怒，以为妄言，非也。（描写愚钝之人入骨）

王日夜与伍被、左吴等案舆地图，部署兵所从入。王曰“上无太子，宫车即晏驾，廷臣必征胶东王，不即常山王。诸侯并争，吾可以无备乎！且吾高祖孙，亲行仁义，（行仁义往往是小人觊觎天位的借口）陛下遇我厚，吾能忍之；万世之后，吾宁能北面臣事竖子乎！”（狼子野心！）

王坐东宫，召伍被与谋，曰：“将军上。”（欲与促膝深谈僭越之事）被怅然曰：“上宽赦大王，王复安得此亡国之语乎？臣闻子胥谏吴王，吴王不用，乃曰‘臣今见麋鹿游姑苏之台也’。今臣亦见宫中生荆棘，露沾衣也。”王怒，系伍被父母，囚之三月。复召曰：“将军许寡人乎?”被曰：“不，直来为大王画耳。臣闻聪者听于无声，明者见于未形，（实为一个王师篇，文章工整有序）故圣人万举万全。（万举万全，此是正说）昔文王一动而功显于千世，列为三代，此所谓因天心以动作者也，故海内不期而随。此千岁之可见者。夫百年之秦，近世之吴、楚，亦足以喻国家之存亡矣。（千岁、百年、近世，文章有序，绝不拖沓）臣不敢避子胥之诛，愿大王毋为吴王之听。（两句转折，连下文。）（下文承“百年”之秦）昔秦绝圣人之道，杀术士，燔诗书，弃礼义，尚诈力，任刑罚，转负海之粟致之西河。当是之时，男子疾耕不足于糟糠，女子纺绩不足于盖形。遣蒙恬筑长城，东西数千里，暴兵露师常数十万，死者不可胜数，僵尸千里，流血顷亩，百姓力竭，欲为乱者十家而五。（十家而五）又使徐福入海求神异物，还为伪辞曰：臣见海中大神，言曰：‘汝西皇之使耶?’臣答曰：‘然。’‘汝何求?’曰：‘愿请延年益寿药。’神曰：‘汝秦王之礼薄，得观而不得取’。（仙人也是卖药人）即从臣东南至蓬莱山，见芝成宫阙，有使者铜色而龙形，光上照天。（此大饼画得妙）于是臣再拜问曰：‘宜何资以献。’海神曰：‘以令名男子若振女与百工之事，即得之矣。’（神仙何需百工?玩弄帝王于股掌）秦皇帝大说，遣振男女三千人，资之五谷种百工而行。徐福得平原广泽，止王不来。（到今之日本）于是百姓悲痛相思，欲为乱者十家而六。（十家而六）又使尉他逾五岭攻百越。尉他知中国劳极，止王不来，使人上书，求女无夫家者三万人，以为士卒衣补，秦皇帝可其万五千人。于是百姓离心瓦解，欲为乱者十家而七。（十家而七）客谓高皇帝曰：‘时可矣。’（五、六、七、时可矣。有层次）高皇帝曰：‘待之，圣人当起东南间。’不一年，陈胜吴广发矣。高皇始于丰沛，一倡天下不期而响应者不可胜数也。此所谓蹈瑕候间，因秦之亡而动者也。（此为文章之中心句）百姓愿之，若旱之望雨，故起于行陈之中而立为天子，功高三王，德传无穷。今大王见高皇帝得天下之易也，（看得准）独不观近世之吴楚乎?（波澜起伏，终到“近世”）夫吴王赐号为刘氏祭酒，复不朝，王四郡之众，地方数千里。内铸消铜以为钱，东煮海水以为盐，上取江陵木以为船，一船之载当中国数十两车，国富民众。行珠玉金帛赂诸侯宗室大臣，独窦氏不与。计定谋成，举兵而西。破于大梁，败于狐父，奔走而东，至于丹徒，越人禽之，身死绝祀，为天下笑。（语气如秋风扫落叶，足令人气消）夫以吴越之众不能成功者何？诚逆天道而不知时也。方今大王之兵众不能十分吴楚之一，天下安宁有万倍于秦之时，愿大王从臣之计。（一顿，史公常用笔法）大王不从臣之计，今见大王事必不成而语先泄也。（警戒规束之语）臣闻微子过故国而悲，于是作《麦秀之歌》，是痛纣之不用王子比干也。故孟子曰：‘纣贵为天子，死曾不若匹夫’。是纣先自绝于天下久矣，非死之日而天下去之。今臣亦窃悲大王弃千乘之君，必且赐绝命之书，为群臣先，死于东宫也。”（以王比纣王，可谓犯颜直谏）于是王气怨结而不扬，涕满匡而横流，即起，历阶而去。

……

汲郑列传

导　读

该篇是汲黯和郑当时的合传。汲黯是武帝朝中名闻遐迩的人物。他为人倨傲严正，忠直敢谏，从不屈从权贵，逢迎主上，以此令朝中上下皆感敬畏。比如，人家谒见傲慢的丞相田蚡，都是卑躬屈膝俯首下拜，而他偏只拱手作揖，见大将军卫青时亦行平等之礼；两次奉旨出使，他都中途变卦，或半路而返，或自作主张发放官粮赈济灾民；批评别人的过失，他从来耳提面命不留情面，即使对至尊的君主及其宠幸的权要人物也敢当面谏诤指责，无所顾忌。传中写他四次犯颜武帝，三次斥骂丞相公孙弘和御史大夫张汤，言辞都极为尖锐无情。难怪群臣为之震恐、责怨；公孙弘、张汤对他恨之入骨；而武帝虽在背后骂他甚至起过杀心，但又不得不承认他是“社稷臣”而宽容几分。司马迁怀着极其钦敬的心情为汲黯树碑立传，不多叙政绩，而倾全力表彰他秉正嫉恶、忠直敢谏的杰出品格。环绕这个中心，列传运用辐辏之法将众多的零散材料交织在一起，从多方面的人际关系中反复刻画人物个性，尤其是一再描写汲黯同最高统治者武帝和公孙弘、张汤之间的对立与冲突，就将他那汉廷第一直臣的光辉形象异常鲜明地表现了出来。其中，汲黯那些一针见血、极具个性的言语被大量实录，其词之犀利精粹，其情之激切义愤，皆力透纸背，震撼人心，对展示主人公思想品格起到了至关重要的作用。

郑当时是汲黯的好友，在尊黄老、任侠和居官清廉等方面皆与汲黯一致，因而该篇将他接续于汲黯之后。文中着重表彰了他敬贤下士、竭诚进贤的美德，同时也指出他缺乏汲黯的刚直之气，有趋从迎合权势者的缺点。在严正直谏方面，他与汲黯差之远矣。故在作者眼中笔下，二人高下分别，而叙其生平自然也就一详一略、一重一轻了。

汲黯字长孺，濮阳人也。其先有宠于古之卫君。（先者有宠，后人憨直，相互映衬）至黯七世，世为卿大夫。（官宦世家能出如此憨直之臣也可谓奇也）黯以父任，孝景时为太子洗马，以庄见惮。（暗指武帝为太子时即已熟识之）孝景帝崩，太子即位，黯为谒者。东越相攻，上使黯往视之。（两次“往视之”而不任，是武帝试其才也）不至，至吴而还，报曰：“越人相攻，固其俗然，不足以辱天子之使。”（出使半道而还，本可诛之。可见汉法宽厚，并武帝爱其才也）河内失火，延烧千余家，上使黯往视之。还报曰：“家人失火，屋比延烧，不足忧也。（两“不足”字，皆为朝廷所言，何不在奉命之时言之？可见欲寻才见事，脱颖而出是其本意）臣过河南，河南贫人伤水旱万余家，或父子相食，臣谨以便宜持节发河南仓粟以振贫民。臣请归节，伏矫制之罪。”（好一篇洗练之奏折）上贤而释之，（武帝大过人！）迁为荥阳令。黯耻为令，病归田里。上闻，乃召拜为中大夫。以数切谏，不得久留内，迁为东海太守。黯学黄老之言，治官理民，好清静，择丞史而任之。其治，责大指而已，不苛小。（此乃丞相器局，西汉多此无为而治习气）黯多病，卧闺阁内不出。岁余，东海大治称之。上闻，召以为主爵都尉，列于九卿。治务在无为而已，弘大体，不拘文法。

黯为人性倨，少礼，面折，不能容人之过。合己者善待之，不合己者不能忍见，（总叙其性情，笔尖转动，两字、六字、十四字，如丝线欲坠。古文竖书，故有其意）士亦以此不附焉。（“亦”，添一层意思）然好学，（篇中“然”字转折，健笔也）游侠，任气节，内行修洁，好直谏，数犯主之颜色，常慕傅柏、袁盎之为人也。善灌夫、郑当时及宗正刘弃。亦以数直谏，（“亦”，又添一层意思）不得久居位。

当是时，太后弟武安侯蚡为丞相，（此段证其性倨少礼）中二千石来拜谒，蚡不为礼。然黯见蚡未尝拜，常揖之。（有画面感）天子方招文学儒者，上曰“吾欲”云云，（生动有趣）黯对曰：“陛下内多欲而外施仁义，奈何欲效唐虞之治乎！”（此段证其直谏犯颜）上默然，怒，变色而罢朝。（画面感）公卿皆为黯惧。上退，谓左右曰：“甚矣，汲黯之戆也！”（一字定评）群臣或数黯，黯曰：“天子置公卿辅弼之臣，宁令从谀承意，陷主于不义乎？且已在其位，纵爱身，奈辱朝廷何！”

黯多病，病且满三月，上常赐告者数，终不愈。（武帝爱黯）最后病，庄助为请告。上曰：“汲黯何如人哉？”助曰：“使黯任职居官，无以逾人。

然至其辅少主，（一功）守城深坚，（又一功）招之不来，麾之不去，虽自谓贲育亦不能夺之矣。”（可谓知己者）上曰：“然。（悠然神往）古有社稷之臣，至如黯，近之矣。”（武帝多朝臣，独以“社稷臣”许黯，可深思）

（此段写上之敬黯）大将军青侍中，上踞厕而视之。丞相弘燕见，上或时不冠。至如黯见，上不冠不见也。上尝坐武帐中，黯前奏事，上不冠，望见黯，避帐中，使人可其奏。其见敬礼如此。

（此段证其面折而不能容人之过）张汤方以更定律令为廷尉，黯数质责汤于上前，曰：“公为正卿，上不能褒先帝之功业，下不能抑天下之邪心，安国富民，使囹圄空虚，二者无一焉。（其言甚正，其意甚伟）非苦就行，放析就功，何乃取高皇帝约束纷更之为？（骂得无从置喙）公以此无种矣。”（毒骂也！然小人不敢仇，非至诚动物者不能）黯时与汤论议，汤辩常在文深小苛，黯伉厉守高，不能屈，忿发骂曰：“天下谓刀笔吏不可以为公卿，果然。必汤也，令天下重足而立，侧目而视矣！”（千载而来，如闻其声）

是时，汉方征匈奴，招怀四夷。黯务少事，乘上闲，常言与胡和亲，无起兵。上方向儒术，尊公孙弘。及事益多，吏民巧弄，上分别文法，汤等数奏决谳以幸。（还是不放过重律令一事。耿耿于怀）而黯常毁儒，面触弘等徒怀诈饰智以阿人主取容，而刀笔吏专深文巧诋，陷人于罪，（四字定得精彩）使不得反其真，以胜为功。（此语可入典籍）上愈益贵弘、汤，弘、汤深心疾黯，唯天子亦不说也，欲诛之以事。（弘外宽内狠，外儒内奸）弘为丞相，乃言上曰：“右内史界部中多贵人宗室，难治，非素重臣不能任，请徙黯为右内史。”（以赞誉为衣，而陷害之。千古小人害君子常用此术）为右内史数岁，官事不废。（弘之奸计未得逞，只此甚妙）

大将军青既益尊，姊为皇后，然黯与亢礼。人或说黯曰：“自天子欲群臣下大将军，大将军尊重益贵，君不可以不拜。”黯曰：“夫以大将军有揖客，反不重邪？”（有揖客，反使大将军重也）大将军闻，愈贤黯，数请问国家朝廷所疑，遇黯过于平生。（卫青非一武夫尔，有大臣之度）

淮南王谋反，惮黯，曰：“好直谏，守节死义，难惑以非。（有直臣如此，可令逆臣胆寒！）至如说丞相弘，如发蒙振落耳。”

天子既数征匈奴有功，黯之言益不用。

始黯列为九卿，而公孙弘、张汤为小吏。及弘、汤稍益贵，与黯同位，（逐步写来，咄咄逼人）黯又非毁弘、汤等。已而弘至丞相，封为侯；汤至御史大夫；故黯时丞相史皆与黯同列，（又来一笔）或尊用过之。（此笔更妙，已逼得黯无所退路）黯褊心，不能无少望，（此乃黯之肺腑）见上，前言曰："陛下用群臣如积薪耳，后来者居上。"（巧中带憨）上默然。（画得极致）有间，黯罢，上曰："人果不可以无学，观黯之言也日益甚。"（不情而有态）

居无何，匈奴浑邪王率众来降，汉发车二万乘。县官无钱，从民贳马。民或匿马，马不具。上怒，欲斩长安令。（怒得无理）黯曰："长安令无罪，独斩黯，民乃肯出马。（激的无理）且匈奴畔其主而降汉，（春秋之意，妙）汉徐以县次传之，何至令天下骚动，罢弊中国而以事夷狄之人乎！"上默然。（数写默然）及浑邪至，贾人与市者，坐当死者五百余人。（汉法禁与关外人通货）黯请间，见高门，曰："夫匈奴攻当路塞，绝和亲，中国兴兵诛之，死伤者不可胜计，而费以巨万百数。（为害中原不浅）臣愚，以为陛下得胡人，皆以为奴婢以赐从军死事者家；所卤获，因予之，以谢天下之苦，塞百姓之心。（大义正法，本应如此处分）今纵不能，浑邪率数万之众来降，虚府库赏赐，发良民侍养，譬若奉骄子。（说得伤心）愚民安知市买长安中物而文吏绳以为阑出财物于边关乎？（仍是痛斥刀笔吏）陛下纵不能得匈奴之资以谢天下，又以微文杀无知者五百余人，是所谓'庇其叶而伤其枝'者也，臣窃为陛下不取也。"（仍是还上意而收，笔法不草率）上默然，（又是默然。言深动上心，上又不可当面自纠，故默然耳）不许，曰："吾久不闻汲黯之言，今又复妄发矣。"后数月，黯坐小法，会赦免官。于是黯隐于田园。

居数年，会更五铢钱，民多盗铸钱，楚地尤甚。上以为淮阳，楚地之郊，乃召拜黯为淮阳太守。黯伏谢不受印，诏数强予，然后奉诏。诏召见黯，黯为上泣曰："臣自以为填沟壑，不复见陛下，不意陛下复收用之。臣常有狗马病，力不能任郡事，臣愿为中郎，出入禁闼，补过拾遗，臣之愿也。"（老臣之心也！只为社稷）上曰："君薄淮阳邪？吾今召君矣。顾淮阳吏民不相得，吾徒得君之重，卧而治之。"黯既辞行，过大行李息，（老臣去国如此，所以为社稷臣）曰："黯弃居郡，不得与朝廷议也。然御史大夫张汤（邪正不两立，发其奸诈如明灯照岸，百怪惶恐）智足以拒谏，诈足以饰非，务巧佞之语，辩数之辞，非肯正为天下言，专阿主意。主意所不欲，因而毁之；主意所欲，因而誉之。好兴事，舞文法，内怀诈以御主心，外挟贼吏以为威重。公列九卿，不早言之，公与之俱受其僇矣。”息畏汤，终不敢言。黯居郡如故治，淮阳政清。后张汤果败，上闻黯与息言，抵息罪。令黯以诸侯相秩居淮阳。七岁而卒。

卒后，上以黯故，官其弟汲仁至九卿，子汲偃至诸侯相。黯姑姊子司马安亦少与黯为太子洗马。安文深巧善宦，官四至九卿，以河南太守卒。昆弟以安故，同时至二千石者十人。濮阳段宏始事盖侯信，信任宏，宏亦再至九卿。然卫人仕者皆严惮汲黯，出其下。

郑当时者，字庄，陈人也。其先郑君尝为项籍将。（郑与黯为人相似甚少，各引其一先人，以各与本人不类，文章有纵横罗织之妙）籍死，已而属汉。高祖令诸故项籍臣名籍，郑君独不奉诏。诏尽拜名籍者为大夫，而逐郑君。郑君死孝文时。（郑君可谓烈士，而史公不书其名，正如班固所言，《史记》退处士而进奸雄也）

郑庄以任侠自喜，脱张羽于厄，声闻梁楚之间。孝景时，为太子舍人。每五日洗沐，常置驿马长安诸郊，存诸故人，请谢宾客，夜以继日，至其明旦，常恐不遍。（证其任侠）庄好黄老之言，（引一言与汲黯同）其慕长者如恐不见。年少官薄，然其游知交皆其大父行，天下有名之士也。（其得士之众也）武帝立，庄稍迁为鲁中尉、济南太守、江都相，至九卿为右内史。以武安侯魏其时议，贬秩为詹事，迁为大农令。（骨鲠之事写得极略，以全传不重此）

庄为太史，诫门下：“客至，无贵贱无留门者。”执宾主之礼，以其贵下人。庄廉，又不治其产业，仰奉赐以给诸公。（难得）然其馈遗人，不过算器食。（极俭）每朝，候上之间，说未尝不言天下之长者。（另一番变化）其推毂士及官属丞史，诚有味其言之也，（至味之言也）常引以为贤于己。（回味无穷）未尝名吏，与官属言，若恐伤之。闻人之善言，进之上，唯恐后。（好客之诚也）山东士诸公以此翕然称郑庄。

郑庄使视决河，自请治行五日。上曰：“吾闻‘郑庄行，千里不赍粮’，（言其结客之多）请治行者何也?”然郑庄在朝，常趋和承意，不敢甚引当否。

（此与汲黯相反，然廷议独与黯同）及晚节，汉征匈奴，招四夷，天下费多，财用益匮。庄任人宾客为大农僦人，多逋负。司马安为淮阳太守，发其事，庄以此陷罪，赎为庶人。顷之，守长史。上以为老，以庄为汝南太守。数岁，以官卒。（以太守而卒，与黯同）

郑庄、汲黯始列为九卿，廉，内行修洁。此两人中废，家贫，宾客益落。（合写两人相同处，发合传之明，大有感慨）及居郡，卒后家无余赀财。庄兄弟子孙以庄故，至二千石六七人焉。

太史公曰：夫以汲、郑之贤，有势则宾客十倍，无势则否，况众人乎！下邽翟公有言，始翟公为廷尉，宾客阗门；及废，门外可设雀罗。翟公复为廷尉，宾客欲往，翟公乃大署其门曰："一死一生，乃知交情。一贫一富，乃知交态。一贵一贱，交情乃见。"汲、郑亦云，悲夫！

酷吏列传

导读

这是一篇类传，记述前期以酷刑峻法为统治工具，以凶狠残暴著称的十几个官吏的史实。司马迁之所以要这样写，是因为汉武帝喜用酷吏，打击豪强，抑制商贾，惩治贵戚，以加强中央集权，聚敛财富，应付其挥霍和对外战争的需要。作者反对酷吏，倡言不能以此为榜样，其反对苛政虐民的思想，完全深寓于叙事之中。实际上作者把酷吏苛政出现的罪责归之于汉武帝，文中多次说“上以为能”，溢于言表。同时作者对某些酷吏的某些品质，如对郅都的“伉直”，及其“行法不避贵戚”和“居岁余，郡中不拾遗”的治绩都大力赞扬，表现了《史记》一贯的“不虚美，不隐恶”的“实录”精神，体现了司马迁美刺艺术的重要原则。

此文把十几个人的史事集于一篇，却能以严酷苛暴为线索，使全文结构严谨，前后一贯，绝无零乱割裂之感，真是结撰灵妙。但文中对每个人物的叙述却各不相同，有主有次，有详有略，如写张汤较详，写晁错较略，笔力极尽变化。本文还以短悍为主，文字非常精练，但重点却很突出，表现了作者杰出的叙事才能。

（本段，先引孔、老之言立论，再引先秦之弊，以证其言。接以孔、老之言，继以高祖之行证之。层层递进）孔子曰：“道之以政，齐之以刑，民免而无耻。道之以德，齐之以礼，有耻且格。”（引孔、老两家言起，以“德”压“刑”）老氏称：“上德不德，是以有德；下德不失德，是以无德。”“法令滋章，盗贼多有。”太史公曰：信哉是言也！（承接而叹）法令者治之具，而非制治清浊之源也。（至理名言！）昔天下之网尝密矣，然奸伪萌起，其极也，上下相遁，至于不振。当是之时，吏治若救火扬沸，非武健严酷，恶能胜其任而愉快乎！言道德者，溺其职矣。故曰“听讼，吾犹人也，必也使无讼乎”。“下士闻道大笑之”。非虚言也。（以秦刑之严酷，进而肯定德治之根本）汉兴，破觚而为圆，斫雕而为朴，网漏于吞舟之鱼，而吏治烝烝，不至于奸，黎民

艾安。由是观之，在彼不在此。（结之以高祖法治之宽，黎民安定，治终不在“刑”而在“德”也，寓意深远，咀嚼不尽）

高后时，酷吏独有侯封，刻轹宗室，侵辱功臣。吕氏已败，遂夷侯封之家。孝景时，晁错以刻深颇用术辅其资，而七国之乱，发怒于错，错卒以被戮。其后有郅都、宁成之属。

郅都者，杨人也。以郎事孝文帝。（文帝仁主，故不显）孝景时，都为中郎将，敢直谏，面折大臣于朝。（酷吏本领）尝从入上林，贾姬如厕，野彘卒入厕。上目都，都不行。（绘出木强本色）上欲自持兵救贾姬，都伏上前曰："亡一姬复一姬进，天下所少宁贾姬等乎？（显出酷吏之不近人情）陛下纵自轻，奈宗庙太后何！"（言语奸巧）上还，彘亦去。太后闻之，赐都金百斤，由此重郅都。

济南瞷氏宗人三百余家，豪猾，二千石莫能制，于是景帝乃拜都为济南太守。至则族灭瞷氏首恶，余皆股栗。居岁余，郡中不拾遗。旁十余郡守畏都如大府。（酷吏之治如此）

都为人勇，有气力，公廉，不发私书，问遗无所受，请寄无所听。常自称曰："已倍亲而仕，身固当奉职死节官下，终不顾妻子矣。"（清刚尽职，能臣与酷吏只在一念之间）

郅都迁为中尉。丞相条侯至贵倨也，而都揖丞相。（可与汲黯传对比来读，在黯传俱可慕，此传写来俱可畏，画笔如此）是时民朴，畏罪自重，而都独先严酷，致行法不避贵戚，列侯宗室见都侧目而视，号曰"苍鹰"。（此其杀身罪状）

临江王征诣中尉府对簿，临江王欲得刀笔为书谢上，而都禁吏不予。（不以人以生路）魏其侯使人以间与临江王。临江王既为书谢上，因自杀。（临江罪不至死，都杀之，适以自祸）窦太后闻之，怒，以危法中都，都免归家。（已要杀之，却又要尽其才，且看下文"中法"句）孝景帝乃使使持节拜都为雁门太守，而便道之官，得以便宜从事。匈奴素闻郅都节，居边，为引兵去，竟郅都死不近雁门。匈奴至为偶人象郅都，令骑驰射莫能中，见惮如此。（从匈奴角度见其严酷。酷吏慑边，也是难得之才）匈奴患之。窦太后乃竟中都以汉法。（不明言所中法名，意为其不必有可杀之罪，其行足以杀其身也）景帝曰："都忠臣。"欲释之。窦太后曰："临江王独非忠臣邪？"于是遂斩郅都。

宁成者，穰人也。以郎谒者事景帝。好气，（好气即好胜者，此两字定其酷吏）为人小吏，必陵其长吏；为人上，操下如束湿薪。滑贼任威。（又添四字）稍迁至济南都尉，而郅都为守。始前数都尉皆步入府，因吏谒守如县令，其畏郅都如此。及成往，直陵都出其上。（以郅都陪衬其酷甚）都素闻其声，于是善遇，与结欢。久之，郅都死，后长安左右宗室多暴犯法，于是上召宁成为中尉。其治效郅都，其廉弗如，然宗室豪桀皆人人惴恐。

武帝即位，徙为内史。外戚多毁成之短，抵罪髡钳。是时九卿罪死即死，少被刑，而成极刑，自以为不复收，于是解脱，诈刻传出关归家。（滑贼）称曰："仕不至二千石，贾不至千万，安可比人乎！"（郅都慑边，宁成聚财，相去远矣）乃贳贷买陂田千余顷，假贫民，役使数千家。数年，会赦。致产数千金，为任侠，持吏长短，出从数十骑。其使民威重于郡守。（聚钱财，威郡守，滑贼之才也异于人）

周阳由者，其父赵兼以淮南王舅父侯周阳，故因姓周阳氏。由以宗家任为郎，事孝文及景帝。景帝时，由为郡守。武帝即位，吏治尚循谨甚，（以此笔定由之罪）然由居二千石中，最为暴酷骄恣。（骄恣甚于滑贼，绝于郅都之廉，远于宁成之任侠）所爱者，挠法活之；所憎者，曲法诛灭之。（挠、曲两字显其恶也。法最戒肆意为之）所居郡，必夷其豪。为守，视都尉如令。为都尉，必陵太守，夺之治。与汲黯俱为忮，司马安之文恶，俱在二千石列，同车未尝敢均茵伏。

由后为河东都尉，时与其守胜屠公争权，相告言罪。胜屠公当抵罪，义不受刑，自杀，而由弃市。

自宁成、周阳由之后，事益多，民巧法，大抵吏之治类多成、由等矣。（忽然于此停一笔，文势极其变动）

赵禹者，斄人。以佐史补中都官，用廉为令史，事太尉亚夫。亚夫为丞相，禹为丞相史，府中皆称其廉平。然亚夫弗任，曰："极知禹无害，然文深，不可以居大府。"（亚夫有大臣识略）今上时，禹以刀笔吏积劳，（特点出刀笔吏。妙）稍迁为御史。上以为能，（亚夫为不能，上为能，此眼目）至太中大夫。与张汤论定诸律令，（串联法）作见知，吏传得相监司。用法益刻，盖自此始。（禹传未毕，又入汤传，笔法又变）

张汤者，杜人也。其父为长安丞，出，汤为儿守舍。还而鼠盗肉，其父怒，笞汤。汤掘窟得盗鼠及余肉，劾鼠掠治，传爰书，讯鞫论报，并取鼠与肉，具狱磔堂下。其父见之，视其文辞如老狱吏，大惊，遂使书狱。（以此小事，见其天生之酷吏也）父死后，汤为长安吏，久之。

周阳侯（周阳由之父也）始为诸卿时，尝系长安，汤倾身为之。及出为侯，大与汤交，遍见汤贵人。汤给事内史，为宁成掾，以汤为无害，言大府，调为茂陵尉，治方中。（步步跟紧刀笔吏，表明其出身与士大夫迥异）

武安侯为丞相，征汤为史，时荐言之天子，补御史，使案事。治陈皇后蛊狱，深竟党与。于是上以为能，（又一“上以为能”，眼目）稍迁至太中大夫。与赵禹共定诸律令，（史书者，文在彼传，此传不复书，唯“共定诸律令”，禹、汤传皆有，史公深恶其恶！）务在深文，拘守职之吏。已而赵禹迁为中尉，徙为少府，而张汤为廷尉，两人交欢，而兄事禹。禹为人廉倨。（忽入禹传，文章开合，甚是离奇。特以两人为人平叙，以对比之）为吏以来，舍毋食客。公卿相造请禹，禹终不报谢，务在绝知友宾客之请，孤立行一意而已。见文法辄取，亦不覆案，求官属阴罪。汤为人多诈，舞智以御人。（句句与禹反）始为小吏，乾没，与长安富贾田甲、鱼翁叔之属交私。及列九卿，收接天下名士大夫，己心内虽不合，然阳浮慕之。（为小吏即贪暴如此，何况为三公！）

是时上方乡文学，汤决大狱，欲傅古义，乃请博士弟子治《尚书》《春秋》补廷尉史，亭疑法。（寻古意乃一美事。但是其一诈，衬得不值一文）奏谳疑事，必豫先为上分别其原，上所是，受而著谳决法廷尉，絜令扬主之明。奏事即谴，（此段多用“即”字）汤应谢，乡上意所便，必引正、监、掾史贤者，曰：“固为臣议，如上责臣，臣弗用，愚抵于此。”（汤好深文，史公亦以深文为之，故如烛照屋，无所不写）罪常释。间即奏事，上善之，曰：“臣非知为此奏，乃正、监、掾史某为之。”其欲荐吏，扬人之善蔽人之过如此。（扬善蔽恶乃一美事，但是其又一诈，仍不值一文）所治即上意所欲罪，予监史深祸者；即上意所欲释，与监史轻平者。所治即豪，必舞文巧诋；即下户羸弱，时口言，虽文致法，上财察。于是往往释汤所言。汤至于大吏，内行修也。（不掩其善）通宾客饮食。于故人子弟为吏及贫昆弟，调护之尤厚。其造请诸公，不避寒暑。是以汤虽文深意忌不专平，然得此声誉。而刻深吏多为爪牙用者，依于文学之士。丞相弘数称其美。及治淮南、衡山、江都反狱，皆穷根本。（本段多是虚写，只此一案实写汤之严酷）严助及伍被，上欲释之。

汤争曰："伍被本画反谋，而助亲幸出入禁闼爪牙臣，乃交私诸侯如此，弗诛，后不可治。"于是上可论之。（上欲释之，汤争杀之，更显其酷）其治狱所排大臣自为功，多此类。于是汤益尊任，迁为御史大夫。

会浑邪等降，汉大兴兵伐匈奴，山东水旱，贫民流徙，皆仰给县官，县官空虚。于是丞上指，（既恶汤，又深讥武帝也）请造白金及五铢钱，笼天下盐铁，排富商大贾，出告缗令，锄豪强并兼之家，舞文巧诋以辅法。（聚财实为桑弘羊所为，汤舞文巧诋以助之，笔法极严）汤每朝奏事，语国家用，日晏，天子忘食。丞相取充位，天下事皆决于汤。（天下之恶皆归之）百姓不安其生，骚动，县官所兴，未获其利，奸吏并侵渔，于是痛绳以罪。则自公卿以下，至于庶人，咸指汤。汤尝病，天子至自视病，其隆贵如此。

匈奴来请和亲，群臣议上前。（独一段，写汤陷害朝臣）博士狄山曰："和亲便。"上问其便，山曰："兵者凶器，未易数动。高帝欲伐匈奴，大困平城，乃遂结和亲。孝惠、高后时，天下安乐。及孝文帝欲事匈奴，北边萧然苦兵矣。孝景时，吴楚七国反，景帝往来两宫间，寒心者数月。吴楚已破，竟景帝不言兵，天下富实。（武帝本意已决，山婉转言事，不能撼动雄主，又以历代事言之，乃不知忌讳，独取其祸）今自陛下举兵击匈奴，中国以空虚，边民大困贫。由此观之，不如和亲。"上问汤，汤曰："此愚儒，无知。"狄山曰："臣固愚忠，若御史大夫汤乃诈忠。（愚忠、诈忠其言确实。但不应舍当下议论而言他事）若汤之治淮南、江都，以深文痛诋诸侯，别疏骨肉，使蕃臣不自安。（与和亲之事无关，自寻南墙也）臣固知汤之为诈忠。"于是上作色曰："吾使生居一郡，能无使虏入盗乎？"曰："不能。"曰："居一县？"对曰："不能。"复曰："居一障间？"山自度辩穷且下吏，曰："能。"于是上遣山乘鄣。至月余，匈奴斩山头而去。自是以后，群臣震慑。（实为汤使人杀之，非真匈奴也，所以君臣震慑）

汤之客田甲，虽贾人，有贤操。始汤为小吏时，与钱通，及汤为大吏，甲所以责汤行义过失，亦有烈士风。（汤传未毕，缀此句于田甲段下，有味）

汤为御史大夫七岁，败。

河东人李文尝与汤有却，已而为御史中丞，恚，数从中文书事有可以伤汤者，不能为地。汤有所爱史鲁谒居，知汤不平，使人上蜚变告文奸事，事下汤，汤治论杀文，而汤心知谒居为之。（数用"心知"，谓汤阴险不可测也）

上问曰："言变事纵迹安起？"汤详惊曰："此殆文故人怨之。"（为后文"面欺"二字伏脉）谒居病卧闾里主人，汤自往视疾，为谒居摩足。（极其暧昧，文极平常，零碎中定成死案）赵国以冶铸为业，王数讼铁官事，汤常排赵王。赵王求汤阴事。谒居尝案赵王，赵王怨之，并上书告："汤，大臣也，史谒居有病，汤至为摩足，疑与为大奸。"（告得了了，但戳中武帝心事）事下廷尉。谒居病死，（不死，汤或不败）事连其弟，弟系导官。汤亦治他囚导官，见谒居弟，欲阴为之，而详不省。（一生见诈，今败于诈也。所谓聪明反被聪明误）谒居弟弗知，怨汤，使人上书告汤与谒居谋，共变告李文。事下减宣。（串入减宣）宣尝与汤有却，及得此事，穷竟其事，（与汤究竟他人应）未奏也。会人有盗发孝文园瘗钱，丞相青翟朝，与汤约俱谢，至前，汤念独丞相以四时行园，当谢，汤无与也，不谢。（又诈）丞相谢，上使御史案其事。汤欲致其文丞相见知，（欲引律诛丞相，狠！）丞相患之。三长史皆害汤，欲陷之。（忽另起一案）

始长史朱买臣，会稽人也。读《春秋》。庄助使人言买臣，买臣以《楚辞》与助俱幸，侍中，为太中大夫，用事；而汤乃为小吏，跪伏使买臣等前。已而汤为廷尉，治淮南狱，排挤庄助，买臣固心望。及汤为御史大夫，买臣以会稽守为主爵都尉，列于九卿。数年，坐法废，守长史，见汤，汤坐床上，丞史遇买臣弗为礼。买臣楚士，深怨，常欲死之。（酷吏常以气凌人，况废吏乎。楚人彪悍，写得深稳）王朝，齐人也。以术至右内史。边通，学长短，（学纵横术也）刚暴强人也，官再至济南相。故皆居汤右，已而失官，守长史，诎体于汤。（三长史写得有详有略，文体得当）汤数行丞相事，知此三长史素贵，常凌折之。以故三长史合谋（接上段终语）曰："始汤约与君谢，已而卖君；今欲劾君以宗庙事，此欲代君耳。吾知汤阴事。"使吏捕案汤左田信等，曰汤且欲奏请，信辄先知之，居物致富，与汤分之，及他奸事。事辞颇闻。上问汤曰："吾所为，贾人辄先知之，益居其物，是类有以吾谋告之者。"（问得凶狠）汤不谢。汤又详惊曰："固宜有。"（狡诈得很，"固宜有"三字，本欲移罪他人。减宣遂奏其罪，至不可收拾，天要杀之）减宣亦奏谒居等事。天子果以汤怀诈面欺，使使八辈簿责汤。汤具自道无此，不服。于是上使赵禹责汤。（禹传在此又入）禹至，让汤曰："君何不知分也。君所治夷灭者几何人矣？（妙！不谈案件，只以果报绝其心）今人言君皆有状，天子重致君狱，欲令君自为计，何多以对簿为?”（赵禹至，汤已无活理。乃以酷吏治酷吏）汤乃为书谢曰：“汤无尺寸功，起刀笔吏，陛下幸致为三公，无以塞责。然谋陷汤罪者，三长史也。”遂自杀。

汤死，家产直不过五百金，皆所得奉赐，无他业。（以证田信之诬）昆弟诸子欲厚葬汤，汤母曰：“汤为天子大臣，被汙恶言而死，何厚葬乎!”（善为子报仇）载以牛车，有棺无椁。天子闻之，曰：“非此母不能生此子。”乃尽案诛三长史。丞相青翟自杀。出田信。上惜汤。稍迁其子安世。

赵禹中废，已而为廷尉。（禹传又于汤传后绕出，奇文）始条侯以为禹贼深，弗任。及禹为少府，比九卿。禹酷急，至晚节，事益多，吏务为严峻，而禹治加缓，而名为平。（史公褒贬无一缺漏也）王温舒等后起，治酷于禹。禹以老，徙为燕相。数岁，乱悖有罪，免归。后汤十余年，以寿卒于家。

义纵者，河东人也。为少年时，尝与张次公俱攻剽为群盗。纵有姊姁，以医幸王太后。王太后问：“有子兄弟为官者乎?”姊曰：“有弟无行，不可。”（巧于荐弟）太后乃告上，拜义姁弟纵为中郎，补上党郡中令。治敢行，少蕴藉，县无逋事，举为第一。迁为长陵及长安令，直法行治，不避贵戚。以捕案太后外孙修成君子仲，上以为能，（又一“上以为能”）迁为河内都尉。至则族灭其豪穰氏之属，河内道不拾遗。（酷吏治效常如此）而张次公亦为郎，以勇悍从军，敢深入，有功，为岸头侯。

宁成家居，上欲以为郡守。（又入宁，背面敷粉法。衬纵之暴）御史大夫弘曰：“臣居山东为小吏时，宁成为济南都尉，其治如狼牧羊。（狠甚）成不可使治民。”上乃拜成为关都尉。岁余，关东吏隶郡国出入关者，号曰“宁见乳虎，无值宁成之怒”。（人畏之如此）义纵自河内迁为南阳太守，闻宁成家居南阳，及纵至关，宁成侧行送迎，（成见纵，如羊见狼）然纵气盛，弗为礼。至郡，遂案宁氏，尽破碎其家。成坐有罪，及孔、暴之属皆奔亡，南阳吏民重足一迹。（四字用得妙）而平氏朱强、杜衍、杜周为纵牙爪之吏，任用，迁为廷史。（酷吏必有爪牙）军数出定襄，定襄吏民乱败，于是徙纵为定襄太守。纵至，掩定襄狱中重罪轻系二百余人，（残酷，不复人伦皆出自一“掩”字）及宾客昆弟私入相视亦二百余人。纵一捕鞠，曰“为死罪解脱”。是日皆报杀四百余人。其后郡中不寒而栗，猾民佐吏为治。

是时赵禹、张汤以深刻为九卿矣，然其治尚宽，辅法而行，而纵以鹰击毛挚为治。后会五铢钱白金起，民为奸，京师尤甚，乃以纵为右内史，王温舒为中尉。（两凶相聚，纵尤为恶）温舒至恶，其所为不先言纵，纵必以气凌之，败坏其功。其治，所诛杀甚多，然取为小治，奸益不胜，直指始出矣。（史公肺腑之言于此尽出矣，不可略读！）吏之治以斩杀缚束为务，阎奉以恶用矣。（两“矣”连用，意在感叹）纵廉，其治放郅都。上幸鼎湖，病久，已而卒起幸甘泉，道多不治。上怒曰：“纵以我为不复行此道乎?”嗛之。（纵之恶，无人敢问，偶以意外取死，天意乎?）至冬，杨可方受告缗，纵以为此乱民，部吏捕其为可使者。天子闻，使杜式治，以为废格沮事，弃纵市。后一岁，张汤亦死。（缀出张汤是谓武帝欲获利，两人皆死于此也）

王温舒者，阳陵人也。少时椎埋（盗墓，出身如此）为奸。已而试补县亭长，数废。为吏，以治狱至廷史。事张汤，（串连法）迁为御史。督盗贼，杀伤甚多，稍迁至广平都尉。择郡中豪敢任吏十余人，以为爪牙，（又有爪牙）皆把其阴重罪，而纵使督盗贼，快其意所欲得。此人虽有百罪，弗法；即有避，因其事夷之，亦灭宗。以其故齐赵之郊盗贼不敢近广平，广平声为道不拾遗。（“声为”，不必为实）上闻，迁为河内太守。

素居广平时，皆知河内豪奸之家，及往，九月而至。（提九月）令郡具私马五十匹，为驿自河内至长安，部吏如居广平时方略，捕郡中豪猾，郡中豪猾相连坐千余家。上书请，大者至族，小者乃死，家尽没入偿臧。奏行不过二三日，得可事。论报，至流血十余里。（未见杀字，但残酷十倍）河内皆怪其奏，以为神速。尽十二月，（前提九月，至十二月，三月杀千人）郡中毋声，毋敢夜行，野无犬吠之盗。其颇不得失，之旁郡国，黎来，会春，温舒顿足叹曰：“嗟乎，令冬月益展一月，足吾事矣！”其好杀伐行威不爱人如此。天子闻之，以为能，（又一“以为能”）迁为中尉。其治复放河内，徙诸名祸猾吏与从事，河内则杨皆、麻戊，关中杨赣、成信等。义纵为内史，惮未敢恣治。及纵死，张汤败后，徙为廷尉，而尹齐为中尉。

尹齐者，东郡茌平人。以刀笔稍迁至御史。事张汤，（每提一酷吏，必引张汤，史公恶之极矣）张汤数称以为廉武，使督盗贼，所斩伐不避贵戚。迁为关内都尉，声甚于宁成。上以为能，（“上以为能”再现）迁为中尉，吏民益凋敝。尹齐木强少文，豪恶吏伏匿而善吏不能为治，以故事多废，抵罪。上复徙温舒为中尉，而杨仆以严酷为主爵都尉。（与下传接，开合天巧）

杨仆者，宜阳人也。以千夫为吏。河南守案举以为能，迁为御史，使督盗贼关东。治放尹齐，以为敢挚行。稍迁至主爵都尉，列九卿。天子以为能。（上以为能！）南越反，拜为楼船将军，有功，封将梁侯。为荀彘所缚。居久之，病死。

而温舒复为中尉。为人少文，居廷惛惛不辩，至于中尉则心开。（恶人性情常如此）督盗贼，素习关中俗，知豪恶吏，豪恶吏尽复为用，为方略。吏苛察，盗贼恶少年投缿购告言奸，（令人告密）置伯格长（百家连坐法）以牧司奸盗贼。温舒为人谄，善事有势者；即无势者，视之如奴。有势家，虽有奸如山，弗犯；无势者，贵戚必侵辱。舞文巧诋下户之猾，以焄大豪。其治中尉如此。奸猾穷治，大抵尽靡烂狱中，行论无出者。其爪牙吏虎而冠。（温舒善用奸吏爪牙，故处处提出）于是中尉部中中猾以下皆伏，有势者为游声誉，称治。治数岁，其吏多以权富。

温舒击东越还，议有不中意者，坐小法抵罪免。是时天子方欲作通天台而未有人，温舒请覆中尉脱卒，得数万人作。上说，拜为少府。徙为右内史，治如其故，（文简稍变）奸邪少禁。坐法失官。复为右辅，行中尉事。如故操。（文法少变）

岁余，会宛军发，诏征豪吏，温舒匿其吏华成，（终以爪牙引祸）及人有变告温舒受员骑钱，他奸利事，罪至族，自杀。其时两弟及两婚家亦各自坐他罪而族。光禄徐自为曰："悲夫，夫古有三族，而王温舒罪至同时而五族乎！"（借他人口说出，快哉！）

温舒死，家直累千金。后数岁，尹齐亦以淮阳都尉病死，家直不满五十金。所诛灭淮阳甚多，及死，仇家欲烧其尸，尸亡去归葬。

温舒等以恶为治，而郡守、都尉、诸侯二千石欲为治者，其治大抵尽放温舒，而吏民益轻犯法，盗贼滋起。（归罪温舒）南阳有梅免、白政，楚有殷中、杜少，齐有徐勃，燕赵之间有坚卢、范生之属。（列群盗名者，是谓酷吏不能禁贼，而能致寇也）大群至数千人，擅自号，攻城邑，取库兵，释死罪，缚辱郡太守、都尉，杀二千石，为檄告县趣具食；（视汉吏如儿戏）小群以百数，掠卤乡里者，不可胜数也。（虽小而不可胜数）于是天子始使御史中丞、丞相长史督之。（酷吏之一变）犹弗能禁也，乃使光禄大夫范昆、诸辅都尉及故九卿张德等衣绣衣，持节，虎符发兵以兴击，（酷吏之二变）斩首大部或至万余级，及以法诛通饮食，坐连诸郡，甚者数千人。数岁，乃颇得其渠率。散卒失亡，复聚党阻山川者，往往而群居，无可奈何。于是作“沈命法”，（酷吏之三变）曰群盗起不发觉，发觉而捕弗满品者，二千石以下至小吏主者皆死。其后小吏畏诛，虽有盗不敢发，恐不能得，坐课累府，府亦使其不言。故盗贼浸多，上下相为匿，以文辞避法焉。

减宣者，杨人也。以佐史无害给事河东守府。卫将军青使买马河东，见宣无害，言上，征为大厩丞。官事辨，稍迁至御史及中丞。使治主父偃及治淮南反狱，所以微文深诋，杀者甚众，称为敢决疑。（定其决杀之罪）数废数起，（另一番景象）为御史及中丞者几二十岁。王温舒免中尉，而宣为左内史。其治米盐，事大小皆关其手，自部署县名曹实物，官吏令丞不得擅摇，痛以重法绳之。（其苛细刻薄如此）居官数年，一切郡中为小治辨，然独宣以小致大，能因力行之，难以为经。（是其才也）中废。为右扶风，坐怨成信，信亡藏上林中，宣使郿令格杀信，吏卒格信时，射中上林苑门，宣下吏诋罪，以为大逆，当族，自杀。而杜周任用。

杜周者，南阳杜衍人。义纵为南阳守，以为爪牙，举为廷尉史。事张汤，汤数言其无害，至御史。使案边失亡，所论杀甚众。奏事中上意，任用，与减宣相编，更为中丞十余岁。

其治与宣相放，然重迟，外宽，内深次骨。（史公善为描人，叹为观止）之宣为左内史，周为廷尉，其治大放张汤而善候伺。上所欲挤者，因而陷之；上所欲释者，久系待问而微见其冤状。客有让周曰：“君为天子决平，不循三尺法，专以人主意指为狱。狱者固如是乎？”（正论！）周曰：“三尺安出哉？前主所是著为律，后主所是疏为令，当时为是，何古之法乎！”（千年古国，常是如此）

至周为廷尉，诏狱亦益多矣。（飞梁架构，递入“诏狱”）二千石系者新故相因，不减百余人。郡吏大府举之廷尉，一岁至千余章。章大者连逮证案数百，小者数十人；远者数千，近者数百里。会狱，吏因责如章告劾，不服，以笞掠定之。于是闻有逮皆亡匿。狱久者至更数赦十有余岁而相告言，大抵尽诋以不道以上。廷尉及中都官诏狱逮至六七万人，吏所增加十万余人。

周中废，后为执金吾，逐盗，捕治桑弘羊、卫皇后昆弟子刻深，天子以为尽力无私，（“上以为能”之变也，处处深刻）迁为御史大夫。家两子，夹河为守。其治暴酷皆甚于王温舒等矣。（一家皆酷吏，不忍直视）杜周初征为廷史，有一马，且不全；及身久任事，至三公列，子孙尊官，家资累数巨万矣。（又举出其贪）

太史公曰：自郅都、杜周十人者，此皆以酷烈为声。（总断一笔）然郅都伉直，引是非，争天下大体。张汤以知阴阳，人主与俱上下，时数辩当否，国家赖其便。赵禹时据法守正。杜周从谀，以少言为重。（皆言其善，独提此四人，有深意）自张汤死后，（史公谓汤实为酷吏严法之始作俑者）网密，多诋严，官事浸以耗废。九卿碌碌奉其官，救过不赡，何暇论绳墨之外乎！然此十人中，其廉者足以为仪表，其污者足以为戒，方略教导，禁奸止邪，一切亦皆彬彬质有其文武焉。虽惨酷，斯称其位矣。至若蜀守冯当暴挫，广汉李贞擅磔人，东郡弥仆锯项，天水骆璧推咸，河东褚广妄杀，京兆无忌、冯翊殷周蝮鸷，水衡阎奉朴击卖请，何足数哉！何足数哉！

游侠列传

导读

此文不但善于叙事，且叙事与议论相结合，行文中“咨嗟慷慨，感叹宛转”（《史记评林》引董份语），处处倾泻“愤激”“不平之气”（何良俊《四友斋丛说》），且层层回环，步步转折，曲尽其妙，真“百代之绝”（董份语）。文章结构严谨有序，前有叙论，为一篇之纲，后分叙诸侠之事，为叙论作注脚，“太史公曰”总一篇之旨，明作者之情，前后辉映，“篇章之妙，此又一奇也”（吴见思《史记论文》）。

这些被班固视为“罪已不容于诛”（《汉书·游侠传》）的社会底层的人，在司马迁的笔下却成为倾倒天下大众的英雄，并对他们的不幸遭遇表示同情，对迫害他们的人表示极大愤慨，揭示了汉朝法律的虚伪和不公正的本质，表现了作者进步的历史观和《史记》一书的人民性。当然，作者对那些被视为“朱家之羞”的“盗跖居民间者”式的豪侠却加以否定和鞭挞。同时作者借儒形侠，又写公孙弘等的诛侠之举，委婉地表现了作者对此类儒者的愤激之情，“真极用意文字”（姚苎田《史记精华录》），难怪正统的封建史学家班固称此文是“退处士而进奸雄”（《汉书·游侠传》）。这又从另一角度显示了此文的进步性。

韩子曰：“儒以文乱法，而侠以武犯禁。”二者皆讥，而学士多称于世云。（侠与儒并列，开篇即占地位）至如以术取宰相卿大夫，（“取”字，似褒实贬，讥公孙弘、张汤之流）辅翼其世主，功名俱著于春秋，固无可言者。（“无可言”，实指其为伪儒）及若季次、原宪，闾巷人也，读书怀独行君子之德，义不苟合当世，当世亦笑之。（此乃真儒，俗人笑之，曲笔也）故季次、原宪终身空室蓬户，褐衣疏食不厌。死而已四百余年，而弟子志之不倦。（虽当时所笑，却千古荣光）今游侠，其行虽不轨于正义，然其言必信，其行必果，已诺必诚，不爱其躯，赴士之厄困，既已存亡死生矣，而不矜其能，羞伐其德，盖亦有足多者焉。（万古游侠真面目！）

且缓急，人之所时有也。（文势有起伏）太史公曰：昔者虞舜窘于井廪，伊尹负于鼎俎，傅说匿于傅险，吕尚困于棘津，夷吾桎梏，百里饭牛，仲尼畏匡，菜色陈、蔡。此皆学士所谓有道仁人也，犹然遭此灾，况以中材而涉乱世之末流乎？其遇害何可胜道哉！（已然说到己身）

鄙人有言曰：“何知仁义，已飨其利者为有德。”（此段嘲讽世人游侠之见）故伯夷丑周，饿死首阳山，而文武不以其故贬王；跖、蹻暴戾，其徒诵义无穷。由此观之，“窃钩者诛，窃国者侯，侯之门仁义存”，非虚言也。（重在后两句，言世人判断标准无非“利”而已）

今拘学或抱咫尺之义，久孤于世，岂若卑论侪俗，与世沈浮而取荣名哉！（以上讥讽儒之失）而布衣之徒，设取予然诺，千里诵义，为死不顾世，此亦有所长，非苟而已也。故士穷窘而得委命，此岂非人之所谓贤豪间者邪？（概括“亦有足多”及“缓急时有”二段，重复唱叹，意味深长）诚使乡曲之侠，（转到游侠）予季次、原宪比权量力，效功于当世，不同日而论矣。要以功见言信，侠客之义又曷可少哉！

古布衣之侠，靡得而闻已。（点出布衣之侠）近世延陵、孟尝、春申、平原、信陵之徒，皆因王者亲属，借于有土卿相之富厚，招天下贤者，显名诸侯，不可谓不贤者矣。比如顺风而呼，声非加疾，其势激也。（对附权贵之侠不耻）至如闾巷之侠，修行砥名，声施于天下，莫不称贤，是为难耳。（为布衣之侠布局）然儒、墨皆排摈不载。自秦以前，匹夫之侠，湮灭不见，余甚恨之。（对应“古布衣之侠，靡得而闻已”）以余所闻，汉兴有朱家、田仲、王公、剧孟、郭解之徒，虽时扞当世之文罔，（此所谓“以武犯禁”）然其私义廉絜退让，有足称者。名不虚立，士不虚附。（八字，极赞之）至如朋党宗强比周，设财役贫，豪暴侵凌孤弱，恣欲自快，游侠亦丑之。（“游侠亦丑之”，骂得甚解气！）余悲世俗不察其意，而猥以朱家、郭解等令与暴豪之徒同类而共笑之也。（为开论“真侠”“伪侠”“真儒”“伪儒”谋篇）

鲁朱家者，与高祖同时。鲁人皆以儒教，而朱家用侠闻。所藏活豪士以百数，其余庸人不可胜言。然终不伐其能，歆其德，诸所尝施，唯恐见之。（史公重游侠正在此，为而不言，德之大矣）振人不赡，先从贫贱始。家无余财，衣不完采，食不重味，乘不过軥牛。专趋人之急，甚己之私。既阴脱季布将军之厄，及布尊贵，终身不见也。（此言事实。论证虚实结合）自关以东，莫不延颈愿交焉。

楚田仲以侠闻，喜剑，父事朱家，自以为行弗及。田仲已死，而洛阳有剧孟。（一笔舍去，一笔带来，绝不拖泥带水）周人以商贾为资，而剧孟以任侠显诸侯。（响亮！）吴楚反时，条侯为太尉，乘传车将至河南，得剧孟，喜曰："吴楚举大事而不求孟，吾知其无能为已矣。"天下骚动，宰相得之若得一敌国云。（好断语！）剧孟行大类朱家，而好博，多少年之戏。然剧孟母死，自远方送丧盖千乘。及剧孟死，家无余十金之财。而符离人王孟亦以侠称江淮之间。

是时济南瞷氏、陈周庸亦以豪闻，景帝闻之，使使尽诛此属。其后代诸白、梁韩无辟、阳翟薛兄、陕韩孺纷纷复出焉。

郭解，轵人也，字翁伯，善相人者许负外孙也。（史公最重郭解，独书其字，又详叙其系）解父以任侠，孝文时诛死。解为人短小精悍，不饮酒。少时阴贼，慨不快意，身所杀甚众。以躯借交报仇，藏命作奸剽攻，休乃铸钱掘冢，固不可胜数。（以其少时恶，显其长时奇）适有天幸，窘急常得脱，若遇赦。及解年长，更折节为俭，以德报怨，厚施而薄望。然其自喜为侠益甚。既已振人之命，不矜其功，其阴贼著于心，卒发于睚眦如故云。（是其本心）而少年慕其行，亦辄为报仇，不使知也。解姊子负解之势，（实可杀）与人饮，使之嚼。非其任，强必灌之。人怒，拔刀刺杀解姊子，亡去。解姊怒曰："以翁伯之义，人杀吾子，贼不得。"（悍妇之貌必现）弃其尸于道，弗葬，欲以辱解。（狠）解使人微知贼处（侠者作用）贼窘自归，具以实告解。解曰："公杀之固当，吾儿不直。"遂去其贼，罪其姊子，乃收而葬之。诸公闻之，皆多解之义，益附焉。（多解之义）

解出入，人皆避之。有一人独箕倨视之，解遣人问其名姓。客欲杀之，解曰："居邑屋至不见敬，是吾德不修也，彼何罪！"乃阴属尉史曰："是人，吾所急也，至践更时脱之。"每至践更，数过，吏弗求。怪之，问其故，乃解使脱之。箕踞者乃肉袒谢罪。少年闻之，愈益慕解之行。（慕解之行）

洛阳人有相仇者，邑中贤豪居间者以十数，终不听。客乃见郭解。解夜见仇家，（欲不使人知）仇家曲听解。解乃谓仇家曰："吾闻洛阳诸公在此间，多不听者。今子幸而听解，解奈何乃从他县夺人邑中贤大夫权乎！"乃夜去，不使人知，（有叙，有议）曰："且无用，待我去，令洛阳豪居其间，乃听之。"

解执恭敬，不敢乘车入其县廷。之旁郡国，为人请求事，事可出，出之；不可者，各厌其意，然后乃敢尝酒食。诸公以故严重之，争为用。（争解之用）邑中少年及旁近县贤豪，夜半过门常十余车，请得解客舍养之。

及徙豪富茂陵也，解家贫，不中訾，吏恐，不敢不徙。卫将军为言："郭解家贫不中徙。"上曰："布衣权至使将军为言，此其家不贫。"（此已伏下祸根）解家遂徙。诸公送者出千余万。轵人杨季主子为县掾，举徙解。解兄子断杨掾头。由此杨氏与郭氏为仇。（伏线）

解入关，关中贤豪知与不和，闻其声，争交欢解。解为人短小，不饮酒，出未尝有骑。已又杀杨季主。（接上段杨郭为仇）杨季主家上书，人又杀之阙下。上闻，乃下吏捕解。解亡，置其母家室夏阳，身至临晋。临晋籍少公素不知解，解冒，因求出关。籍少公已出解，解转入太原，所过辄告主人家。吏逐之，迹至籍少公。少公自杀，口绝。（得人死力！）久之，乃得解。穷治所犯，为解所杀，皆在赦前。（先言其不可杀）轵有儒生侍使者坐，（突生一事）客誉郭解，生曰："郭解专以奸犯公法，何谓贤！"解客闻，杀此生，断其舌。吏以此责解，解实不知杀者。杀者亦竟绝，莫知为谁。（奇）吏奏解无罪。御史大夫公孙弘议曰："解布衣为任侠行权，以睚眦杀人，解虽弗知，此罪甚于解杀之。当大逆无道。"（帝王、宰相两提"布衣"，对应前文）遂族郭解翁伯。（又提其字，故实重之）

自是之后，为侠者极众，敖而无足数者。（欲"扬"之前先抑一笔）然关中长安樊仲子，槐里赵王孙，长陵高公子，西河郭公仲，太原卤公孺，临淮儿长卿，东阳田君孺，虽为侠而逡逡有退让君子之风。至若北道姚氏，西道诸杜，南道仇景，东道赵他、羽公子，南阳赵调之徒，此盗跖居民间者耳，曷足道哉！此乃乡者朱家之羞也。

太史公曰："吾视郭解，（朱家串起全文，赞落于郭解）状貌不及中人，言语不足采者。然天下无贤与不肖，知与不知，皆慕其声，言侠者皆引以为名。（此侠之效而祸之根也）谚曰："人貌荣名，岂有既乎！"于戏，惜哉！

货殖列传（节选）

导 读

《货殖列传》重视社会生产活动，认为政治上的治乱兴衰与社会经济情况密切相联；社会经济活动是不以人们意志为转移的客观过程，主张发展工商业，倾向于经济放任改革，反对人为干涉。

太史公认为，自然界的物产是极其丰富的，社会经济的发展是不以人的意志为转移的，商业发展和经济都市的出现是自然趋势，人们没有不追求富足的。“农不出则乏其食，工不出则乏其事，商不出则三宝绝，虞不出则财匮少。”所以，他主张应根据实际情况，任商人自由发展，引导他们积极进行生产与交换，国家不必强行干涉，更不要同他们争利。这集中反映了他反对“重本抑末”，主张农工商虞并重，强调工商活动对社会发展的作用，其产生是社会发展的必然；肯定工商业者追求物质利益的合理性与合法性；突出物质财富的占有量最终决定着人们的社会地位，而经济的发展则关乎到国家盛衰等经济思想和物质观。在当时的历史条件下，司马迁就能注意社会的经济生活，并认识到生产交易和物质财富的重要性，这是非常难能可贵的。

老子曰：“至治之极，邻国相望，鸡犬之声相闻，民各甘其食，美其服，安其俗，乐其业，至老死不相往来。”必用此为务，（伏“善者困之”）挽近世涂民耳目，则几无行矣。（伏“最下与之争”）

太史公曰：夫神农以前，吾不知已。至若《诗》《书》所述虞夏以来，耳目欲极声色之好，口欲穷刍豢之味，身安逸乐，而心夸矜势能之荣使。（此货殖之始也）俗之渐民久矣，虽户说以眇论，终不能化。故善者因之，（此至治之世）其次利道之，（开其不竭之源）其次教诲之，（设立法制）其次整齐之，（霸者作用）最下者与之争。（巧取豪夺）

夫山西饶材、竹、谷、纑、旄、玉石；山东多鱼、盐、漆、丝、声色；江南出楠、梓、姜、桂、金、锡、连、丹沙、犀、玳瑁、珠玑、齿革；龙门、碣石北多马、牛、羊、旃裘、筋角；铜、铁则千里往往山出棋置：此其大较也。（大概其括）皆中国人民所喜好，谣俗被服饮食奉生送死之具也。故待农而食之，虞而出之，工而成之，商而通之。（四句实，“商而通之”是主）此宁有政教发征期会哉？（故应困而导之）人各任其能，竭其力，以得所欲。故物贱之征贵，贵之征贱，各劝其业，乐其事，若水之趋下，日夜无休时，不召而自来，不求而民出之。岂非道之所符，而自然之验邪？（深远精致，史公对经济事亦如此之明）

《周书》曰：“农不出则乏其食，工不出则乏其事，商不出则三宝绝，虞不出则财匮少。”财匮少而山泽不辟矣。此四者，民所衣食之原也。原大则饶，原小则鲜。上则富国，下则富家。贫富之道，莫之夺予，而巧者有余，拙者不足。（此有深意，谓贫富不定于命）

……

范蠡既雪会稽之耻，乃喟然而叹曰：“计然之策七，越用其五而得意。既已施于国，吾欲用之家。”（治国之道同于货殖之道，故上下通）乃乘扁舟浮于江湖，变名易姓，适齐为鸱夷子皮，之陶为朱公。朱公以为陶天下之中，诸侯四通，货物所交易也。乃治产积居。与时逐而不责于人。故善治生者，能择人而任时。（断语精准）十九年之中三致千金，再分散与贫交疏昆弟。此所谓富好行其德者也。后年衰老而听子孙，子孙修业而息之，遂至巨万。故言富者皆称陶朱公。

……

夫天下物所鲜所多，人民谣俗，山东食海盐，山西食盐卤，领南、沙北固往往出盐，大体如此矣。

总之，楚越之地，地广人希，饭稻羹鱼，或火耕而水耨，果隋蠃蛤，不待贾而足，地势饶食，无饥馑之患，以故呰窳偷生，无积聚而多贫。（此“拙者不足之故）是故江淮以南，无冻饿之人，亦无千金之家。沂、泗水以北，宜五谷桑麻六畜，地小人众，数被水旱之害，民好畜藏，故秦、夏、梁、鲁好农而重民。三河、宛、陈亦然，加以商贾。齐、赵设智巧，仰机利。燕、代田畜而事蚕。

由此观之，贤人深谋于廊庙，论议朝廷，守信死节隐居岩穴之士设为名高者安归乎？归于富厚也。（此段颇尖刻，却是事实，振聋发聩）是以廉吏久，久更富，廉贾归富。（廉吏情何以堪）富者，人之情性，所不学而俱欲者也。（尽入骨髓！）故壮士在军，攻城先登，陷阵却敌，斩将搴旗，前蒙矢石，不避汤火之难者，为重赏使也。其在闾巷少年，攻剽椎埋，劫人作奸，掘冢铸币，任侠并兼，借交报仇，篡逐幽隐，不避法禁，走死地如骛者，其实皆为财用耳。今夫赵女郑姬，设形容，揳鸣琴，揄长袂，蹑利屣，目挑心招，出不远千里，不择老少者，奔富厚也。（说尽丑态。）游闲公子，饰冠剑，连车骑，亦为富贵容也。弋射渔猎，犯晨夜，冒霜雪，驰坑谷，不避猛兽之害，为得味也。博戏驰逐，斗鸡走狗，作色相矜，必争胜者，重失负也。医方诸食技术之人，焦神极能，为重糈也。吏士舞文弄法，刻章伪书，不避刀锯之诛者，没于赂遗也。（未写朝堂之事，是为同类讳也）农工商贾畜长，固求富益货也。此有知尽能索耳，终不余力而让财矣。（至死方休！）

谚曰："百里不贩樵，千里不贩籴。"（"殖"之精义即不远取）居之一岁，种之以谷；十岁，树之以木；百岁，来之以德。（有深意）德者，人物之谓也。今有无秩禄之奉，爵邑之入，而乐与之比者。命曰"素封"。（此段只写"素封"）封者食租税，岁率户二百。千户之君则二十万，朝觐聘享出其中。庶民农工商贾，率亦岁万息二千，百万之家则二十万，而更徭租赋出其中。衣食之欲，恣所好美矣。故曰陆地牧马二百蹄，牛蹄角千，千足羊，（三句三种说法，好文采！）泽中千足彘，水居千石鱼陂，山居千章之材。安邑千树枣；燕、秦千树栗；蜀、汉、江陵千树橘；淮北、常山已南，河济之间千树萩；陈、夏千亩漆；齐、鲁千亩桑麻；渭川千亩竹；及名国万家之城，带郭千亩亩钟之田，若千亩卮茜，千畦姜韭：此其人皆与千户侯等。然是富给之资也，不窥市井，不行异邑，坐而待收，身有处士之义而取给焉。若至家贫亲老，妻子软弱，岁时无以祭祀进醵，饮食被服不足以自通，如此不惭耻，则无所比矣。是以无财作力，少有斗智，既饶争时，此其大经也。今治生不待危身取给，则贤人勉焉。是故本富为上，末富次之，奸富最下。（此断语足得传世）无岩处奇士之行，而长贫贱，好语仁义，亦足羞也。

凡编户之民，富相什则卑下之，伯则畏惮之，千则役，万则仆，物之理也。（此言颇势利，却事实如此）夫用贫求富，农不如工，工不如商，刺绣文不如倚市门，此言末业，贫者之资也。通邑大都，酤一岁千酿，醯酱千瓨，浆千甔，屠牛羊彘千皮，贩谷粜千钟，薪稿千车，船长千丈，木千章，竹竿万个，其轺车百乘，牛车千两，木器髹者千枚，铜器千钧，素木铁器若卮茜千石，马蹄躈千，牛千足，羊彘千双，僮手指千，筋角丹沙千斤，其帛絮细布千钧，文采千匹，榻布皮革千石，漆千斗，蘖曲盐豉千荅，鲐鮆千斤，鲰千石，鲍千钧，枣栗千石者三之，狐鼦裘千皮，羔羊裘千石，旃席千具，佗果菜千钟，子贷金钱千贯，节驵会，贪贾三之，廉贾五之，此亦比千乘之家，其大率也。佗杂业不中什二，则非吾财也。

……

滑稽列传（节选）

导　读

《史记·滑稽列传》记载了淳于髡、优孟、优旃三人的故事，但对三人活动的年代，记载有明显的矛盾和错误。如说淳于髡是齐威王（公元前378—公元前320年在位）时人，优孟是楚庄王（公元前613—公元前591年在位）时人，优旃是秦时人，秦亡（公元前206年）后归汉，数年而卒。可是原传却又说淳于髡后百余年有优孟，优孟后二百余年有优旃。这是太史公的疏忽。

传里的几个小人物，地位虽然低微，但他们都有好品质，他们能够为了国家与黎民的利益，勇敢地仗义执言，能够灵活巧妙地批评残暴荒淫的统治者，能把他们的那些荒谬绝伦的想法顶回去，从而给国家和黎民百姓带来说不尽的好处。司马迁对他们给予了热情的歌颂，“岂不亦伟哉”；同时，也有对汉武帝时代满朝唯唯诺诺保官保命苟合取容的不满。

本传有别于其他传记的最大特点，就是轻松幽默，寓庄于谐。作者似乎不是在写严肃的史实，而是在写小说，在写故事，但深刻的思想就寄寓其中。

孔子曰：“六艺于治一也。《礼》以节人，《乐》以发和，《书》以道事，《诗》以达意，《易》以神化，《春秋》以义。”太史公曰：“天道恢恢，岂不大哉！谈言微中，亦可以解纷。”

淳于髡者，齐之赘婿也。长不满七尺，滑稽多辩，数使诸侯，未尝屈辱。（“赘婿”，位微；“长不满七尺”，面丑。位微而面丑，更显其滑稽之能）齐威王之时喜隐，好为淫乐长夜之饮，沉湎不治，委政卿大夫。百官荒乱，诸侯并侵，国且危亡，在于旦暮，左右莫敢谏。（不写其极危，不见滑稽之功）淳于髡说之以隐曰：“国中有大鸟，止王之庭，三年不蜚又不鸣，王知此鸟何也？”王曰：“此鸟不飞则已，一飞冲天；不鸣则已，一鸣惊人。”于是乃朝诸县令长七十二人，赏一人，诛一人，奋兵而出。诸侯振惊，皆还齐侵地。

威行三十六年。语在《田完世家》中。

威王八年，楚大发兵加齐。齐王使淳于髡之赵请救兵，赍金百斤，车马十驷。淳于髡仰天大笑，冠缨索绝。王曰："先生少之乎？"（齐威王机警）髡曰："何敢！"王曰："笑岂有说乎？"髡曰："今者臣从东方来，见道旁有禳田者，操一豚蹄，酒一盂，祝曰：'瓯窭满篝，污邪满车，五谷蕃熟，穰穰满家。'臣见其所持者狭而所欲者奢，故笑之。"于是齐威王乃益赍黄金千溢，白璧十双，车马百驷。髡辞而行，至赵。赵王与之精兵十万，革车千乘。楚闻之，夜引兵而去。

威王大悦，置酒后宫，召髡赐之酒。问曰："先生能饮几何而醉？"对曰："臣饮一斗亦醉，一石亦醉。"威王曰："先生饮一斗而醉，恶能饮一石哉！其说可得闻乎？"髡曰："赐酒大王之前，执法在傍，御史在后，髡恐惧俯伏而饮，不过一斗径醉矣。若亲有严客，髡帣鞲鞠䠊，侍酒于前，时赐余沥，奉觞上寿，数起，饮不过二斗径醉矣。若朋友交游，久不相见，卒然相睹，欢然道故，私情相语，饮可五六斗径醉矣。若乃州闾之会，男女杂坐，行酒稽留，六博投壶，相引为曹，握手无罚，目眙不禁，前有堕珥，后有遗簪，髡窃乐此，饮可八斗而醉二三。日暮酒阑，合尊促坐，男女同席，履舄交错，杯盘狼藉，堂上烛灭，主人留髡而送客。罗襦襟解，微闻芗泽，当此之时，髡心最欢，能饮一石。故曰酒极则乱，（主句也）乐极则悲，万事尽然。"言不可极，极之而衰，以讽谏焉。齐王曰："善。"乃罢长夜之饮，以髡为诸侯主客。宗室置酒，髡尝在侧。

其后百余年，楚有优孟。

优孟，故楚之乐人也。长八尺，多辩，常以谈笑讽谏。楚庄王之时，有所爱马，衣以文绣，置之华屋之下，席以露床，啖以枣脯。马病肥死，使群臣丧之，欲以棺椁大夫礼葬之。左右争之，以为不可。王下令曰："有敢以马谏者，罪至死。"优孟闻之，入殿门，仰天大哭。（淳于笑，优孟哭，滑稽者面孔无可不能）王惊而问其故。优孟曰："马者王之所爱也，以楚国堂堂之大，何求不得，而以大夫礼葬之，薄，（一字成韵）请以人君礼葬之。"王曰："何如？"对曰："臣请以雕玉为棺，文梓为椁，楩枫豫章为题凑，发甲卒为穿圹，老弱负土，齐赵陪位于前，韩魏翼卫其后，庙食太牢，奉以万户之邑。诸侯闻之，皆知大王贱人而贵马也。”（说破反而少味）王曰：“寡人之过一至此乎？为之奈何？”优孟曰：“请为大王六畜葬之。（意于食之，却说葬之，有趣）以垅灶为椁，铜历为棺，赍以姜枣，荐以木兰，祭以粮稻，衣以火光，葬之于人腹肠。”于是王乃使以马属太官，无令天下久闻也。

楚相孙叔敖知其贤人也，善待之。（三字有意）病且死，属其子曰：“我死，汝必贫困。若往见优孟，言我孙叔敖之子也。”（士大夫死，独托优孟，又不与之面语，可见其贤）居数年，其子穷困负薪，逢优孟，与言曰：“我，孙叔敖子也。父且死时，属我贫困往见优孟。”优孟曰：“若无远有所之。”（嘱咐得妙）即为孙叔敖衣冠，抵掌谈语。岁余，像孙叔敖，楚王及左右不能别也。庄王置酒，优孟前为寿。庄王大惊，以为孙叔敖复生也，欲以为相。优孟曰：“请归与妇计之，三日而为相。”庄王许之。三日后，优孟复来。王曰：“妇言谓何？”孟曰：“妇言慎无为，楚相不足为也。（抛砖引玉之笔）如孙叔敖之为楚相，尽忠为廉以治楚，楚王得以霸。今死，其子无立锥之地，贫困负薪以自饮食。必如孙叔敖，不如自杀。”（真是嬉笑怒骂）因歌曰：“山居耕田苦，难以得食。起而为吏，身贫鄙者余财，不顾耻辱。身死家室富，又恐受赇枉法，为奸触大罪，身死而家灭。贪吏安可为也！（一不可为。正说）念为廉吏，奉法守职，竟死不敢为非。廉吏安可为也！楚相孙叔敖持廉至死，方今妻子穷困负薪而食，不足为也！”（二不可为。反说）于是庄王谢优孟，乃召孙叔敖子，封之寝丘四百户，以奉其祀。后十世不绝。此知可以言时矣。（善进谏之臣熟于此。）

……

优旃者，秦倡，侏儒也。善为笑言，然合于大道。（今之亦有滑稽之人，但常不合大道，只为嬉笑耳。）秦始皇时，置酒而天雨，陛楯者皆沾寒。优旃见而哀之，谓之曰：“汝欲休乎？”陛楯者皆曰：“幸甚。”优旃曰：“我即呼汝，汝疾应曰诺。”居有顷，殿上上寿呼万岁。优旃临槛大呼曰：“陛楯郎！”郎曰：“诺。”优旃曰：“汝虽长，何益，幸雨立。我虽短也，幸休居。”（两“幸”字，甚是有趣）于是始皇使陛楯者得半相代。

始皇尝议欲大苑囿，东至函谷关，西至雍、陈仓。优旃曰：“善。多纵禽兽于其中，寇从东方来，令麋鹿触之足矣。”（辞简而意警，不同于孟、髡转折悠长）始皇以故辍止。

二世立，又欲漆其城。优旃曰："善。主上虽无言，臣固将请之。漆城虽于百姓愁费，然佳哉！漆城荡荡，寇来不能上。即欲就之，易为漆耳，顾难为荫室。"（意味悠长）于是二世笑之，以其故止。居无何，二世杀死，优旃归汉，数年而卒。

太史公曰：淳于髡仰天大笑，齐威王横行。优孟摇头而歌，负薪者以封。优旃临槛疾呼，陛楯得以半更。岂不亦伟哉！

……

太史公自序（节选）

导　读

《太史公自序》明述了作书之本旨，概述了各篇的写作旨趣。《自序》兼此二义：一、助读者，使易得其端绪也。二、序者，次也，所以明篇次先后之义也。推本春秋，考信六艺，这一宗旨或殿于卷末，或冠于篇首，反复述明；又分别标明诸篇小序，申明为某事作某本纪，为某事作某年表等。《史记》全书纲领体例，《太史公自序》中莫不灿然明白。读者在读《史记》之前，须将《自序》篇熟读，深沉有得，然后可读诸纪、传、世家；读纪、传、世家若不得其解，仍须从《自序》中求得。这实乃司马迁在教人读《史记》的方法。

《史记》自《黄帝本纪》起一百三十篇，合起来说，是总的一篇。这部史书的末尾必须收束得尽，承载得起，意理要包括得完，气象更要笼罩得住。《史记》的最后一篇以作者自序世系开始，逐层卸下，中间载有六家、六经两论，气势已经极盛，后又排出一百三十段，行行列列，整整齐齐，最后又总序一百三十篇总目，可以说无往不收，无微不尽。它的文势有如百川汇海，万壑朝宗，令后世的学者赞叹不已。

……

太史公既掌天官，不治民。有子曰迁。

迁生龙门，耕牧河山之阳。年十岁则诵古文。二十而南游江、淮，上会稽，探禹穴，窥九疑，浮于沅、湘；北涉汶、泗，（此读万卷书、行万里路也，无此经历无以成《史记》之恢宏）讲业齐、鲁之都，（此句颇重，为全篇伏脉）观孔子之遗风，乡射邹、峄；厄困鄱、薛、彭城，过梁、楚以归。于是迁仕为郎中，奉使西征巴、蜀以南，南略邛、笮、昆明，还报命。

是岁天子始建汉家之封，而太史公留滞周南，不得与从事，故发愤且卒。而子迁适使反，见父于河洛之间。太史公执迁手而泣曰："余先周室之太史也。（写得入情，一篇发愤事化为忠孝文章）自上世尝显功名于虞夏，典天官事。后世中衰，绝于予乎？汝复为太史，则续吾祖矣。（缱绻如此）今天子接千岁之统，封泰山，而余不得从行，是命也夫，命也夫！余死，汝必为太史；为太史，无忘吾所欲论著矣。（一篇提纲，在此一句）且夫孝始于事亲，中于事君，终于立身。扬名于后世，以显父母，此孝之大者。（非正意）夫天下称诵周公，言其能论歌文武之德，宣周邵之风，达太王王季之思虑，爰及公刘，以尊后稷也。（串出周家世德，妙）幽厉之后，王道缺，礼乐衰，孔子修旧起废，论诗书，作春秋，则学者至今则之。自获麟以来四百有余岁，而诸侯相兼，史记放绝。（春秋孔子之时，尚有史职，战国兼并，史职始废）今汉兴，海内一统，明主贤君忠臣死义之士，余为太史而弗论载，废天下之史文，余甚惧焉，汝其念哉！”迁俯首流涕曰：“小子不敏，请悉论先人所次旧闻，弗敢阙。”（一部《史记》起于太史公采集古文系本，迁始裁择润色，终成书耳）

卒三岁而迁为太史令，䌷（音抽，引其端绪也）史记石室金匮之书。五年而当太初元年，十一月甲子朔旦冬至，天历始改，建于明堂，诸神受纪。

太史公（此为自己）曰：“先人有言：‘自周公卒五百岁而有孔子。孔子卒后至于今五百岁，有能绍明世，正《易传》，继《春秋》，本《诗》《书》礼乐之际？’意在斯乎！意在斯乎！小子何敢让焉。”

上大夫壶遂曰：“昔孔子何为而作《春秋》哉？”（欲比肩《春秋》也）太史公曰：“余闻董生曰：‘周道衰废，孔子为鲁司寇，诸侯害之，大夫壅之。孔子知言之不用，道之不行也，是非二百四十二年之中，以为天下仪表，贬天子，退诸侯，讨大夫，以达王事而已矣。’子曰：‘我欲载之空言，不如见之于行事之深切著明也。’（此谓空言其理，不如附之于事。时董、贾皆有大论篇，而迁独作《史记》，亦是此意）夫《春秋》，（又引《春秋》。为己作《史记》张本）上明三王之道，下辨人事之纪，别嫌疑，明是非，定犹豫，善善恶恶，贤贤贱不肖，存亡国，继绝世，补弊起废，王道之大者也。（上叙何为作《春秋》）《易》著天地、阴阳、四时、五行，故长于变；《礼》经纪人伦，故长于行；《书》记先王之事，故长于政；《诗》记山川、溪谷、禽兽、草木、牝牡、雌雄，故长于风；《乐》乐所以立，故长于和；《春秋》辨是非，故长于治人。（言六经之所长）是故《礼》以节人，《乐》以发和，《书》以道事，《诗》以达意，《易》以道化，《春秋》以道义。（再总一笔，归重《春秋》）拨乱世反之正，莫近于《春秋》。（名句！接得自然）《春秋》文成数万，其指数千。万物之散聚皆在《春秋》。《春秋》之中，弑君三十六，亡国五十二，诸侯奔走不得保其社稷者不可胜数。察其所以，皆失其本已。（因其大意不明也）故《易》曰'失之毫厘，差之千里。'故曰'臣弑君，子弑父，非一旦一夕之故也，其渐久矣'。故有国者不可以不知《春秋》，前有谗而弗见，后有贼而不知。为人臣者不可以不知《春秋》，守经事而不知其宜，遭变事而不知其权。为人君父而不通于《春秋》之义者，必蒙首恶之名。为人臣子而不通于《春秋》之义者，必陷篡弑之诛，死罪之名。其实皆以为善，为之不知其义，被之空言而不敢辞。夫不通礼义之旨，至于君不君，臣不臣，父不父，子不子。夫君不君则犯，臣不臣则诛，父不父则无道，子不子则不孝。此四行者，天下之大过也。以天下之大过予之，则受而弗敢辞。故《春秋》者，礼义之大宗也。夫礼禁未然之前，法施已然之后；法之所为用者易见，而礼之所为禁者难知。"（以上一大段皆言天下国家者，不可一日无史职。言《春秋》即言史，不仅为孔子之书也）

壶遂曰："孔子之时，上无明君，下不得任用，故作《春秋》，垂空文以断礼义，当一王之法。今夫子上遇明天子，下得守职，万事既具，咸各序其宜，夫子所论，欲以何明？"（此处问本朝，不得不问）

太史公曰："唯唯，否否，不然。余闻之先人（言必称先，有深意）曰：伏羲至纯厚，作《易》八卦。尧、舜之盛，《尚书》载之，礼乐作焉。汤、武之隆，诗人歌之。（盛世仍原本《春秋》）《春秋》采善贬恶，推三代之德，褒周室，非独刺讥而已也。（自救前言"贬天子"之言）汉兴以来，至明天子，获符瑞，建封禅，改正朔，易服色，受命于穆清，泽流罔极，海外殊俗，重译款塞，请来献见者，不可胜道。臣下百官力诵圣德，犹不能宣尽其意。且士贤能而不用，有国者之耻；主上明圣而德不布闻，有司之过也。且余尝掌其官，废明圣盛德不载，灭功臣世家贤大夫之业不述，堕先人所言，罪莫大焉。（谓写此书是职责所在也）余所谓述故事，整齐其世传，非所谓作也，而君比之于《春秋》，谬矣。”（明明自比《春秋》，而转谬他人之问，妙）

于是论次其文。七年而太史公遭李陵之祸，幽于缧绁。乃喟然而叹曰："是余之罪也夫。是余之罪也夫！（不得不有此言，字字带血！）身毁不用矣！”退而深惟曰："夫《诗》《书》隐约者，欲遂其志之思也。昔西伯拘羑里，演《周易》；孔子厄陈、蔡，作《春秋》；屈原放逐，著《离骚》；左丘失明，厥有《国语》；孙子膑脚，而论兵法；不韦迁蜀，世传《吕览》；韩非囚秦，《说难》《孤愤》；《诗》三百篇，大抵圣贤发愤之所为作也。此人皆意有所郁结，不得通其道也，故述往事，思来者。”于是卒述陶唐以来，至于麟止，自黄帝始。

……